KB144372

비즈니스에서 사용할 수 있는
엄선 키워드 256

IT 용어 도감

마쓰이 토시카츠 지음 | 김기태 옮김

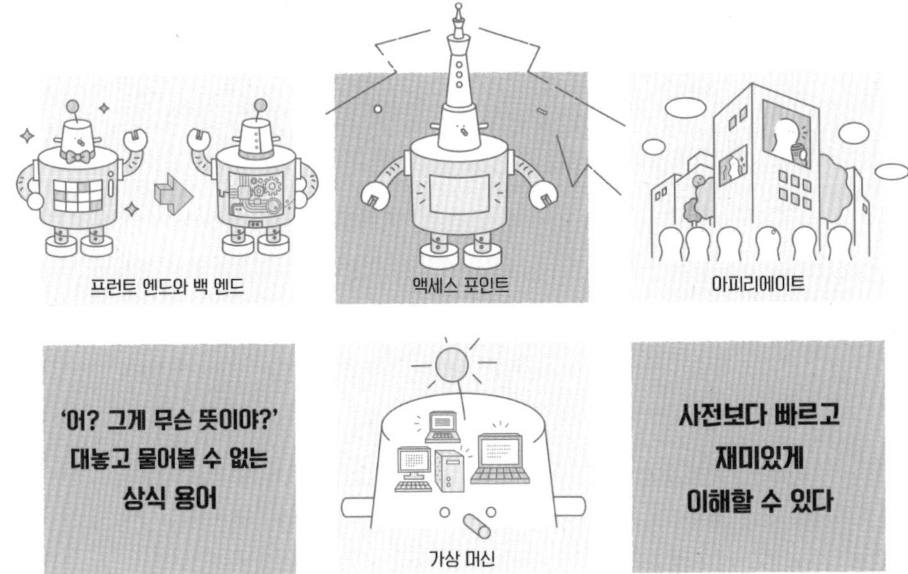

BM (주)도서출판 성안당

머리말

누구나 스마트폰을 소지하고 언제 어디서나 인터넷에 접속하는 것이 일상인 시대에 살아가고 있다. 조금이라도 짬이 나면 스마트폰으로 뉴스를 보고 게임을 즐기고 SNS로 친구와 정보를 공유한다. 궁금한 키워드나 모르는 단어가 있으면 어디에서나 바로 인터넷에 접속해서 알아볼 수 있다.

뉴스 앱은 날로 똑똑해져서 과거에 열람한 내용을 기반으로 그 사람이 흥미를 가질 만한 뉴스를 전송해 준다. SNS도 친구가 공유한 정보를 간단하게 열람할 수 있게 됐다.

그러나 이 모든 것은 편리하지만 한편으로는 자신이 흥미를 갖고 있는 정보가 아니면 수신되지 않는 상황을 초래한다. 같은 업계에 종사하는 사람이나 친구 사이에서는 생각이 비슷하다 보니 지식의 폭을 넓힐 기회가 적다.

그런 가운데 모르는 단어를 검색하려고 해도 검색할 키워드 자체를 모르면 조사하는 것조차 불가능하다. **알고 있는 단어를 기반으로 지식을 늘릴 때 인터넷은 편리하지만 수동적으로 정보를 기다리기만 해서는 새로운 지식을 접하는 것은 어렵다.**

또한 원하는 정보를 찾았다고 해도 거기에 적혀 있는 단어가 난해해서 이해할 수 없거나 읽을 줄 모르고, 심지어 자신의 일에 관련된 것인지조차 판단할 수 없는 문제가 있다.

이 책에서는 IT 관련 업무에 종사하는 사람과 IT에 흥미가 있는 사람이 알아 두면 유용한 키워드를 엄선하여 장르별로 도감 형식으로 설명했다.

세상에는 곤충 도감 등 많은 종류의 도감 서적이 있다. 알기 쉽고 재미를 중시한 그래픽으로 최소한의 정보와 단지식을 게재하거나 흥미를 가진 것은 인터넷 등에서 조사해서 지식을 넓힐 수 있다. 이 책도 마찬가지로 활용하기 바란다.

한편 이 책에서는 IT 지식이 없는 문과생이나 신입사원도 알기 쉽도록 **전문적인 그림을 사용하지 않고 귀여운 일러스트로 표현했다.** 또 각 용어의 사용 예도 함께 실었다.

일반적인 사전과 이렇게 다르다

흔한 용어 사전에서는 알파벳순이나 가나다순으로 게재한 것이 일반적이지만 **이 책에서는 이해하기 쉽도록 관련 있는 키워드를 함께 소개했다.** 만약 특정 키워드만 조사하고 싶을 때는 '찾아보기'를 활용하기 바란다. 찾아보기에는 약자와 함께 풀네임도 함께 실었다. 약자의 의미를 알고 싶을 때 활용하면 좋다.

제목에 있는 단어 이외에도 관련 키워드를 같은 지면 안에 적절히 배치했다. 초보자를 대상으로 하는 만큼 용어 해설은 최소한의 설명에 그쳤으므로 흥미가 가는 키워드를 찾았다면 인터넷 등에서 상세 내용을 찾아보자. 더 자세히 알고 싶은 사람은 서점에서 해당 용어에 관련된 전문적 서적을 찾아보는 것도 좋다.

이 책을 발판 삼아 여러분의 지식이 폭넓어지기를 기대한다.

목 차

제 2 장 keyword 035~079

세트로 외우는 IT 용어

제 3 장 keyword 080~117

교섭·비즈니스에서 사용하는 IT 용어

제 4 장 keyword 118~156

웹사이트와 SNS에서 사용하는 IT 용어

제 6 장 keyword 193~230

IT 업계 종사자가 알아야 할 기본 용어

IT 업계에서 알아야 할 인물

이 책을 읽는 방법

문과 출신이나 이직자 중에서 전혀 IT 지식이 없는 사람은 우선 1장부터 읽기 바란다. 용어를 한마디로 설명한 개요와 용어 해설을 읽은 후에 일러스트를 보면 대략적인 의미를 이해할 수 있다. 더 자세하게 알고 싶은 사람은 용어 관련 이야기를 읽고 지식의 폭을 넓히도록 한다.

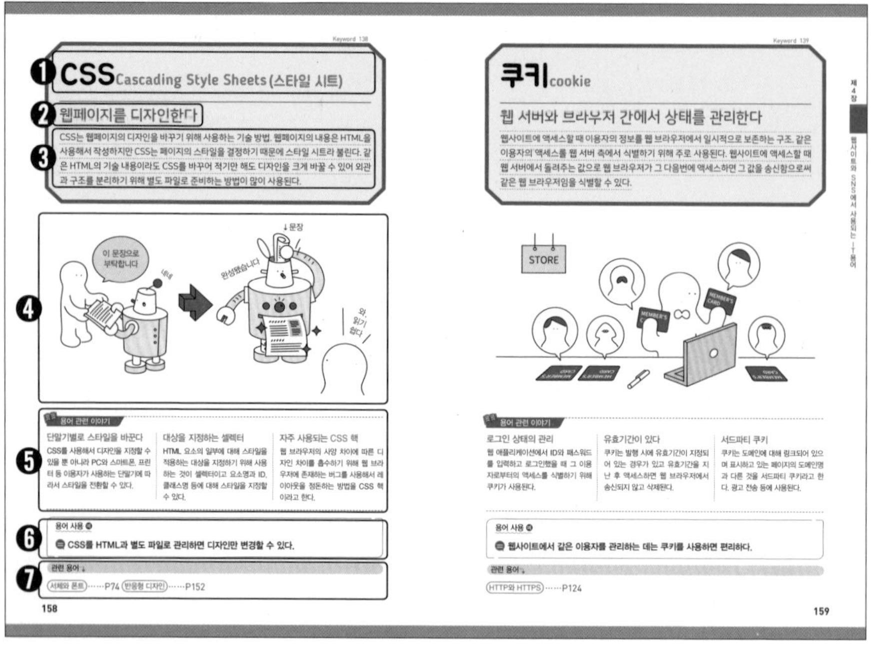

❶ **용어명** …… 해당 페이지에서 해설하는 용어이다.

❷ **개요** …… 한마디로 간결하게 나타낸 용어의 의미이다.

❸ **용어 해설** …… 용어의 의미와 특징, 틀리기 쉬운 용어 사용법 등을 자세하게 설명한다.

❹ **일러스트** …… 친숙한 용어를 일러스트로 표현해 대략적인 의미를 파악할 수 있다.

❺ **용어 관련 이야기** …… 용어를 다른 관점에서 이해할 수 있도록 관련 이야기를 소개한다.

❻ **용어 사용 예** …… 용어 사용법을 알 수 있도록 예문을 게재했다. 7장은 '위인의 이 점이 대단하다!'를 마련해 인물의 공적을 설명한다.

❼ **관련 용어** …… 해당 페이지에서 설명한 용어와 아울러 알아두면 좋은 용어와 해당 페이지를 게재했다.

※약어 : 표기에 대한 설명은 찾아보기에 수록했습니다.

제 1 장

뉴스를 쉽게 이해하는 IT 용어

Keyword 001~034

인공지능 Artificial Intelligence(AI)

인간과 같이 현명한 동작을 하는 컴퓨터

인간과 같이 지적인 작업을 컴퓨터가 가능하도록 만든 소프트웨어. 인간과 마찬가지로 생각하는 컴퓨터는 실현되지 않았지만 바둑이나 장기, 이미지 처리 등 특정 영역에 특화한 탐색과 추론에서는 인간을 능가하는 성과를 얻고 있다. 현재는 제3차 인공지능 붐이라고도 불리며 많은 연구자들이 앞다투어 연구를 추진하고 있다.

용어 관련 이야기

인공지능과 로봇의 차이

인공지능은 학습에 의해서 진화하는 소프트웨어인 반면 로봇은 사전에 준비된 작업을 자동으로 수행하는 장치를 가리킨다. 로봇에도 인공지능이 탑재되고 있다.

실용화 예

장기와 바둑에서 프로 바둑기사를 이겼을 뿐 아니라 이미지 인식 등의 분야에서도 활약하고 있다. 장래에는 차량의 자율주행과 가사 로봇 등이 실용화될 것으로 기대되고 있다.

인공지능의 개발 언어 변화

옛날에는 LISP와 Prolog 등의 프로그래밍 언어가 인공지능 개발에 많이 사용됐지만 현재는 파이썬Python 등의 통계 라이브러리가 풍부한 언어가 주로 사용되고 있다.

용어 사용 예

향후 가사와 육아 업무를 처리하는 인공지능 탑재 로봇이 개발될지도 모를 일이다.

관련 용어

(기술적 특이점)……P24 (기계학습)……P27 (딥러닝)……P28

RPA Robotic Process Automation

사무 처리 업무를 자동화한다

컴퓨터 내에 가상으로 준비된 로봇이 정해진 룰에 따라서 자동으로 처리하는 툴. 복수의 애플리케이션을 횡단하는 처리를 프로그래밍 없이 실현할 수 있기 때문에 사무 처리를 프로그래머에 의뢰하지 않아 돼 업무의 효율화가 기대된다.

용어 관련 이야기

매크로와의 차이

엑셀 등의 표 계산 소프트웨어에는 조작 순서를 기록해서 자동 실행하는 매크로 기능이 있지만 RPA는 복수의 애플리케이션을 횡단해서 자동화할 수 있다.

공장의 로봇과의 차이

제조업에서는 로봇을 사용한 업무 개선을 추진하고 있으며 FA라 불린다. RPA는 FA를 경리와 회계, 총무, 서무 등의 업무 처리에 응용한 것이라고 할 수 있다.

인공지능과의 차이

RPA가 정형적인 업무를 자동화하는 반면 최신 인공지능 기술을 구사해서 고도의 자동화를 실현하는 수법을 인지 자동화Cognitive Automation라고 한다.

용어 사용 예

최신 RPA를 도입하면 초과근무를 줄일 수 있을까?

관련 용어

섀도 IT ……P32 스크래핑 ……P170

사물인터넷 Internet of Things(IoT)

모든 기기가 인터넷에 연결된다

PC와 스마트폰뿐 아니라 카메라와 센서, 가전 등 모든 기기가 인터넷에 연결되는 것을 가리킨다. 멀리 떨어진 장소에서도 인터넷을 경유해서 자택에 있는 기기를 제어할 수 있을 뿐 아니라 센서를 이용하기 때문에 자율주행과 농업, 건강관리 등 폭넓은 분야에서 기기의 개발이 기대되고 있다.

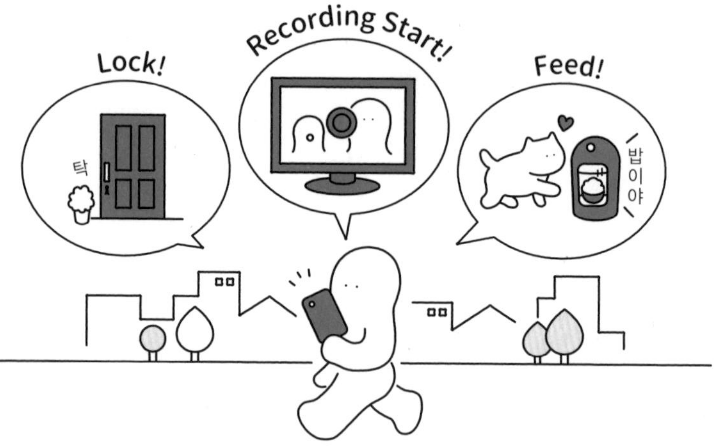

용어 관련 이야기

유비쿼터스와의 관계성

1990년경에 사용된 유비쿼터스라는 단어는 언제 어디에서나 컴퓨터로 네트워크에 접속할 수 있는 상태를 가리키며 현대의 사물인터넷으로 이어진다.

에지 컴퓨팅

센서로 수집한 데이터를 떨어진 서버가 아니라 단말 가까이에 설치한 서버로 분산 처리함으로써 부하 저감과 응답 속도를 높인다.

M2M Machine to Machine

Machine to Machine의 약자로 기계 간에서 통신해서 동작하는 구조를 가리킨다. 사람이 직접 제어하지 않고 사물 간 센싱, 제어, 정보 교환 및 처리가 가능한 기술을 일컫는다.

용어 사용 예

아, 열쇠 잠그는 걸 까먹었다! 사물인터넷화돼 있으면 좋았을 걸.

관련 용어

(빅데이터)······P17 (웨어러블)······P37

빅데이터 bigdata

기록과 보관, 해석이 어려운 거대 데이터

일반 컴퓨터로는 취급하기 어려울 정도로 많은 데이터를 말한다. '3V'라고도 하며 Volume(용량이 크다), Velocity(속도가 요구된다), Variety(종류가 다양하다)의 특징이 있다. 대량의 데이터를 보관해서 분석함으로써 지금까지 발견하지 못한 지견의 획득과 새로운 구조의 탄생이 기대된다.

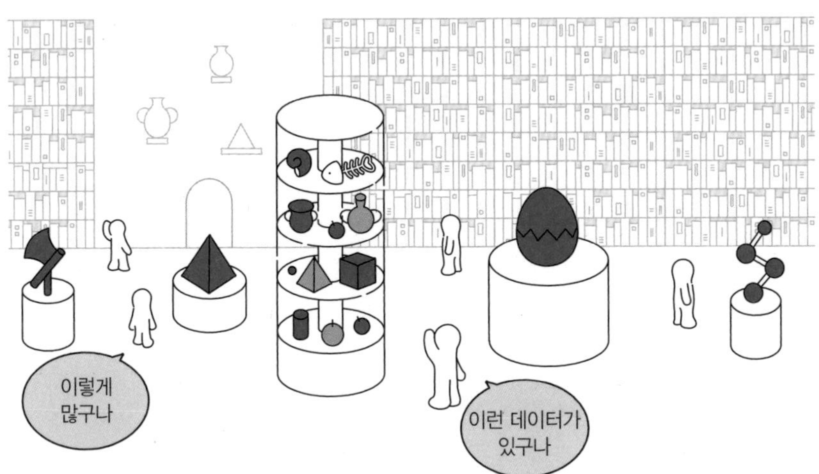

용어 관련 이야기

크기Volume

지금까지는 사람이 수집·작성하는 데이터가 중심이었지만 센서와 카메라 등의 기기가 정보를 수집함으로써 압도적으로 많은 데이터를 취급할 수 있게 됐다.

고속Velocity

기존에는 데이터베이스에 축적한 데이터를 분석하는 방법이 중심이었지만 빈번하게 데이터가 전송되기 때문에 리얼타임 처리가 요구된다.

다양성Variety

데이터베이스에 저장되어 있는 데이터는 정형화整形化되어 있어 다루기 쉽지만 빅데이터로 취급하는 것은 문자뿐 아니라 음성이나 영상 등 다양하다.

용어 사용 예

사내의 빅데이터를 모두가 열람할 수 있게 해서 활용하자.

관련 용어

(사물인터넷)······P16 (오픈 데이터)······P44 (데이터 마이닝과 데이터 사이언스)······P50

핀테크 fintech

IT와 금융의 융합

금융finance과 기술technology을 조합한 조어로 결제와 자산 관리 등의 금융 서비스를 IT의 활용으로 편리하게 하는 것. 스마트폰을 사용한 전자 결제 서비스와 가계부의 연계, 투자와 운용 지원, 가상 통화 활용 등 많은 사업자가 새로운 핀테크 서비스를 둘러싸고 경쟁하고 있다.

*로보어드바이저(robo-advisor) : 로봇robot과 투자 전문가advisor의 합성어. 고도화된 알고리즘과 빅데이터를 통해 인간 프라이빗 뱅커PB 대신 모바일 기기나 PC를 통해 포트폴리오를 관리하는 온라인 자산 관리 서비스를 일컫는다.

용어 관련 이야기

전자화폐의 보급

전자화폐는 현금 대신 데이터화한 돈으로 IC 카드나 스마트폰 등을 사용해서 결제하는 방법. 잔돈을 갖고 다닐 필요가 없고 결제 시간도 단축할 수 있다.

자산의 통합 관리에 활용

은행과 증권회사, 신용카드 등의 개인 자산을 중앙 집중 관리할 수 있는 서비스(PFM, Personal Finance Management)가 등장했다. 기존의 가계부와 달리 데이터의 자동 수집 등이 가능하다.

금융 업계의 인공지능 활용

투자 관련 어드바이스와 운용을 하는 로보어드바이저* 등 IT를 구사한 서비스의 등장으로 자신에게 맞는 운용 방식에 맞게 자동 운용할 수 있다.

용어 사용 예

핀테크로 새로운 서비스가 등장하면 은행원은 큰일이네.

관련 용어

(블록체인)……P19 (가상화폐)……P20 (QR 코드)……P33

블록체인 blockchain

거래 데이터를 통합하는 기술

거래 기록을 블록이라 불리는 일정 크기로 구분한 공간에 저장하고 쇠사슬(체인)과 같이 연결한 구조. 블록은 여러 대의 컴퓨터에 분산해서 보존되어 있기 때문에 기록을 위변조하는 것이 어렵다. 운용비용을 줄일 수 있고 비트코인 등의 가상화폐나 핀테크 등에도 응용되고 있다.

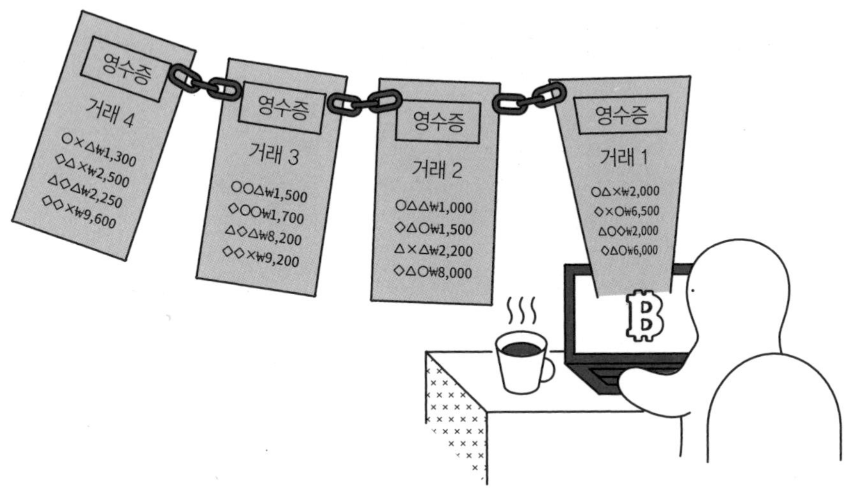

용어 관련 이야기

중앙 집권과의 비교

법정 통화를 이용한 거래는 정부에 권한이 집중되므로 중앙 집권이다. 블록체인상에서는 유저 간에 기록을 관리하고 특정 관리자가 없기 때문에 비중앙 집권이라고 부른다.

마이닝에 의한 보수

블록의 생성에 필요한 방대한 계산을 컴퓨터로 수행하는 것을 마이닝이라고 한다. 가장 빠르고 바른 블록을 생성한 사람에게 보수가 주어진다.

위변조를 방지하는 구조

정보를 조금이라도 바꾸면 산출되는 해시값이 바뀌어 연결되어 있는 모든 블록의 해시값을 변경해야 하므로 정보를 위변조하기 어렵다.

용어 사용 예

가상화폐 이외의 데이터를 기록하는 데도 블록체인을 사용할 수 있다고?

관련 용어

(핀테크)……P18 (가상화폐)……P20 (클라이언트 서버와 P2P)……P59

가상화폐

국가가 관리하지 않는 암호 기술을 이용한 통화

특정 국가가 관리하는 게 아니라 블록체인 등의 기술에 의해 관리되고 있는 통화. 암호 기술을 이용한다는 점에서 암호 자산cryptocurrency이라고 하기도 한다. 비트코인을 비롯한 많은 가상화폐가 존재하고 실제로 결제와 투자에 이용되고 있다.

용어 관련 이야기

가상화폐에 의한 자금 조달

주식이 아니라 독자의 가상화폐를 발행하고 그것을 구입하도록 하는 것을 ICO라고 하며 통화 가치가 상승하는 것을 기대해서 투자하도록 하는 방법이 사용된다.

분산 컴퓨팅

여러 대의 컴퓨터로 동시에 계산하고 각각이 네트워크를 경유해서 통신해서 연계함으로써 고속으로 처리하는 구조를 분산 컴퓨팅이라고 한다.

용어 사용 예

가상화폐로 돈을 번 사람도 많다고 하는데 그래도 불안하다.

관련 용어

(핀테크)……P18 (블록체인)……P19

드론drone

원격 조작할 수 있는 무인 항공기

사람이 리모컨으로 조작하거나 설정한 지시에 따라서 자율주행하는 소형 무인 항공기. 실내에서 사용하는 소형 제품부터 야외에서 택배에 사용되는 대형 제품까지 다양한 크기의 제품이 등장했다. 최근에는 항공 촬영뿐 아니라 취미와 업무 등 다양한 용도로 사용되고 있다.

용어 관련 이야기

드론 특구 설치

추락 위험성과 보안 문제로 거리에서 사용하는 것을 금지하고 있기 때문에 일부 지역에서는 강습과 연구 목적으로만 사용이 인정되어 있다.

군사용 드론 등장

상공 촬영과 공격에 사용할 목적으로 군사용 드론 연구가 진행하고 있다. 무인이기 때문에 공격을 받아도 리스크가 작다는 특징이 있다.

자동과 자율의 차이

자동운전과 같이 '자동'을 사용하는 경우는 인간이 책임을 지는 것이 일반적이지만 자율비행과 같이 '자율'을 사용하는 경우는 기계가 스스로 판단한다는 의미가 담겨 있다.

용어 사용 예

드론을 사용하면 상공 촬영과 택배도 가능하지.

관련 용어

GPS……P46

셰어링 이코노미 sharing economy

타인과 공유·교환하며 이용한다

자산을 소유하지 않고 타인과 공유하는 방식으로 이용하는 것과 그 중개 서비스를 말한다. 인터넷상에서 제공되는 매칭 서비스와 앱을 이용해서 간단하게 상대를 찾아낼 수 있다. 차량과 자전거, 주택과 같이 이미 대여 서비스가 있는 것도 있고 옷이나 가구 등 모든 것으로 확산되고 있다.

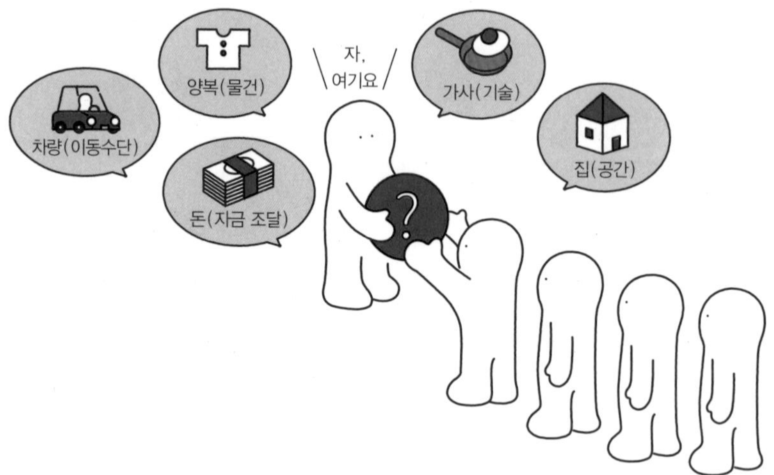

용어 관련 이야기

민박의 보급
개인이 소유하는 일반 주택을 여행자 등에게 숙박 목적으로 대여하는 서비스를 민박이라고 하며 에어앤비Air-bnb 등의 서비스가 등장하면서 단숨에 확산됐다.

이동 수단을 공유
같은 목적지로 이동하는 사람이 자가용 차량 등에 합승해서 주유비를 분담하는 것을 라이드 셰어라고 하며 이를 중개하는 서비스도 있다.

가치관이 다른 세대의 등장
2000년대에 성인과 사회인이 되는 사람을 밀레니엄 세대라고 한다. 지금까지 세대와는 가치관이 다르다고 하며 다른 연령대와 비교해서 셰어 소비에 대한 의욕이 높다.

용어 사용 예

셰어링 이코노미가 보급되면 편리할 것이다.

관련 용어

익명성……P193

애자일agile 과 워터폴waterfall

사양 변경을 전제로 개발한다

애자일은 문서 작업 및 설계에 집중하던 개발 방식에서 벗어나 좀 더 프로그래밍에 집중하는 개발 방법론이다. 워터폴 방식은 애플리케이션의 각 모듈별로 나눠 개발한 후 이를 통합 및 테스팅하는 애플리케이션을 개발 과정을 말한다.

워터폴

애자일

*칸반 방식 : 적시에 상품을 출시하는 스케줄링 시스템

용어 관련 이야기

테스트의 중요성

애자일 개발에서는 프로그램보다 먼저 테스트를 작성하는 테스트 구동 개발이 자주 사용된다. 버그와 낭비되는 코드 사용 리스크를 최소화하는 것이 주요 목적이다.

사양 변경에 적극 대응

대표적인 애자일 개발에는 XP가 있다. 변경에 유연하게 대응하기 위해 5개의 가치(포인트)와 19의 구체적인 프랙티스(실천 방법)가 정의되어 있다.

칸반 방식의 비교

공장 등에서는 필요한 것을 필요한 때에 필요한 만큼 생산하는 칸반 방식*이 도입되고 있다. 낭비를 없앤다는 목적에서는 애자일과 공통된다.

용어 사용 예

지금까지 워터폴 방식으로 개발했지만 앞으로는 애자일 방식으로 해 볼까.

관련 용어

공수와 인/일(M/D), 인/월(M/M) ······ P98 WBS ······ P104 fix ······ P109

기술적 특이점 technological singularity

인공지능이 인류를 뛰어넘는다

인공지능이 인간의 지능을 능가하는 기점 또는 그것이 세계에 미치는 변화를 말한다. 인간 생활에 큰 영향이 있을 것으로 예측되며 싱귤래리티라고 한다. 2005년 레이 커즈와일Ray Kurzweil이 발표한 논문에서 2045년에 도래한다는 설이 제시되어 화제가 됐다.

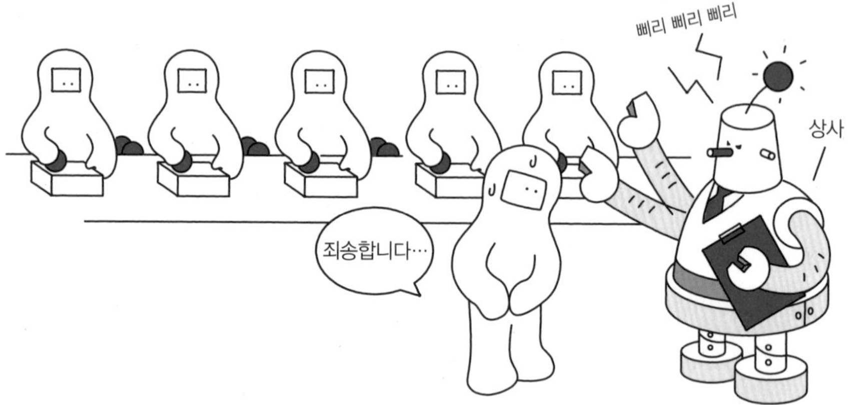

용어 관련 이야기

강한storng 인공지능을 지향한다
인간과 구분이 되지 않는 수준까지 발달한 인공지능을 강한 AI라고 하며 컴퓨터가 자율적으로 생각하고 행동하고 정신과 자의식을 갖는 것을 가리킨다.

현재는 약한weak 인공지능
문제 해결과 추론을 수행하는 경우에 스스로의 자아의식 없이 외부에서 명령을 해야 움직이도록 만들어진 인공지능을 약한 AI라고 하며 현재 이 단계에 와 있다.

수확 가속의 법칙
기술이 직선적으로 진화하는 것이 아니라 복수의 발명이 연결되어 지수함수적으로 진화하는 것을 나타내는 법칙. 무어의 법칙을 능가한다고도 한다.

용어 사용 예

싱귤래리티가 일어나면 로봇에게 꾸중을 듣게 될지도 모른다.

관련 용어

(인공지능)……P14 (머신러닝)……P27 (딥러닝)……P28

가상현실, 증강현실, 혼합현실

Virtual Reality Augmented Reality Mixed Reality

현실과 가상세계의 융합

VRVirtual Reality은 가상현실이라고 불리듯이 현실적인 공간이 아니라 디지털로 만들어진 가상 공간을 체험하는 것을 가리킨다. ARAugmented Reality은 증강현실이라고 하며 현실 공간에 디지털로 부가 정보를 실시간으로 추가해 보여준다. 또한 MRMixed Reality은 혼합현실이라고 불리며 AR을 더욱 발전시켜 현실세계와 가상세계를 보다 밀접하게 융합시킨 것을 말한다.

VR

AR

MR

용어 관련 이야기

영상을 보는 장치가 필요

VR 영상을 보기 위해서는 안경과 같은 단말기가 필요하다. 스마트폰을 사용하는 고글뿐 아니라 단독으로 동작하는 헤드셋 등이 자주 사용된다.

대유행한 포켓몬 GO

현실세계가 비치는 화면상에 나타나는 포켓몬이라 불리는 생물을 포획하는 스마트폰 게임. 스마트폰 카메라 기능과 연동한 AR이 사용되고 있다.

비즈니스에서도 사용되는 MR

마이크로소프트사가 개발한 홀로렌즈 HoloLens는 단독으로 동작하는 헤드 마운트 디스플레이로 투과형에 현실세계와 중첩해서 MR을 실현한다.

용어 사용 예

VR 고글로 제트코스터를 탄 기분을 맛볼 수 있지.

관련 용어

웨어러블 …… P37

롱테일 long tail

팔리지 않는 제품도 재고를 확보

판매량이 적은 제품도 재고를 확보해서 판매 기회를 놓치지 않고 매출로 연결하는 것. 온라인 쇼핑과 같이 실제 점포를 두지 않고 지가가 저렴한 지역에 거대한 창고를 마련해 폭넓은 제품을 갖추고 고객이 언제라도 제품을 구입할 수 있는 상황을 만들어 매출을 높인다. 인기 제품을 파는 전략과 반대되는 전략이라고 할 수 있다.

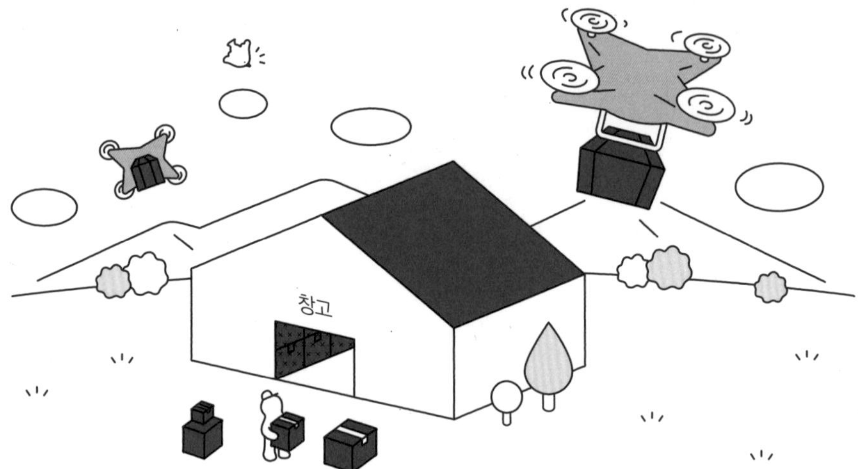

용어 관련 이야기

파레토 법칙

80 : 20 법칙과 같은 말이다. 매출의 80%는 전체 상품의 20%에서 올린다는 경험적 법칙으로 전체의 대부분은 일부 요소에서 창출되는 것을 가리킨다.

니치 상품을 노린다

롱테일은 니즈는 있지만 시장이 작기 때문에 대기업이 주력하지 않는 니치 분야에도 대응한다. 다른 회사에서 눈 돌리지 않는 곳에 비즈니스 기회가 있다고 생각한다.

구매 이력에 기초한 추천이 중요

과거의 구매 이력 등을 토대로 그 고객이 원할 만한 상품을 제시하는 것을 리커먼데이션이라고 하며 고객의 니즈에 맞는 상품을 찾아내는 역할을 한다.

용어 사용 예

롱테일 전략으로 니치 상품도 판매할 수 있게 됐어.

관련 용어

(SCM)……P40 (전자상거래)……P138

머신러닝 machine learning

인간이 룰을 가르치지 않아도 자동으로 학습

인공지능 연구에 사용되는 기술로 인간이 룰을 일일이 프로그래밍하지 않아도 컴퓨터 스스로 학습하는 수단과 방법을 총칭한다. 어느 정도의 양이 있는 훈련 데이터를 사용해서 통계적으로 처리하고 룰과 판단 기준 등을 도출하여 예측과 분석에 사용한다. 지도학습과 비지도학습, 강화학습 등의 수법이 있다.

머신러닝 기능을 탑재한 로봇은 스스로 현명해진다

용어 관련 이야기

지도학습

훈련용으로 입력된 데이터에 대한 정답·오답을 사전에 주고 그 입력에 대한 처리 결과와 비교해서 처리 정확도를 높이는 학습법을 지도학습이라고 한다.

비지도학습

주어진 훈련용 데이터에는 정답과 오답이 존재하지 않고 데이터가 가진 구조와 특징을 추출하는 것을 목적으로 학습시키는 수법을 비지도학습이라고 한다.

강화학습

기계에 부여하는 훈련용 데이터를 처리한 결과에 대해 보수를 줌으로써 보수를 많이 받을 수 있는 방법을 학습하는 수법을 강화학습이라고 한다.

용어 사용 예

머신러닝으로 사내의 많은 데이터를 어디에 활용할 수 없을까?

관련 용어

(인공지능)······P14 (기술적 특이점)······P24 (딥러닝)······P28

딥러닝 deep learning

제3차 인공지능 붐의 주역

머신러닝 수법의 하나. 이전에는 판단 재료가 많으면(계층을 깊이 하면) 처리에 시간이 걸려 좋은 결과를 얻지 못했지만 대량의 데이터를 준비할 수 있게 된 점과 컴퓨터의 성능 향상으로 높은 정답률을 얻을 수 있게 됐다. 뉴럴 네트워크의 계층을 깊이 했다는 특징에서 심층학습이라고도 불린다.

흐르는 강처럼 합류했다가
갈라지기를 반복하면서
데이터를 자연스럽게
식별할 수 있다.

용어 관련 이야기

뉴럴 네트워크

인간의 뇌 기능을 모방한 개념. 주어진 판단 재료(입력)의 중요도가 네트워크를 전해지면서 계산되고 정답(출력)을 얻을 수 있게 학습하는 원리.

바둑에서 인간에게 승리

구글에서 개발한 바둑 프로그램 알파고AlphaGo. 딥러닝을 사용해 자신과의 대국을 반복해서 실력을 향상시키고 프로 바둑기사를 이긴 것으로 유명하다.

어떻게 학습하는가

뉴럴 네트워크에서 출력값과 정답의 오차를 입력 방향으로 되돌리면서 파라미터를 학습하는 방법을 오차 역전파법이라고 한다.

용어 사용 예

요즘에는 이미지 처리에 딥러닝을 사용하고 있는 것 같아.

관련 용어

(인공지능)……P14 (기술적 특이점)……P24 (머신러닝)……P27

POS Point of sales

점포의 매출을 분석한다

슈퍼나 편의점에서 제품을 판매한 단계에서 제품명과 가격, 수량, 일시 등의 정보를 수집해서 분석하는 방법. 리얼타임으로 판매 동향을 확인할 수 있어 재고를 최적화해 결품 방지와 재고 감소에 도움이 될 뿐 아니라 바코드를 이용해서 점포의 사무 작업 경감과 간소화, 점원의 교육비용도 줄인다.

용어 관련 이야기

의사 결정을 지원하는 툴

기업이 보유한 데이터의 추출과 분석, 가공 처리를 자동화해 전문가가 아니더라도 사용할 수 있도록 한 소프트웨어에 BI 툴이 있다.

구매 이력 분석 수법

구매 이력에서 알아낸 Recency(최근 구입 시기), Frequency(구입 빈도), Monetary(구입한 양) 지표로 분석하는 수법을 RFM 분석이라고 한다.

주력 상품을 선택한다

재고 관리를 할 때 중요도가 높은 것부터 순서대로 A, B, C와 같이 클래스를 나누고 각각에 관리 순서를 정해서 효율적으로 관리하는 방법을 ABC 분석이라고 한다.

용어 사용 예

POS 정보가 있으면 본사에서도 시간 지연 없이 분석할 수 있다.

관련 용어

SCM……P40

텔레워크telework

시간과 장소에 얽매이지 않고 일하는 방식

컴퓨터와 네트워크를 활용해서 시간과 장소에 얽매이지 않고 일하는 것. 언제 어디서라도 일할 수 있어 교통 정체와 만원 지하철 등의 도시 문제와 고령화와 그로 인한 간병 등 가족 문제를 해결하는 유효한 수단으로 인식되고 있다. 반면 노동 시간을 관리하는 것이 어렵고 장시간 노동으로 이어지거나 인사 평가가 어려운 등의 문제도 지적되고 있다.

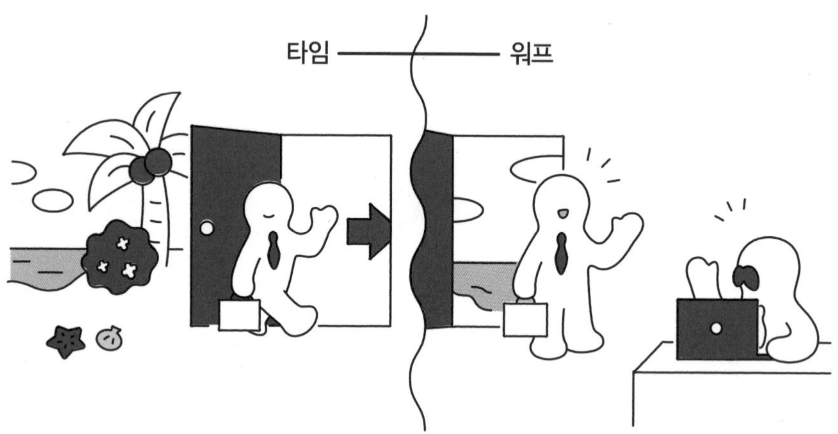

용어 관련 이야기

위성 사무실 Satellite Office

본사에서 떨어진 교외에 소규모 사무실을 마련해서 종업원의 출퇴근 시간 단축과 사무실 임대료 절감 같은 효과가 예상된다.

자택 활용

자택이나 소규모 사무실에서 PC와 인터넷을 활용해서 일을 하는 방식을 SOHOSmall Office Home Office라고 하며 다양한 업종에서 활용하고 있다.

일과 생활의 균형work-life balance

일에 지나치게 집중해서 우울증과 과로사를 유발하거나 반대로 일하는 시간이 짧아 수입을 얻지 못하는 문제를 방지하기 위해 일과 생활의 균형을 취하는 업무 방식이 늘고 있다.

용어 사용 예

육아도 해야 하니 텔레워크가 가능한 환경을 정비해 주면 좋겠다.

관련 용어

(VPN)……P208 (신 클라이언트)……P215

BYOD Bring Your Own Device

종업원의 스마트폰을 활용한다

기업이 종업원에게 업무용 스마트폰을 배포하는 게 아니라 종업원이 가진 개인용 스마트폰 등을 업무에 활용하는 것. 기업은 단말기를 지급할 필요가 없어 비용을 절감할 수 있다. 종업원은 단말기를 한 대만 소지하면 돼 휴대가 간편한 등의 메리트가 있는 한편 정보 누설 리스크 등이 있다.

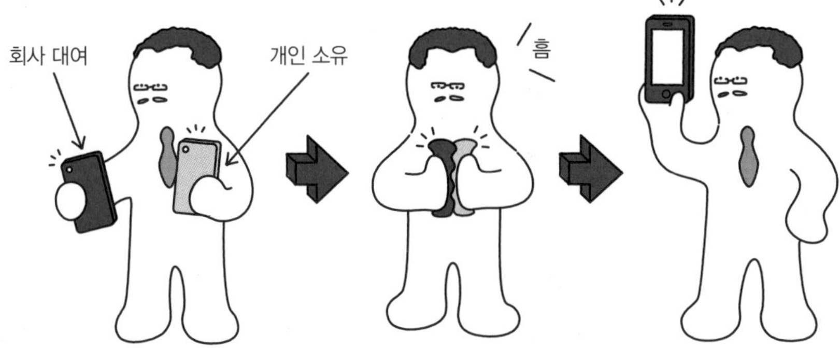

용어 관련 이야기

시큐리티가 필수

BYOD를 실시하려면 시큐리티 리스크를 높이기 위해 기업에서 휴대 단말기를 일원 관리하는 것(MDM)이 필수 조건이다. 관리자가 원격 잠금과 현재 위치를 파악할 수 있는 제품도 있다.

비용 절감

종업원의 단말기를 활용해서 기기 요금과 월 사용 통신료 등 도입에서 운용, 관리에 드는 유지비용을 낮출 수 있다.

BYOD의 보급

스마트 디바이스가 보급됨에 따라 BYOD도 일반화됐다. 스마트 디바이스는 네트워크에 접속할 수 있는 정보 기기로 스마트폰과 태블릿, 디지털 가전 등이 있다.

용어 사용 예

BYOD를 도입하고 있는 회사라면 개인의 스마트폰을 업무에 사용할 수 있다.

관련 용어

섀도 IT ······ P32

섀도 IT shadow IT

기업이 파악할 수 없는 직원의 IT 활용

기업의 정보 시스템 부서가 파악하지 못한 소프트웨어나 서비스를 직원이 멋대로 사용하는 것. 인터넷상에서 제공되는 서비스는 정보 누설 리스크가 있으므로 사용을 금지하고 있는 기업도 있다. 금지하는 것만으로 문제가 해결되지 않기 때문에 회사에서 이용자가 요구하는 서비스를 준비하는 것도 요구된다.

용어 관련 이야기

숨어서 사용하는 서비스

USB 메모리의 사용을 금지하는 기업이 많고 인터넷상에서 파일을 공유하는 온라인 스토리지 서비스를 몰래 사용하는 일이 많다.

도입이 진행하는 대화 툴

리얼타임으로 문자와 이미지, 음성 등을 송수신할 수 있는 차트 툴을 메일과 병용해서 도입하는 기업도 있다. 개봉 상황과 경위를 알기 쉽다는 이점이 있다.

콘텐츠 필터링 contents filtering

콘텐츠 이용 과정에서 저작권 침해 여부 등을 판단하기 위해 데이터를 제어하는 기술로, 키워드keyword 필터링, 해시hash 필터링, 특징점feature 필터링 등이 있다.

용어 사용 예

섀도 IT를 방지하기 위해 서비스 이용 규정이 필요하다.

관련 용어

RPA ……P15 BYOD ……P31

QR 코드

2차원 바코드의 업계 표준

일반 바코드는 세로선의 가로 폭으로 정보를 표현하기 때문에 표현할 수 있는 데이터량이 적은 반면 QR 코드는 2차원화함으로써 문장 등 많은 데이터를 표현할 수 있다. URL 등을 저장할 뿐 아니라 최근에는 결제 등에 사용되며 전자화폐 역할을 하고 있다.

용어 관련 이야기

결제에 응용

스마트폰 등을 활용해서 점포에서 QR 코드를 판독하고 금액을 입력해서 결제하는 방법으로 소규모 점포에서도 저렴하고 간단하게 전자 결제를 도입할 수 있다.

세 꼭짓점의 큰 사각형

QR 코드의 바코드에는 정사각형 네 모서리 중 세 꼭짓점에 큰 사각형을 배치하고, 이것을 인식하면 어느 방향에서도 판독할 수 있도록 했다.

여러 개의 버전이 있다

QR 코드는 저장하려는 정보량에 따라서 여러 개의 버전이 있다. 각각 흰색과 검은색 점의 수가 다르며 저장하는 데이터가 많으면 사이즈도 커진다.

용어 사용 예

인쇄물에 QR 코드를 인쇄해서 스마트폰으로 액세스하도록 하자.

관련 용어

URL과 URI ······ P123

테더링tethering 과 로밍roaming

스마트폰 통신 회선을 사용

테더링은 스마트폰 등을 경유해서 PC와 태블릿 단말기로 인터넷에 접속하는 것을 말한다. 스마트폰 접속에 무선 LAN과 USB, 블루투스를 이용하는 방법 등이 있다. 로밍은 다른 통신 회사와 제휴해서 통신할 수 있도록 하는 것이다. 해외에서는 계약한 통신회사의 서비스 지역 말고도 제휴한 타 사업자의 지역에서도 사용할 수 있다.

용어 관련 이야기

모바일 라우터의 보급

스마트폰은 정액에 따른 통신량에 상한이 있기 때문에 소형 통신 단말기(모바일 라우터)를 사용하는 사람이 늘고 있다. 설치 공사가 불필요하고 복수의 PC와 스마트폰으로 이용 가능하다.

무선 LAN에 필요한 기기

PC 등의 단말기를 무선 LAN 접속하려면 전파를 송수신하는 기기(액세스 포인트)가 필요하다. PC 등의 단말기에는 전파를 송수신하는 무선 LAN 어댑터가 장착되어 있다.

테더링 가능한 블루투스

근거리 무선 통신을 실현하는 기술. 키보드와 마우스 등의 주변기기를 접속할 뿐 아니라 무선 LAN 등의 네트워크에도 사용된다.

용어 사용 예

해외에서는 로밍 기능이 있는 스마트폰으로 테더링하자.

관련 용어

(ISP)……P198

베스트 에포트 best effort

통신 회선의 계약에 필수

이용자가 최선의 결과를 얻을 수 있도록 사업자가 노력하는 것. 통신 사업자가 베스트 에포트라고 하는 경우 표기되어 있는 속도를 현실적으로 보증할 수는 없지만 그것에 가까워지려고 노력한다는 의미가 있다. 컴퓨터와 중계 기기의 성능과 설정, 동시에 사용하는 대수 등에 따라서 통신 속도는 변하기 때문에 표시된 속도가 그대로 나오는 일은 거의 없다.

용어 관련 이야기

ADSL의 속도 저하

ADSL은 전화 회선을 사용하는 인터넷 접속 방법. 송신과 수신의 통신 속도가 다르다는 특징이 있다. 기지국에서 거리가 멀어질수록 통신 속도가 저하한다.

베스트 에포트의 반대어

반대어는 개런티형이라고 하며 계약 속도를 보증하는 것. 액세스 집중 등에 의한 속도 저하를 피하기 위해 전용선을 깐 기업도 있다.

통신 회선의 최후 구간

통신 사업자로부터 이용자의 건물에 인입하는 회선 구간의 최후 구간을 라스트 원 마일이라고 한다. 건물의 구조와 입지에 따라서 케이블을 건물 안으로 인입할 수 없는 경우도 있다.

용어 사용 예

베스트 에포트이므로 생각한 만큼 속도가 나지 않는다.

관련 용어

(ADSL과 광파이버) P50 (ICP) P120

스트리밍 streaming

다운로드하면서 재생할 수 있다

주로 동영상과 음성을 인터넷 등에서 다운로드하면서 재생하는 방법이다. 데이터를 다운로드하는 도중에 재생할 수 있어 이용자가 시청하기까지 대기 시간을 줄일 수 있다. 또한 복제가 어렵기 때문에 저작권 관리도 수월하다. 통신 속도와 회선 품질에 따라서는 동영상과 음성이 끊어지는 문제도 있다.

용어 관련 이야기

저작권을 보호하는 DRM

동영상이나 음성 등을 다운로드해서 멋대로 복사하면 곤란하기 때문에 복사해도 재생하지 못하게 하는 기술을 DRM(디지털 저작권 관리)이라고 한다.

라이브 스트리밍

카메라로 영상을 촬영하면서 실시간으로 누구나 인터넷 등으로 전송할 수 있는 환경이 정비되고 있다. 예능인이 전송하기도 하고 세미나 중계도 늘고 있다.

팟캐스트

인터넷상에서 음성이나 동영상을 전송하는 방법 중 하나. 그 프로그램을 구매 등록해 놓은 청취자는 새로운 방송이 공개되면 자동으로 들을 수 있다.

용어 사용 예

영화를 스트리밍하려면 고속 회선이 필요하다.

관련 용어

(ADSL과 광파이버)……P53 (CDN)……P176

웨어러블 wearable

몸에 착용하고 사용하는 단말기

스마트폰과 같이 휴대하는 것이 아니라 옷이나 팔 등에 착용하고 사용하는 단말기. 시계와 안경 같은 단말기를 몸에 부착하고 혈압과 심박수 등 생체 정보를 취득할 수 있고 휴대전화 착신 등을 바이브레이션 기능을 사용해서 통지할 수 있다. 향후 보급이 확대할 것으로 기대된다.

용어 관련 이야기

알람이 가능한 스마트워치

시계 기능에 추가해 통신 기능과 결제 기능, 만보기 등의 기능을 탑재하고 소형 디스플레이에 메일과 SNS 통지 등도 표시 가능한 단말기가 많이 사용되고 있다.

센서를 활용한 활동량계

걸음수와 심박수, 혈압, 수면 시간 계측 등 손쉽게 건강관리에 도움되는 데이터를 취득할 수 있는 기기가 스마트워치 등에 탑재되어 있다.

안경형 단말기에 주목

스마트폰 등과 연동해서 AR 기능을 갖춘 스마트 안경이 등장했으며 더욱 더 경량에 디자인성이 우수한 기기의 등장이 기대되고 있다.

용어 사용 예

웨어러블이라면 집에 두고 나올 염려가 없어 안심이다.

관련 용어

(사물인터넷)……P16 (VR, AR, MR)……P25

데이터센터 datacenter

데이터 관리에 특화한 건물

많은 서버와 네트워크 등을 저장한 데이터 관리와 운용에 특화한 건물을 가리킨다. 열효율이 좋아 에너지 절약형이며 지진 등의 재해에 대비해 전원과 네트워크를 이중화해 가용성을 확보했고 많은 기업이 이용하고 있다. 호스팅이나 하우징뿐 아니라 최근에는 클라우드 형태의 이용도 확산되고 있다.

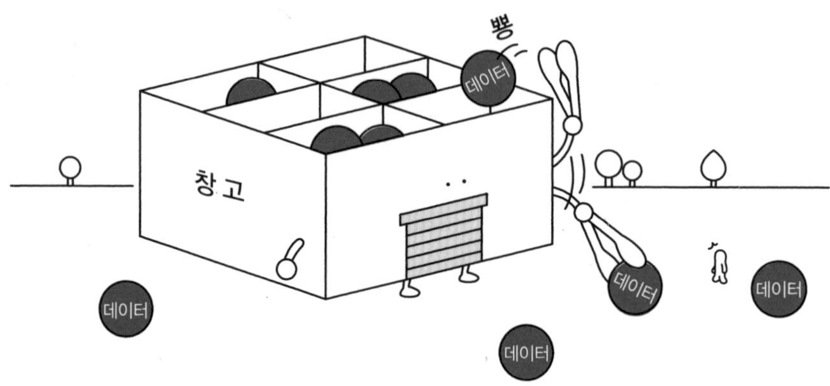

용어 관련 이야기

그린 IT를 지향하는 방안

지구 환경을 지키기 위해 데이터센터를 한랭지에 설치하고, 공조 설비를 고안하고, 서버의 구성을 바꾸는 등의 방안이 생각되고 있다.

서버를 빌리는 호스팅

렌탈 서버와 같이 데이터센터 사업자가 준비한 서버를 사용하고 관리와 운용은 사업자에게 위탁하는 방법을 호스팅이라고 한다.

스페이스를 빌리는 하우징

데이터센터 사업자의 스페이스를 빌려서 자사에서 준비한 서버를 설치하는 방법을 하우징이라고 한다. 서버의 관리와 운용은 기본적으로 자사에서 한다.

용어 사용 예

데이터센터에는 많은 컴퓨터가 늘어서 있어 장관이다.

관련 용어

(메인 프레임)······P45 (UPS)······P223 (블레이드 PC)······P224

가상화virtualization

없는 것을 있는 것처럼 보이게 한다

CPU와 메모리, 디스크, 네트워크 등을 유사적으로 소프트웨어로 실현하는 것. 하나의 하드웨어를 여러 개로 보이게 하거나 반대로 여러 개의 하드웨어를 하나로 보이게 할 수 있다. 예를 들면 가상 머신을 사용하면 하나의 컴퓨터상에서 복수의 컴퓨터와 OS를 사용할 수 있기 때문에 macOS상에서 윈도 7과 윈도 10을 실행할 수 있다.

용어 관련 이야기

디스크를 가상화

가상 디스크는 하드디스크와 CD 등을 가상화해서 이미지 파일이라 불리는 파일에 보존함으로써 디스크가 삽입되어 있는 것처럼 다룰 수 있다.

메모리를 가상화

가상 메모리는 물리적 메모리의 용량에 구애받지 않고 사용할 수 있는 메모리 구조. 하드 디스크 등의 기억장치를 가상적으로 사용해서 대용량 메모리로 취급할 수 있다.

네트워크를 가상화

가상 네트워크는 라우터와 스위치 등의 하드웨어를 가상화해서 네트워크의 보수·운용·관리 수고와 비용을 크게 줄일 수 있다.

용어 사용 예

서버를 가상화하면 그만큼 공간도 확보할 수 있다.

관련 용어

(물리 OO와 논리 OO)……P90 (가상 머신)……P225 (가상 메모리)……P226

SCM Supply Chain Management

복수 기업 간의 물류를 통합 관리

물건의 흐름과 돈의 관리를 개별 기업 단위로 최적화하는 것이 아니라 복수의 기업에 걸쳐 전체 최적을 고려하여 통합 관리하는 수법. 제조업에게 제품을 제조해서 판매하기까지 원재료의 확보, 생산, 판매에 필요한 물류 등 어느 하나가 멈추면 큰 영향이 있기 때문에 이를 효율적으로 관리하는 것이다.

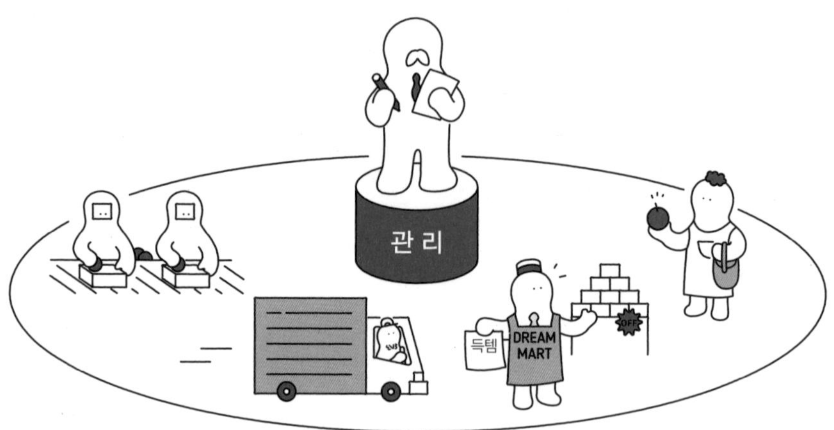

용어 관련 이야기

RFID를 이용한 관리가 증가한다

ID 정보를 매립한 태그를 제품에 붙이고 근거리에서 판독하는 방법에 RFID가 있다. 바코드와 같이 코드를 판독할 필요가 없어 효율적으로 관리할 수 있다.

정보를 일원 관리하는 ERP

기업의 경영에 필요한 자원(사람, 물건, 돈, 정보 등)을 유효 활용하는 개념에 ERP가 있으며 최근에는 기간계 정보 시스템을 가리키는 일이 많다.

리드타임을 줄인다

제품의 발주에서 납품까지 걸리는 기간을 리드타임이라고 하며 이 기간을 단축하기 위해 대규모 물류센터 등이 구축되고 있다.

용어 사용 예

SCM이라면 재고를 적정하게 관리할 수 있어 비용을 절감할 수 있다.

관련 용어

롱테일 …… P26 POS …… P29

시스템 인티그레이터 System Integrator

구축에서 운용까지 일괄로 맡는다

기업이 사용하는 IT 시스템 전반에 대해 기획부터 설계, 개발, 운용 등을 담당하는 회사를 가리키며 SI라고 줄여서 부른다. 대기업부터 그 하청기업까지 크고 작은 다양한 기업이 있다. 회사가 생긴 배경(모회사의 정보 시스템 부문이 분리해서 생긴 등)에 따라 제조사계와 유저계, 독립계 등 기업마다 전문 분야가 있는 경우가 많다.

용어 관련 이야기

문제되는 하청 구조

대형 SI가 요건 정의와 설계를 하고 하청이 되는 중소기업 SI가 구축, 다시 그 하청인 영세 SI가 테스트를 담당하는 등의 업계 구조가 있다.

상위 공정에서의 요건 정의

시스템과 소프트웨어를 개발하기 전에 실장하는 기능과 요구하는 성능 등을 명확하게 정하는 작업으로 이용자와 개발자 간에 인식 차이가 없는지를 확인한다.

프로젝트 관리가 중요

일련의 개발 작업을 완료하기 위해 품질과 비용, 납기 등을 관리하는 것을 프로젝트 매니지먼트라고 한다. 인원 배치와 스케줄을 최적화하는 것이 목적이다.

용어 사용 예

사내에서는 개발할 수 없기 때문에 시스템 인티그레이터에게 의뢰하자.

관련 용어

오프쇼어 …… P47 프로젝트 매니지먼트 …… P103 SES …… P106 RFP …… P135

내부 통제

조직의 업무가 적정한지 체크

영업의 효율성, 재무 보고의 신뢰성, 법규 및 규정 준수 등 조직 목표를 효과적이고 효율적으로 달성하기 위해 조직 자체적으로 제정하여 이사회 및 임직원 등 조직의 모든 구성원들이 이행하여야 하는 절차를 말한다. 또한 그 요소에 IT 대응이 포함되어 있기 때문에 시스템 보수와 관리를 수행하는 담당자에게도 필수인 업무이다.

용어 관련 이야기

일본판 SOX법(금융상품거래법)

재무 보고서에 대한 내부 통제 평가와 보고를 의무화하는 내용의 법률(일본판 SOX법)이 있다. 기업의 분식 결산을 방지하는 것이 목적이다.

세 가지 조직 목표

영업의 효율성, 재무 보고의 신뢰성, 법규 및 규정 준수 등 조직 목표를 효과적·효율적으로 달성하기 위해 조직 자체적으로 제정하여 이사회 및 임직원 등 조직의 모든 구성원들이 이행하여야 하는 절차를 말한다.

내부 감사와의 차이

기업 등의 조직 내부에서 독립된 관리 체제로 업무 내용을 체크하는 것을 내부 감사라고 하며 경영 관리를 목적으로 업무와 회계에 대한 감사를 한다.

용어 사용 예

내부 통제의 목적을 이해하고 올바르게 운용·보고해야 한다.

관련 용어

(인증과 인가)……P199 (시스템 감사와 보안 감사)……P214

유니버설 디자인 universal design

누구나 사용할 수 있는 디자인

사용 편의성을 생각할 때 문화와 언어, 연령과 성별, 장애 유무 등에 관계없이 모든 사람이 사용하기 쉬운 것을 지향하는 디자인을 말한다. 자동문과 다기능 화장실과 같이 형태가 있는 것뿐 아니라 픽토그램 등 정보를 전달하는 표기와 같이 형태가 없는 것까지 다양한 디자인이 포함된다.

용어 관련 이야기

배리어프리와의 차이

장애인이나 고령자가 겪는 불편함을 생활 속에서 줄이기 위해 물리적으로 제거하거나 정신적으로 지원하는 것을 배리어프리라고 한다.

액세시빌리티와의 차이

액세시빌리티가 더욱 더 많은 사람이 이용하기 쉽도록 배려하는 반면 유니버설 디자인은 만인이 사용하기 쉽도록 설계하는 것을 가리킨다.

유니버설 디자인의 7가지 원칙

유니버설 디자인에는 '누구든 평등한 입장에서 사용할 수 있어야 한다', '다양한 환경적 제약에서도 자유롭게 사용 가능해야 한다', '사용법이 간단하고 직관적으로 알 수 있어야 한다' 등의 7가지 원칙이 있다.

용어 사용 예

우리 주변에 유니버설 디자인 제품이 크게 늘었다.

관련 용어

(액세시빌리티)······P111 (유저빌리티)······P112

오픈 데이터 open data

누구나 자유롭게 사용할 수 있는 데이터

정부와 자치단체 등을 중심으로 보유한 데이터를 자유롭게 사용할 수 있는 형식으로 공개하고 있는 데이터를 말한다. 데이터에 저작권과 특허 등의 제한과 과금을 하지 않고 공개함으로써 공공의 이익을 확보한다는 개념이다. 바이너리 형식의 데이터로는 사용하기 어렵지만 CSV나 XML 등의 형식으로 공개되어 데이터를 활용한 애플리케이션을 쉽게 만들 수 있다.

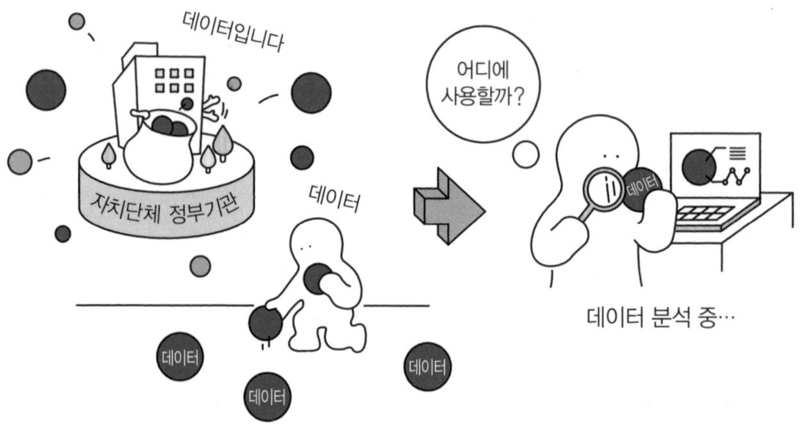

용어 관련 이야기

데이터의 공개 형식

컴퓨터가 데이터의 의미를 이해할 수 있도록 HTML 등의 태그를 붙여 링크시킨 형식을 LOD라고 한다. 상호 링크해서 정보를 공유할 수 있다.

자주 사용되는 CSV 형식

표 형식의 데이터를 표현하기 위해서는 콤마로 구분된 텍스트 데이터인 CSV 형식이 사용되고 엑셀 등의 전용 소프트웨어가 필요없지만 문자의 표현 등은 불가능하다.

태그로 의미 부여하는 형식

태그라 불리는 기술記述을 사용해서 데이터에 의미를 부가하는 파일 형식에 XML이 있으며, 웹페이지 기술에 사용되는 HTML도 XML의 일부라고 할 수 있다.

용어 사용 예

자치단체의 오픈 데이터를 사용해서 분석해 보는 건 어떨까?

관련 용어

(빅데이터)……P17 (데이터 마이닝과 데이터 사이언스)……P50 (매시업)……P168

메인 프레임main frame

기간 시스템에 사용되는 대형 컴퓨터

대기업 등의 기간 업무에 사용되는 대형 컴퓨터로 범용 컴퓨터와 호스트 컴퓨터 등으로 불린다. 고성능 하드웨어로 구성되어 있으며 신뢰성이 높고 안전성이 확보되어 있기 때문에 현재도 금융기관 등을 중심으로 사용되고 있다. 전용 OS를 탑재하고 있어 타사의 하드웨어로 이행하는 것은 어렵다는 단점도 있다.

용어 관련 이야기

레거시 마이그레이션

메인 프레임으로 개발한 소프트웨어를 리눅스 등의 오픈계 시스템으로 전환하는 것과 전환 작업을 레거시 마이그레이션(기존 시스템 전환)이라고 한다.

현재도 사용되는 코볼COBOL

메인 프레임에서 시스템을 개발할 때 코볼이라는 프로그래밍 언어가 많이 사용된다. 영어와 흡사한 언어로 양식 및 화면 편집과 같은 사무 처리 기능이 전문이다.

다운사이징이 진행한다

설치 공간과 비용을 절감하는 것을 다운사이징이라고 하며 메인 프레임의 운용과 유지비용이 더욱 더 저렴한 기기로 바꾸는 작업이 진행하고 있다.

용어 사용 예

은행에는 아직 메인 프레임이 남아 있다.

관련 용어

데이터센터 ······ P38 레거시 마이그레이션 ······ P104

GPS Global Positioning System

위치 정보를 취득할 수 있다

내비게이션과 스마트폰이 위치 정보를 취득하기 위해 위성의 전파 신호를 사용하는 시스템이다. 복수의 위성과 통신을 해서 수신기의 위치를 특정하기 때문에 해외의 위성뿐 아니라 국내 위성도 조합해서 운용되고 있다. 신호의 시간차를 이용하기 때문에 정확한 시간을 계산하는 것이 중요하다.

용어 관련 이야기

일본판 GPS '미치비키'

2017년 2호기에서 4호기가 발사된 GPS 위성에 미치비키가 있고 2018년 11월부터 4기 체제로 운용되고 있다.

와이파이로 위치 정보 취득

무선 LAN의 액세스 포인트를 사용해서 전파의 세기에 따라 위치 정보를 할당하는 것이 가능하고 GPS의 전파가 닿지 않는 장소에서도 사용할 수 있다.

초음파를 이용한 측위도 사용된다

사람의 귀로는 듣지 못하는 초음파를 점포 등에 설치한 기기로 발신하고 스마트폰 등의 마이크로 수신해서 위치를 색출하는 방법도 있고 점내 등에서 사용된다.

용어 사용 예

GPS의 정확도가 높아져 스마트폰이 있으면 길을 헤맬 염려 없다.

관련 용어

(드론)……P21 (기술적 특이점)……P24 (머신러닝)……P27

오프쇼어offshore

거점을 해외로 옮긴다

인건비가 높은 자국 내에서 개발하지 않고 인건비가 저렴한 해외 국가에서 개발하는 것. 시스템 개발의 경우 동남아시아나 인도 등의 국가에서 개발함으로써 비용 삭감을 실현하는 일이 많다. 인력을 확보하기 쉽고 시차를 활용해서 개발할 수 있다는 이점도 있지만 언어 장벽 등의 단점도 있다.

용어 관련 이야기

클라우드 소싱

군중crowed과 업무 위탁sourcing을 조합한 조어로 특정 기업에 위탁하는 게 아니라 불특정 다수의 개인에게 업무를 위탁하는 것.

택스 헤이븐tax haven

조세피난처를 의미하며 세금이 적은 국가를 이용해서 납세액을 줄이는 것. 부유층의 탈세에 사용되는 일도 있어 겉으로는 오프쇼어라도 문제가 되는 경우가 있다.

BPO, 아웃소싱

Business Process Outsourcing의 약자로 외부 위탁이라고도 하며 사내에서 하던 업무를 사외의 특정 기업에게 위탁해서 효율화하는 것.

용어 사용 예

동남아시아에 오프쇼어 개발을 의뢰해서 비용을 줄일 수 없을까.

관련 용어

시스템 인티그레이터 ······ P41 프로젝트 매니지먼트 ······ P103

Column

역사와 더불어 용어를 기억한다

IT 업계는 변화가 빠르고 끊임없이 새로운 언어가 등장한다. **처음 접하는 단어라고 해도 지금까지 전혀 없던 기술이 갑자기 등장하는 일은 거의 없다.**

그래서 새로운 키워드를 접했을 때 과거 존재하던 기술과 비교해 보기로 하자. 예를 들면 RPA라는 단어를 최근 자주 듣는다. 이 단어를 듣는 순간 엑셀의 매크로와 어떻게 다를까? 지금까지의 자동화 프로그램과 어떻게 다를까?를 생각한다. 그러면 지금까지의 단어와 차이를 명확히 알 수 있고 새로운 단어라도 내용을 쉽게 이해할 수 있다.

기술에 주목해서 새로운 용어를 이해하자

실제로 비교해 보면 기술적으로 크게 변화하지 않은 것도 많다. 최근 화제인 딥러닝은 뉴럴 네트워크가 발전한 것이며 SNS에서 사용되고 있는 기술도 게시판과 비슷한 것이다.

다만 같은 언어가 사용돼도 이면에서 사용되고 있는 기술이 점점 변화하고 있는 경우도 있다. 인터넷 접속에 사용되는 무선 기술은 사용 편의성은 거의 변하지 않았지만 속도는 점점 빨라지고 있다. CPU도 이름은 바뀌지 않았지만 고속화뿐 아니라 복수의 코어로 병렬 실행하는 등 수법이 변화했다. 하드디스크는 대용량화가 진행하고 있을 뿐 아니라 SSD로 대체되고 있다.

이용자의 눈에 보이지 않는 곳에서 기술이 바뀌고 있기 때문에 같은 용어를 사용해도 대화가 통하지 않을 가능성이 있다. 항상 최신 키워드뿐 아니라 그 용어가 가리키는 내용에 대해서도 다시 확인하자.

제 2 장

세트로 외우는 IT 용어

Keyword 035~079

데이터 마이닝data mining과 데이터 사이언스data science

대량의 데이터에서 새로운 지식을 발견

마이닝은 채굴이라는 의미이며 대량의 데이터를 분석해서 지금까지 몰랐던 법칙과 관련성을 발견하는 것을 데이터 마이닝이라고 한다. 수학과 통계학, 프로그래밍 등을 활용해서 비즈니스에 도움되는 정보를 추출하는 것을 데이터 사이언스라고 한다.

용어 관련 이야기

텍스트 마이닝

대량의 문장을 대상으로 한 데이터 마이닝을 텍스트 마이닝이라고 하며 단어의 출현 빈도와 상관관계 등을 분석해서 유용한 정보를 골라낸다.

데이터 정리의 필요성

데이터 마이닝에는 정리된 대량의 데이터가 필요하고 복수의 시스템에서 수집하여 시계열로 축적한 데이터를 보존하는 시스템을 데이터 웨어하우스라고 한다.

고객 데이터의 관리·분석

방대한 고객 정보를 축적하고 분석해서 고객을 유치하는 툴에 CRM(고객 관계 관리) 등이 있다. 또한 경영에 도움되는 매출 등을 분석할 수 있는 BI 툴도 사용되고 있다.

용어 사용 예

데이터 마이닝을 배우려면 데이터 사이언스 지식도 필요할까?

관련 용어

(빅데이터)……P17 (오픈 데이터)……P44

인터넷과 인트라넷

복수의 컴퓨터와 조직을 연결한다

복수의 컴퓨터를 연결해서 만드는 네트워크에 대해 복수의 네트워크를 전 세계에서 연결한 것을 인터넷이라고 한다. 인터넷에서 사용되는 기술을 사용하여 기업과 학교 등 조직 내부에서만 사용하는 네트워크를 인트라넷이라고 한다.

용어 관련 이야기

인터넷의 기원

1960년대부터 미국의 국방총성에서 군사용으로 연구·이용되던 네트워크 ARPANET이 인터넷의 기원으로 알려져 있다.

인트라넷의 발전형

복수의 인트라넷을 상호 접속한 네트워크를 엑스트라넷이라고 부른다. 일반적으로 다른 기업 간 통신(회의나 수발주 등)에 사용되는 시스템을 가리킨다.

URL에서 www의 의미

인터넷상에서 웹 브라우저 등을 사용해서 열람하는 구조를 World Wide Web이라고 한다. HTML 등의 언어로 적힌 문서에서 문서로 이동하면서 참조한다.

용어 사용 예

인터넷이라고 생각하고 사용했는데 실은 회사의 인트라넷이었네.

관련 용어

(WAN과 LAN)……P54 (도메인과 세그먼트)……P65 (ISP)……P198

패킷 통신과 회선 교환

안정된 통신을 실현한다

전화 회선과 같이 통신이 시작되고 나서 끝날 때까지 하나의 회선을 점유해서 통신하는 방식을 회선 교환이라고 한다. 다른 사람이 사용하고 있을 때는 그 회선을 사용할 수 없다. 한편 송수신하는 데이터를 패킷이라는 단위로 자잘하게 분할해서 하나씩 전송하는 방법을 패킷 통신이라고 한다. 분할해서 구획함으로써 동시에 여러 사람이 통신할 수 있다.

용어 관련 이야기

회선의 속도를 나타내는 단위

네트워크상에서 1초당 데이터 전송량을 나타내는 단위에 bps가 있고 값이 클수록 고속으로 통신할 수 있음을 의미한다. 실제로는 속도보다 효율을 나타낸다.

PPPoE

전화 회선 경유로 인터넷에 접속하는 구조를 오피스와 자택 내에서 사용되는 LAN으로도 사용할 수 있도록 한 프로토콜을 PPPoE라고 하며 전화 회선이 필요 없다.

차세대 접속 방식

LAN과 같은 방법으로 인터넷에 접속하는 규격에 IPoE가 있고 PPPoE의 경우에 필요한 라우터 등의 통신 기기 없이 고속으로 접속할 수 있다.

용어 사용 예

재해 시에 전화가 연결되지 않아도 메일이 도착하는 것은 패킷 통신이기 때문이네.

관련 용어

패킷과 프레임 ······P63

ADSL과 광파이버

고속 네트워크

전화 회선을 사용한 상위와 하위의 통신 속도가 다른 디지털 통신 서비스를 ADSL이라고 한다. 전화 회선은 시골 등에도 부설되어 있기 때문에 저렴하고 광범위하게 도입할 수 있지만 전화국에서 거리가 멀어짐에 따라 속도가 저하한다. 최근에는 ADSL보다 고가이지만 고속의 통신이 가능하고 거리가 멀어져도 속도가 저하하지 않는 광파이버가 늘고 있다.

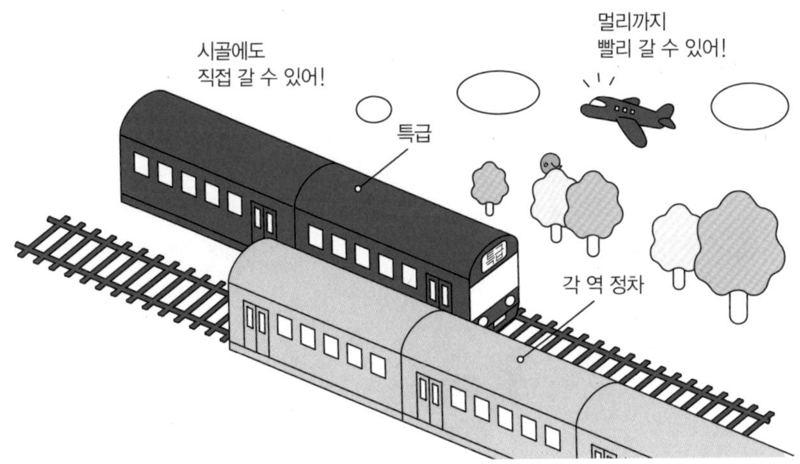

용어 관련 이야기

전기 신호를 변환하는 모뎀

통신 회선을 사용해서 네트워크에 접속할 때 컴퓨터의 신호와 전화 회선의 신호를 상호 변환하는 장치가 모뎀이고 ADSL 등의 경우에 필요하다.

광파이버에 필요한 ONU

광파이버에서는 컴퓨터와 광회선의 신호를 변환하는 장치가 필요하고 전화 회선의 모뎀에 해당하는 ONU(광 네트워크 종단 장치)를 설치한다.

가정에서 사용하는 FTTH

일반 가정에 광파이버를 인입하는 것을 FTTH라고 하며 ADSL과 비교해서 저렴하고 고속으로 통신할 수 있기 때문에 도입 가정이 늘고 있다.

용어 사용 예

ADSL 속도에 불만이 있다면 광파이버로 바꾸어 보면 어떨까?

과려 용어

(베스트 에포트)……P35 (스트리밍)……P36

WAN Wide Area Network 과 LAN Local Area Network

네트워크의 범위를 나타낸다

자택이나 사무실 등 같은 건물 안에서 사용되는 내부용 네트워크를 LAN이라고 한다. 한편 같은 회사에서도 서울과 부산 등 떨어진 장소를 연결하는 네트워크와 같은 보다 넓은 지역에서 사용되는 네트워크를 WAN이라고 하며 전기통신사업자가 제공하는 네트워크를 사용한다. 인터넷도 WAN의 일종이다.

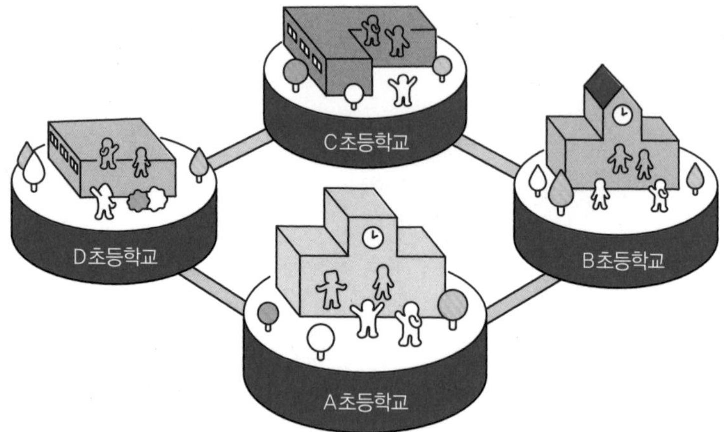

용어 관련 이야기

유선과 무선 네트워크
자택 내에서 LAN을 사용할 때 케이블을 사용한 유선뿐 아니라 전파를 사용한 무선 네트워크를 구성하고 있는 가정이 늘고 있다.

노이즈를 줄이는 케이블
자택 내에서 유선 네트워크를 만드는 경우 트위스트 페어 케이블이라 불리는 전선을 두 개씩 꼬아서 노이즈의 영향을 줄인 케이블이 사용된다.

거점 간을 연결하는 전용선
기업 등에서 복수의 거점을 접속하는 경우 특정 고객 전용으로 설치한 회선을 사용하여 통신 내용의 시큐리티와 통신 속도를 확보한다.

용어 사용 예

우리 집에는 PC가 많이 있는데 전부 LAN으로 연결되어 있다.

관련 용어

인터넷과 인트라넷 …… P51 NAT와 NAPT …… P62

프로토콜과 OSI 참조 모델

통신의 암호

네트워크에 접속한 단말기끼리 통신하려면 통신 규약(룰)이 필요한데 이를 프로토콜이라고 한다. 프로토콜의 기본 개념에 7개 계층으로 나뉜 OSI 참조 모델이 있다. 인터넷에서는 TCP/IP라는 4개의 계층으로 나눈 프로토콜이 사용된다.

용어 관련 이야기

계층화의 이점

각 계층에서 처리 역할을 분담함으로써 각각의 처리 내용을 단순화할 수 있을 뿐 아니라 통신 내용에 맞추어 앱이 프로토콜의 조합을 선택할 수 있다.

TCP/IP의 특징

TCP와 IP 같은 프로토콜을 사용하는 구성을 총칭해서 TCP/IP라고 하며 4개 계층에서 역할을 분담함으로써 효율적으로 구성할 수 있어 현실적인 사양이라고 할 수 있다.

패킷을 중계하는 IP

복수의 네트워크를 접속할 때 경로 선택과 패킷의 분할·재구축을 수행하는 등 네트워크 간 통신 방법을 규정하고 있는 프로토콜에 IP가 있다.

용어 사용 예

OSI 참조 모델은 이상적이지만 현실적인 프로토콜은 TCP/IP겠지.

관련 용어

(IP 주소와 포트 번호)······P56 (TCP와 UDP)······P60 (SMTP와 POP, IMAP)······P07

IP 주소와 포트 번호

네트워크의 장소를 나타내는 번호

네트워크에 접속하고 있는 컴퓨터의 장소를 식별하기 위해 개개의 컴퓨터에 부여되는 것이 IP 주소(어드레스)이다. 또한 하나의 컴퓨터로 웹 서버와 메일 서버 등 복수의 서비스가 동작하고 있는 경우, 그 중에서 이용하는 서비스를 식별해서 접속하기 위해 각 서비스에는 포트 번호가 할당되어 있다.

용어 관련 이야기

IPv4 주소

컴퓨터를 식별하기 위해 붙인 32비트의 값이고 8비트씩 구분해서 192.168.1.2와 같이 10진법으로 표현한다.

IPv6 주소

IPv4로 할당되는 주소가 부족한 문제를 해소하기 위해 만든 128비트의 값으로 2001:0:9d38:6ab8:3457:7bbbbb:8897:a7과 같이 표현한다.

웰노운 포트

저명한 서비스가 사용하도록 예약되어 있는 0~1023번의 포트 번호로 웹 서버는 80번, 메일 서버는 25번과 같이 정해져 있다.

용어 사용 예

인터넷에 연결되지 않았으니 IP 주소가 바른지 확인해 봐라.

관련 용어

(도메인명과 DNS)……P57 (TCP와 UDP)……P60 (NAT와 NAPT)……P62

도메인명과 DNS

컴퓨터에 이름을 붙인다

전자메일을 송수신하고 웹사이트를 열람할 때 인터넷상의 어디에 있는지를 외우기 쉽도록 서버가 존재하는 네트워크(영역)에 도메인명이라는 이름을 붙였다(예: cyber.co.kr). 도메인명(주소)과 IP 주소(어드레스)를 대응시키는 구조에 DNS가 있고 도메인명으로 IP 주소를 조사하는 것을 이름 변환(해결, 분석)이라고 한다.

용어 관련 이야기

'.'으로 구분한 계층 구조

도메인명은 cyber.co.kr과 같이 '.'로 구분한 계층 구조로 kr은 한국을, co는 회사 등을 나타내고 오른쪽부터 순서대로 아래 계층으로 확산된다.

이름을 변환하는 서버

DNS에 의한 이름 변환을 하는 서버를 네임 서버라고 하며 도메인명과 IP 주소의 대응표를 관리하고 도메인명에 대응하는 IP 주소를 돌려준다.

컴퓨터의 이름

네트워크에 접속하는 PC와 서버, 네트워크 기기 등에 사람이 외우기 쉬운 호스트명이라 불리는 이름을 중복되지 않도록 설정한다.

용어 사용 예

새로운 서비스를 제공하는 거라면 알기 쉬운 도메인명을 생각해야 한다.

관련 용어↓

IP 주소와 포트 번호 ……P56 도메인과 세그먼트 ……P65 URL과 URI ……P123 게시 ……P129

라우터router와 스위치switch

네트워크의 경로를 결정한다

네트워크를 구축할 때 사용하는 중계기기는 기능에 따라서 라우터와 스위치, 허브 등이라 불린다. 라우터는 OSI 참조 모델 네트워크층에서 처리를 하고 다른 네트워크를 연결하는 경로를 관리한다. 스위치는 스위칭 허브라고도 불리며 데이터 링크층에서 처리를 하고 같은 네트워크에 있는 단말기를 접속한다.

용어 관련 이야기

라우터를 정하는 프로토콜

네트워크의 경로를 결정할 때 가능한 한 빠르게 통신할 수 있는 경로를 조사하기 위해 RIP와 OSPF, BCP 같은 프로토콜이 사용된다.

물리층의 중계기기

OSI 참조 모델의 물리층에서 동작하는 기기에 허브와 리피터가 있으며 전송 거리가 긴 경우에는 네트워크의 중계기로서 신호를 증폭해서 송신하는 역할을 한다.

네트워크층의 중계기기

OSI 참조 모델의 네트워크층에서 동작하는 스위치를 L3 스위치라고 한다. 대부분의 L3 스위치는 하드웨어로, 라우터는 소프트웨어로 처리한다.

용어 사용 예

인터넷에 접속하려면 라우터를 사야 할까?

관련 용어

IP 주소와 포트 번호 …… P56 DHCP와 디폴트 게이트웨이 …… P61

클라이언트 서버와 P2P

컴퓨터의 역할 분담

정보 수집에 이용하는 컴퓨터를 클라이언트라고 하고 정보를 제공하는 컴퓨터를 서버라고 한다. 하나의 서버에 대해 복수의 클라이언트가 접속하는 방식의 시스템을 클라이언트 서버라고 줄여서 부른다. 한편 각 컴퓨터가 직접 접속하는 것을 P2P라고 한다.

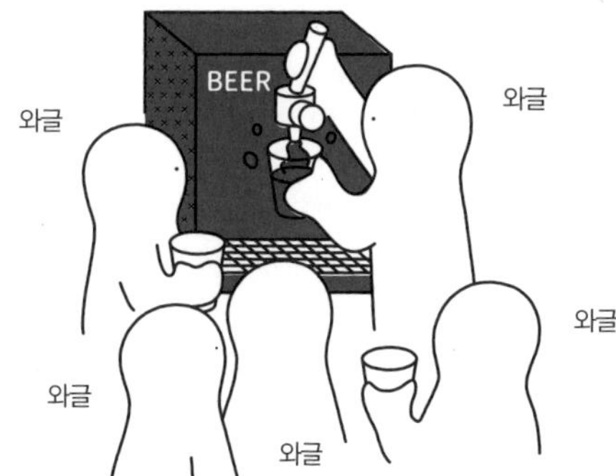

용어 관련 이야기

역할 분담의 메리트
복수의 클라이언트가 서버에 있는 데이터를 공유할 수 있을 뿐 아니라 처리를 분담함으로써 부하의 집중을 경감할 수 있다는 메리트가 있다.

리치 클라이언트의 등장
HTML을 웹 브라우저로 표시하기만 해서는 불가능한 고도의 표현이 가능한 전용 애플리케이션과 확장 기능을 리치 클라이언트라고 한다.

파일 공유 소프트웨어도 P2P
P2P 기술을 사용한 소프트웨어로는 위니Winny가 유명하다. 인터넷상에서 불특정 다수의 사람과 파일을 거래하는 파일 공유 등에 사용된다.

용어 사용 예

우리 회사는 오래된 클라이언트 서버 시스템을 아직 사용하고 있다.

관련 용어

(프록시 서버)……P127 (렌탈 서버)……P155 (CDN)……P176

TCP Transmission Control Protocol와 UDP User Datagram Protocol

통신에 요구되는 신뢰성과 속도를 실현한다

네트워크상의 통신이 혼잡하다는 등의 이유로 데이터가 상대에게 올바르게 도달하지 않는 것을 방지하기 위해 중복과 순서 에러, 미전송 등을 체크하고 문제가 있으면 재전송하는 등의 제어를 수행하는 프로토콜에 TCP가 있다. TCP의 사용으로 애플리케이션에서 이러한 제어가 불필요하다. 이런 제어가 불필요하고 속도가 요구되는 상황에서는 UDP를 사용한다.

용어 관련 이야기

패킷 통신에 필수인 제어

도로 정체와 같이 데이터가 집중해서 혼잡한 상태를 폭주라고 하며, 이를 회피하거나 복구시키는 것을 폭주 제어라고 한다.

3웨이 핸드 셰이크

상대가 통신할 수 있는 상태인지 확인하기 위해 SYN(들립니까?)이라는 패킷을 3단계로 거래하는 수순을 3웨이 핸드 셰이크 3-way handshake라고 한다.

UDP를 사용하는 VoIP

네트워크 경유로 음성을 리얼타임으로 보내는 기술에 VoIP가 있고 IP 전화 등에 사용되고 있다. 대화하기 쉽도록 지연율이 낮은 UDP를 사용한다.

용어 사용 예

인터넷에서 동영상을 볼 때는 UDP가 사용되고 있는 것 같다.

관련 용어

(프로토콜과 OSI 참조 모델)……P55 (IP 주소와 포트 번호)……P56

DHCP와 디폴트 게이트웨이 default gateway

컴퓨터를 네트워크에 접속한다

네트워크에 연결하는 컴퓨터에 IP 주소를 자동으로 부여하는 프로토콜에 DHCP가 있고 접속한 네트워크와 외부 네트워크와의 출입구에 해당하는 기기에 디폴트 게이트웨이가 있다. 컴퓨터와 디폴트 게이트웨이의 IP 주소는 간단하게 확인할 수 있다.

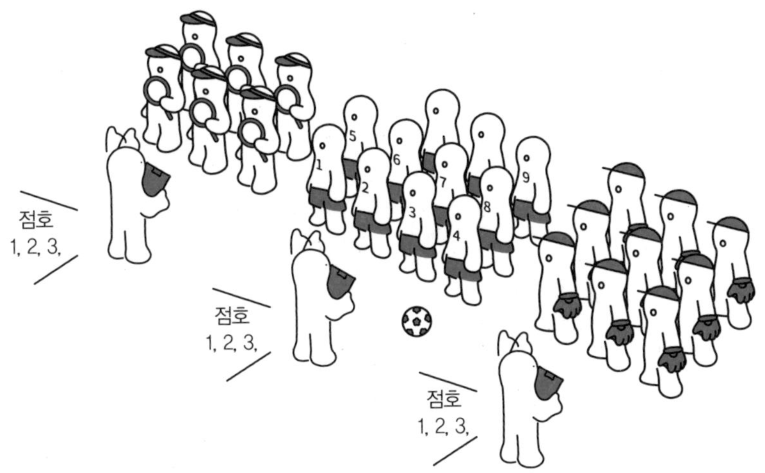

용어 관련 이야기

자동으로 부여하는 이점

컴퓨터에 IP 주소가 고정되어 있으면 다른 네트워크에 접속할 때 설정을 변경해야 하지만 자동으로 부여하면 설정을 변경할 필요가 없다.

바뀌지 않는 고정 IP 주소

서버 등 많은 사람이 접속하는 기기의 경우 IP 주소를 바꾸면 접속처를 알 수 없어 곤란하기 때문에 DHCP를 사용하지 않고 고정 IP 주소를 사용한다.

DHCP의 단점

DHCP로 IP 주소를 부여하면 다른 네트워크에 접속하는 경우도 설정을 변경할 필요가 없지만 DHCP 서버에 장애가 발생하면 TCP/IP의 통신이 불가능해진다.

용어 사용 예

인터넷에 연결되지 않았다면 DHCP 설정을 확인해 봐라.

관련 용어

IP 주소와 포트 번호 …… P56 라우터와 스위치 …… P58

NAT Network Address Translation와 NAPT Network Address Port Translation

여러 대의 컴퓨터를 같은 주소로 관리한다

IPv4의 IP 주소 부족 문제를 해결하기 위해 하나의 글로벌 IP 주소를 돌려서 사용하는 방법이 있으며, 이 수법에 NAT와 NAPT가 있다. NAT는 하나의 글로벌 IP 주소에 하나의 프라이빗 IP 주소를 할당할 수 있다. NAPT는 IP 주소와 포트 번호를 사용해서 복수의 컴퓨터가 동시에 인터넷에 접속할 수 있게 했다.

용어 관련 이야기

NAT의 주의사항

외부에서 내선전화에 걸 수 없도록 NAT를 사용하면 게임과 IP 전화 등으로 P2P 통신이 불가능한 경우가 있다. 이 경우는 NAT을 통과해야 한다.

글로벌 IP 주소

인터넷에 접속되어 있는 컴퓨터와 통신기기를 한 번에 식별하기 위해 전 세계에서 중복되지 않는 글로벌 IP 주소를 사용해야 한다.

프라이빗 IP 주소

LAN 등 조직의 내부에서 사용되는 네트워크에 접속하는 단말기에는 프라이빗 IP 주소를 사용한다.

용어 사용 예

최근의 라우터는 NAT 기능을 탑재하고 있다.

관련 용어

(WAN과 LAN)……P54 (IP 주소와 포트 번호)……P56

패킷packet과 프레임frame

통신의 기본 단위

패킷 통신 방식의 네트워크로 송수신하기 위해 통신 내용을 일정한 크기로 분할해서 송신할 때 사용하는 송신 단위이다. 일반적으로 패킷은 OSI 참조 모델의 네트워크층(제3층)에서 주로 IP 주소로 거래하는 데이터에 사용되는 반면 프레임은 데이터 링크층(제2층)에서 주로 MAC 주소로 거래하는 데이터에 사용한다.

용어 관련 이야기

IP 단편화IP Fragmentation

한 번에 송신할 수 없는 큰 패킷을 분할해서 송신하기 위해 단편화하는 것을 IP 단편화라고 하며 수신자가 결합해서 원래대로 되돌린다.

최대 크기의 패킷

전송할 수 있는 최대 크기의 패킷을 MTU라고 한다. 이것을 넘는 데이터는 라우터에 의해 분할되는 일이 있기 때문에 크기에 따라서 통신 속도에 영향이 있다.

혼잡으로 발생하는 패킷 차단

인터넷에 접속되어 있지만 회선이 혼잡해서 패킷이 흐르지 않는 상태를 패킷 차단이라고 한다. 이용자의 증가와 대용량 데이터, 전파 간섭 등이 원인이다.

용어 사용 예

이번 달은 동영상을 너무 많이 봐서 패킷 요금이 엄청나게 나왔어.

관련 용어

패킷 통신과 회선 교환 …… P52 프로토콜과 OSI 참조 모델 …… P55

세션session과 커넥션connection

접속 상황을 관리한다

웹페이지를 열람하고 있는 같은 이용자의 액세스를 식별하기 위한 장치. 웹사이트 액세스는 통신별로 별도의 이용자라고 인식하지만 로그인이 필요한 쇼핑 카트 등의 경우 같은 이용자를 식별할 필요가 있다. 세션은 OSI 참조 모델의 세션층(제5층), 커넥션은 트랜스포트층(제4층)에서 사용하는 일이 많다.

용어 관련 이야기

세션 관리 방법

웹 애플리케이션에서 세션을 관리하는 경우 쿠키cookie를 사용하는 방법과 폼이 숨겨진 필드를 사용하는 방법, 증명서를 사용하는 방법 등이 있다.

상태 기반스테이트풀, stateful

현재 이용자의 상태를 시스템이 보존하고 있으며 내용에 따라서 처리 결과를 바꾸는 것. 같은 내용을 입력해도 과거의 상태에 따라서 결과가 바뀌는 경우가 있다.

비상태 기반스테이트리스, stateless

이용자의 상태를 시스템 내부에 보존하고 입력된 값만을 사용해서 처리하는 것. 같은 입력 내용에 대해 항상 같은 결과를 얻을 수 있다.

용어 사용 예

갑자기 로그아웃된 걸 보니 세션이 타임아웃됐네.

관련 용어

패킷 통신과 회선 교환 …… P52 프로토콜과 OSI 참조 모델 …… P55

도메인domain과 세그먼트segment

네트워크 영역을 식별한다

네트워크를 구분할 때 영역을 가리키는 단어. 일반적으로 도메인과 세그먼트라 불리지만 범위에 명확한 기준이 있는 것은 아니다. 어떤 기준에 기초해서 구분한 범위를 세그먼트라고 부르며 각 영역을 가리켜서 콜리전 도메인collision domain(패킷이 충돌하는 범위)과 브로드캐스트 도메인broadcast domain(패킷이 도달하는 범위)이라고 한다.

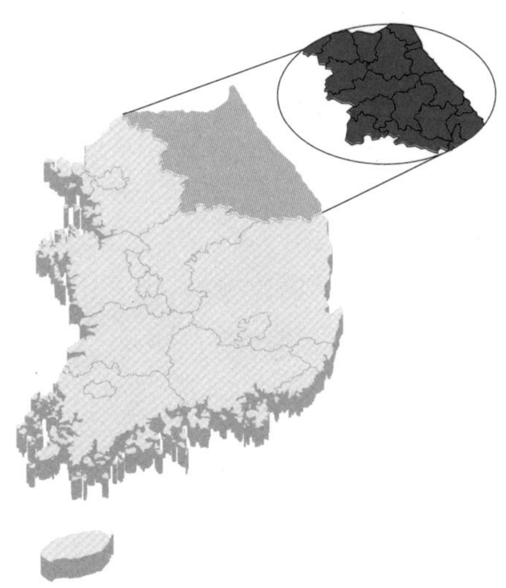

용어 관련 이야기

영역을 나누는 메리트

하나의 영역에 접속해 있는 컴퓨터가 보내는 신호는 다른 곳에도 도달하기 때문에 통신이 충돌할 가능성이 있다. 영역을 분할해서 통신 속도가 저하하는 것을 방지한다.

MAC 주소

제품 출하 시에 네트워크 기기에 할당되어 있는 번호를 MAC 주소라고 하고 물리 주소라고도 한다. OSI 참조 모델의 제2층에서 사용한다.

범위를 특정하는 수치

네트워크의 범위(서브넷)를 지정할 때 사용되는 수치가 서브넷 마스크로 특정 IP 주소가 어느 서브넷에 소속되어 있는지를 나타낸다.

용어 사용 예

세그먼트를 나누어 두지 않으면 할당할 수 있는 IP 주소가 부족하다.

관련 용어

(인터넷과 인트라넷)……P51 (WAN과 LAN)……P54

CPU Central Processing Unit와 GPU Graphics Processing Unit

컴퓨터의 두뇌

컴퓨터의 두뇌에 해당하는 장치가 CPU이고 연산과 제어를 수행한다. 마찬가지로 GPU도 연산을 수행하지만 단순한 계산을 병렬 처리하는 것이 전문이다. GPU는 구조가 단순하기 때문에 복잡한 처리에는 적합하지 않지만 게임이나 AI 등의 비슷한 처리를 대량으로 하는 경우에 사용된다. 일반적인 프로그램을 실행할 때 CPU가 사용된다.

용어 관련 이야기

성능을 나타내는 클록 주파수

CPU 등의 연산장치에서 1초간 얼마큼의 처리가 가능한지를 나타낸 값에 클록 주파수가 있고 숫자가 클수록 처리가 빠른 것을 의미한다.

병렬로 처리하는 파이프라인

CPU 등 연산장치의 처리를 고속화하기 위해 하나의 명령을 복수로 분할함으로써 동시에 병렬 실행하는 기술에 파이프라인 처리가 있다.

성능을 높이는 설정

제조사가 규정한 클록 주파수보다 높은 주파수로 움직이도록 자기 책임하에 설정하는 것을 오버 클록이라고 하고 클록 업이라고도 한다.

용어 사용 예

PC를 살 때는 CPU만 주목할 것이 아니라 GPU의 종류도 생각하는 것이 좋다.

관련 용어

(5대 장치)……P218 (IC)……P219

온프레미스on-premise와 클라우드cloud

시스템 관리자를 바꿨다

서버와 네트워크 기기, 애플리케이션 등을 자사에서 구입하여 운용하는 방식을 온프레미스라고 한다. 한편 외부 사업자가 제공하는 서버와 네트워크 기기, 애플리케이션 등을 인터넷 경유로 온디맨드 이용하는 서비스 방식을 실체를 알 수 없는 '구름'에 비유해서 클라우드라고 한다.

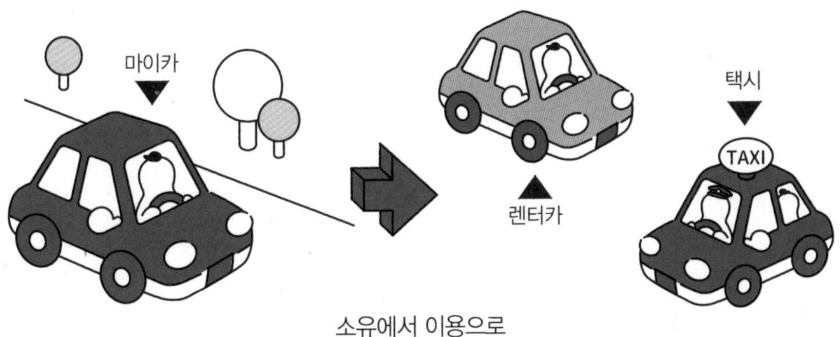

소유에서 이용으로

*SaaS(Software-as-a-Service)
**PaaS(Platform-as-a-Service)
***IaaS(Infrastructure-as-a-Service)

용어 관련 이야기

서비스를 사용하는 SaaS*

인터넷을 경유하여 소프트웨어를 서비스로 제공하고 이용자가 사용하고 싶은 양과 기간에 맞춰 유연하게 이용하는 형태를 SaaS라고 한다.

플랫폼 PaaS**

인터넷을 경유하여 하드웨어와 OS 등을 서비스로 제공하고 이용자가 사용하고 싶은 양과 기간에 맞춰 유연하게 이용하는 형태를 PaaS라고 한다.

서비스형 인프라 IaaS***

인터넷을 경유하여 서버와 네트워크 등을 서비스로 제공하고 이용자가 사용하고 싶은 양과 기간에 맞춰 유연하게 이용하는 형태를 IaaS라고 한다.

용어 사용 예

다음 시스템은 온프레미스로 할지 클라우드로 할지 고민이다.

관련 용어

(데이터센터)……P38 (SLA)……P105 (렌탈 서버)……P155

파일과 확장자

애플리케이션과 링크한다

컴퓨터 안에 데이터를 보존할 때는 파일을 사용하고 각각의 파일을 식별하기 위해 파일명을 붙인다. 이때 이름에 추가해서 확장자를 부가해서 작성된 파일과 그 파일을 사용하는 애플리케이션을 매칭한다. 예를 들면 엑셀 파일에는 .xls, .xlsx 등의 확장자가 붙는다.

용어 관련 이야기

파일 연결

특정 파일 형식의 파일을 선택할 때 그 파일을 여는 응용 프로그램을 연결해 두면 응용 프로그램을 선택하는 수고를 덜 수 있다.

숨은 파일

컴퓨터에 저장된 중요한 파일이 부주의로 인해 내용이 변경되거나 삭제되는 것을 방지하기 위해 이용자에게 보이지 않도록 설정한 파일을 숨은 파일이라고 하다.

확장자가 비표시인 경우

Windows에서 파일 확장자가 표시되지 않는 경우는 '폴더 옵션'에서 '등록되어 있는 파일의 확장자는 표시하지 않는다'의 체크를 해제한다.

용어 사용 예

파일을 보존할 때는 파일명뿐 아니라 확장자에도 주의해야 한다.

관련 용어

폴더와 디렉터리 ······P69

폴더folder와 디렉터리directory

파일을 관리한다

복수의 파일을 관리하는 경우 폴더를 사용해서 분류하는 일이 많다. 폴더 안에 또 다른 폴더를 넣어둘 수도 있고 계층 구조로 보존한다. 폴더는 환경에 따라서 디렉터리라 불리는 일도 있고 커맨드 라인에서 실행하는 경우는 디렉터리, GUI에서 실행하는 경우는 폴더라고 부르기도 한다.

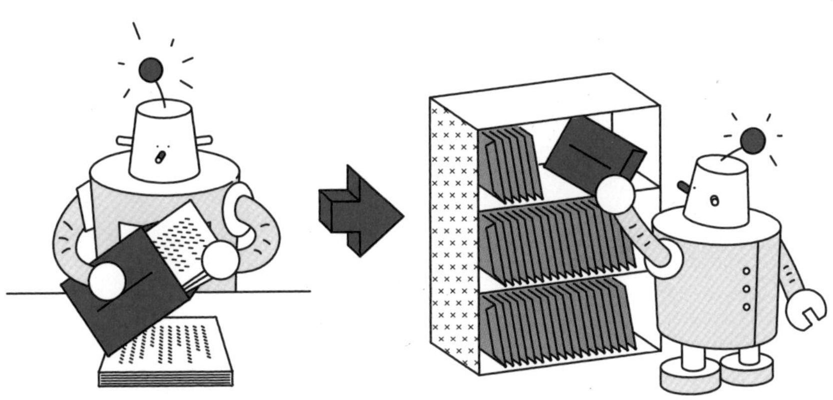

용어 관련 이야기

홈 디렉터리

컴퓨터 이용자별로 준비된 디렉터리로, 보통은 로그인했을 때 기점이 되는 장소를 홈 디렉터리라고 한다. 다른 이용자는 액세스할 수 없다.

커런트 디렉터리

이용자가 현재 처리하고 있는 디렉터리를 커런트 디렉터리라고 하며 작업 폴더 또는 워킹 디렉터리라고도 한다.

폴더(정렬) 규칙

폴더는 이름과 작성 일시, 갱신 일시에 따라 배열을 바꾸어 사용하는 일이 많고 특히 이름으로 정렬했을 때 알기 쉽도록 이름을 붙이는 규칙이 있으면 편리하다.

용어 사용 예

나는 파일을 쉽게 찾기 위해 폴더를 사용해서 깔끔하게 분류했다.

관련 용어

(파일과 확장자)……P68 (홈 디렉터리와 커런트 디렉터리)……P128

절대 경로와 상대 경로

파일의 장소를 나타낸다

목적하는 파일이 어느 폴더에 보존되어 있는지, 그 장소를 찾아가는 것을 경로라고 한다. 폴더는 계층 구조로 돼 있기 때문에 루트 디렉터리에서의 경로를 모두 지정한 것을 절대 경로라고 한다. 한편 현재 폴더에서 목적 폴더까지의 경로를 나타낸 것이 상대 경로이고 상위 폴더를 '..'으로 나타낸다.

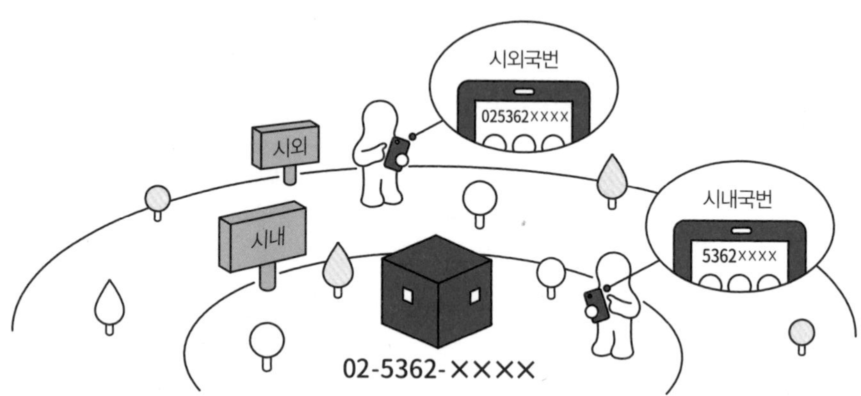

용어 관련 이야기

OS에 의한 구분 문자 차이

폴더의 계층 구조를 표현할 때 Windows에서는 '₩'로, Linux와 macOS 등 UNIX계 OS에서는 '/'로 구분해서 표현한다(예 C:₩book₩chapter1.txt).

부모 디렉터리 지정

상위 디렉터리를 부모 디렉터리라고 하며 CUI에서 상대 경로를 지정할 때는 '..'라는 기호를 사용해서 '..₩'나 '../' 와 같이 기술한다.

루트 디렉터리

계층형 파일 구조에서 최상위 디렉터리에서 분기되는 것을 나무 줄기에 비유해서 뿌리를 의미하는 루트 디렉터리라고 한다. 관리자를 의미하는 root와는 다르다.

용어 사용 예

절대 경로를 사용하면 어느 디렉터리에서나 마찬가지로 지정할 수 있다.

관련 용어

(폴더와 디렉터리)······P69 (홈 디렉터리와 커런트 디렉터리)······P128

가역 압축과 비가역 압축

파일 용량을 줄인다

데이터 내용을 바꾸지 않고 크기를 작게 하는 것을 압축이라고 하며 원래의 크기로 되돌리는 것을 압축 해제라고 한다. 이때 원래 데이터와 완전히 같게 복원하는 압축 방법을 가역 압축, 완전히 일치하지 않는 압축 방법을 비가역 압축 또는 불가역 압축이라고 한다. 정지 이미지와 동영상을 압축할 때는 데이터 손실이 눈에 띄지 않는 비가역 압축이 사용되고 있다.

용어 관련 이야기

연속된 데이터를 정리한다

단순한 압축 방법에 연장 압축이 있고 'AAAAABBBCCCC'라고 하는 데이터를 'A5B3C4'와 같이 등장하는 데이터와 길이로 나타낸다. 팩스에서 사용됐다.

복수의 파일을 정리한다

복수의 파일을 하나로 묶어서 취급하는 아카이브를 하는 형식에 ZIP 파일이 있으며 크기를 압축해서 저장하는 것도 가능하다.

데이터 압축률의 표현

압축한 데이터가 원래 데이터와 비교해서 어느 정도 크기가 줄었는지를 나타내는 비율이 압축률이며 보다 작게 압축한 상태를 압축률이 높다고 한다.

용어 사용 예

문서는 가역 압축이 아니면 곤란하지만 이미지라면 비가역 압축으로 충분하다.

관련 용어

JPEG와 PNG ······P172

VGA와 HDMI

영상을 출력한다

컴퓨터를 디스플레이에 접속하는 경우 VGA, HDMI, DVI, DisplayPort 등의 규격이 사용된다. VGA와 DVI 등은 오래전부터 있던 규격으로 영상밖에 전송할 수 없지만 많은 디스플레이와 프로젝터 등이 대응하고 있으며 현재도 널리 사용되고 있다. HDMI는 고화질에 음성도 전송할 수 있기 때문에 최근에 증가 추세이다.

용어 관련 이야기

증가하는 변환 케이블

VGA와 HDMI 등의 단자를 지원하지 않는 컴퓨터 기종이 증가하고 있으며 USB 포트를 사용해서 변환하는 케이블이 많이 판매되고 있다.

스크린 비율의 차이

프레젠테이션을 할 때는 접속 방법뿐 아니라 화면 비율도 고려해야 한다. 기존의 4:3 비율에 추가해 16:9나 16:10 비율도 증가하고 있다.

고속 데이터 전송 기술

MacBook 등에 탑재되어 있는 데이터 전송 기술에 썬더볼트Thunderbolt가 있고 USB와 이더넷, 디스플레이 포트 등을 취급할 수 있다. USB 타입-C 형상이 사용된다.

용어 사용 예

프레젠테이션에 사용하는 케이블은 VGA와 HDMI 중 어느 쪽을 준비하면 될까?

관련 용어

(해상도와 화소, 픽셀) ······P81 (시리얼과 패럴렐) ······P89

문자 코드와 특수 문자

환경에 따라서 문자가 다르다

컴퓨터로 문자를 취급하려면 수치에 대응해서 표현하는 문자 코드를 사용한다. 영숫자가 중심인 ASCII 코드에 추가해 전 세계 문자를 취급할 수 있는 유니코드Unicode 등이 있다. 특정 기종에서만 사용할 수 있는 문자 코드를 환경(기종) 의존 문자라고 한다.

용어 관련 이야기

문자 코드와 글자(문자) 깨짐 현상

파일에 저장했을 때의 문자 코드와 읽어 들일 때의 문자 코드가 달라서 문자가 바르게 표시되지 않는 것을 글자 깨짐 현상이라고 한다.

현재의 세계 표준: UTF-8

유니코드용 부호 방식 중 하나인 UTF-8은 웹페이지 기술뿐 아니라 전 세계 대다수의 소프트웨어에서 압도적으로 많이 사용되고 있다.

세계로 확산된 이모티콘

그림을 사용해서 하나의 문자로 표현하는 것에 이모티콘이 있고 일부 문자 코드에 포함되어 있다. 이모티콘은 전 세계에서 사용되며 공통 언어로 주목받고 있다.

용어 사용 예

메일에서는 특수 문자를 사용하지 말라고 배웠어.

관련 용어

(서체와 폰트)……P74 (아이콘과 픽토그램)……P77

서체와 폰트

문장의 스타일을 바꾼다

문자의 스타일을 바꾸기 위해 사용되는 것이 서체이고 긴 문장이라도 읽기 쉬운 명조체나 타이틀 등 제목에 사용하는 고딕체 등이 있다. 서체에 추가해 문자 크기와 색, 굵은 글자와 밑줄 등 문자를 지정하는 것을 묶어서 폰트라고 한다. 프로그램 소스 코드 등의 경우에는 자릿수를 맞추기 위해 각 문자 폭이 동등한 고정 폭 폰트가 사용되는 일이 많다.

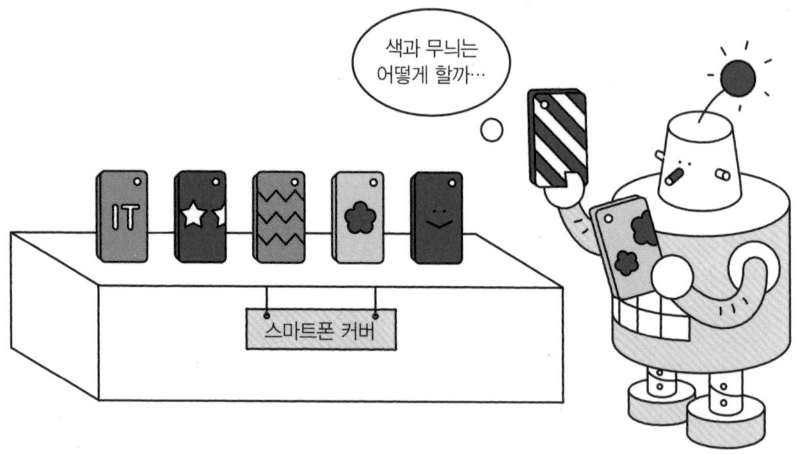

용어 관련 이야기

세리프serif와 산세리프sans-serif의 차이

명조체와 같이 문자 획에 삐침이 있는 서체를 세리프, 고딕체와 같이 삐침이 없는 서체를 산세리프라고 한다.

문자 크기를 나타내는 포인트

출판물에 사용되는 단위에 포인트가 있고 문자와 도형의 크기를 지정할 때 자주 사용된다. 보통 문장에서는 10 포인트의 크기가 사용된다.

후리가나에 사용되는 루비

일본어에서 독음을 작게 붙일 때 사용하는 문자를 루비라고 하며 루비를 단다라고 말한다. 가로 쓰기에서는 위에, 세로 쓰기에서는 오른쪽에 붙인다.

용어 사용 예

멋진 서체를 사용하기 위해서는 문자에 폰트를 지정한다.

관련 용어

문자 코드와 특수 문자……P73 CSS……P158

프런트 엔드front-end와 백 엔드back-end

시스템 역할이 다르다

이용자가 조작하는 화면과 같은 전면의 환경을 프런트 엔드, 이용자에게 보이지 않는 뒷면의 환경을 백 엔드라고 한다. 웹 앱의 경우 프런트 엔드는 웹 브라우저용 HTML과 CSS 등, 백 엔드는 웹 서버와 데이터베이스 관리가 해당한다.

용어 관련 이야기

인프라와는 어떻게 다른가
백 엔드를 담당하는 개발자를 인프라 개발자라고도 부르지만 주로 웹 계열 업무를 담당하는 경우에 백 엔드 개발자라고 부르기도 한다.

디자이너와 엔지니어
프런트 엔드는 외관과 관련되는 부분이므로 디자이너가 관여하는 일이 적지 않다. 엔지니어는 프로그래밍 등을 포함한 기술을 담당하기도 한다.

한자 변환 소프트웨어를 가리키는 FEP
프런트 엔드라는 단어가 사용되는 것에 FEP가 있다. 입력된 문자를 한자로 변환해서 앱에 건네는 소프트웨어를 말하며 최근에는 IME라고 한다.

용어 사용 예

프런트 엔드를 중심으로 개발하고 있는 회사는 사무실도 근사하다.

관련 용어

MVC와 디자인 패턴 ······ P243

임포트import와 익스포트export

다른 소프트웨어와 데이터를 거래

어느 소프트웨어에서 사용하던 데이터를 다른 소프트웨어에서도 사용하고자 할 때 데이터 호환성이 문제가 된다. 그래서 다른 소프트웨어에서도 사용할 수 있도록 텍스트 형식 등의 파일로 출력하는 것을 익스포트라고 하고 다른 소프트웨어에서 그 파일을 입력하는 것을 임포트라고 한다. 거래하는 파일로는 CSV 형식이 자주 사용된다.

용어 관련 이야기

대량의 데이터를 일괄 임포트

대량의 데이터를 일괄로 임포트하는 것을 벌크 임포트라고 하며 고속으로 처리할 수 있는 처리 방법을 가리킨다. 데이터베이스에서는 벌크 인서트라고 한다.

프로그래밍 임포트

프로그래밍 언어에서는 다른 것으로 만든 라이브러리 등을 사용하는 경우 임포트를 하면 그 기능을 사용할 수 있게 된다.

백업, 리스토어와는 어떻게 다른가

어느 소프트웨어에서 사용하는 데이터를 별도 매체에 보존하는 것을 백업, 원래로 되돌리는 것을 리스토어라고 한다.

용어 사용 예

다른 소프트웨어로 익스포트한 데이터를 임포트하기 바란다.

관련 용어

어댑터와 컨버터 ······ P93 스토리지 ······ P221

아이콘icon과 픽토그램pictogram

한눈에 이해할 수 있는 표현

작은 그림을 사용해서 한눈에 이해할 수 있도록 표현하는 방법에 아이콘이 있으며 PC와 스마트폰의 앱을 표현하기 위해 사용하는 간단한 그림이 많다. 또한 공공장소에서 화장실과 비상구 등을 표시하기 위해 사용하는 그림문자를 픽토그램이라고 하고 표현하고자 하는 내용을 단순한 기호로 표현한다.

용어 관련 이야기

웹사이트에 사용하는 파비콘Favicon

웹페이지에 설정되어 있으며 어드레스 바와 탭, 즐겨찾기 등에 등록했을 때 표시하는 아이콘을 파비콘Favicon(favorites icon)이라고 한다.

이미지를 사용하지 않는 아이콘

웹사이트상에서 문자처럼 표시할 수 있는 아이콘을 웹 아이콘 폰트라고 하며 이미지가 아니기 때문에 색과 크기를 간단하게 바꿀 수 있다.

ISO와 KS의 표준 규격

안내도 등에 사용되는 픽토그램은 국가와 문화가 달라도 누구나 쉽게 이해할 수 있다. ISO와 KS도 표준화되고 있으며 ISO 7001과 KS A0901 등이 있다.

용어 사용 예

아이콘으로 원하는 파일을 간단하게 찾을 수 있어 편리하다.

관련 용어 ↓

(문자 코드와 환경 의존 문자)……P73 (섬네일)……P153

저작권과 크리에이티브 커먼즈

도작盜作을 방지한다

문장과 일러스트, 음악, 소스 코드 등 창작자에게 법률로 주어지는 권리를 저작권이라고 하며 보통은 창작한 저작자에게 모든 권리가 있고 별도로 신청할 필요는 없다. 한편 저작물의 재이용을 허가하는 조건을 저작자 스스로가 지정할 수 있는 방법에 크리에이티브 커먼즈가 있다.

용어 관련 이야기

저작권을 주장하지 않는 퍼블릭 도메인

지적 재산권이 발생하지 않는 상태 또는 소멸한 상태를 퍼블릭 도메인이라고 하며 전혀 저작권을 주장하지 않는 경우에 사용한다.

프로그래밍 언어의 저작권

프로그래밍 언어에 저작권이 있으면 그 언어를 사용해서 만든 소프트웨어도 보호받아야 하기 때문에 언어에는 저작권이 인정되지 않는다.

인격권과 재산권

저작권은 저작자의 인격적 이익을 보호하는 저작자 인격권과 이용 방법 허가와 사용료 관리 등 재산적 이익을 보호하는 저작권(재산권)으로 나뉜다.

용어 사용 예

크리에이티브 커먼즈(CC, Creative Commons)를 확인하고 저작권을 표기해야 한다.

관련 용어

(오픈 데이터)……P44 (오픈 소스)……P169

Keyword 064

OS와 애플리케이션

소프트웨어의 역할이 다르다

소프트웨어는 크게 OS와 애플리케이션으로 나뉜다. OS는 기본 소프트웨어라고도 불리며 하드웨어 제어와 메모리 관리 등 컴퓨터 동작에 필요한 기능이 구비되어 있다. 한편 애플리케이션은 응용 소프트웨어라고도 불리며 표 계산과 워드 프로세서, 인터넷 열람, 음악 재생 등 개별 기능에 특화한 소프트웨어를 가리킨다.

용어 관련 이야기

환경을 정리하는 셋업

컴퓨터를 사용할 수 있도록 설정하는 것을 셋업이라고 하며 소프트웨어 도입뿐 아니라 하드웨어 설치도 포함하는 경우가 많다.

소프트웨어 설치

컴퓨터에 소프트웨어를 설치해서 사용할 수 있도록 하는 것을 인스톨이라고 하며 대화 형식으로 설치하는 인스톨러도 배포된다.

자주 사용되는 OS 종류

PC와 서버용 OS로는 Windows와 macOS, Linux 등이 많이 사용되며 스마트폰용 OS에는 Android와 iOS 등이 사용된다.

용어 사용 예

새로운 애플리케이션이라도 바로 사용할 수 있는 것은 OS가 있는 덕분이다.

관련 용어

커널 ……P241 API와 SDK ……P242

텍스트text와 바이너리binary

두 종류로 나뉘는 파일 형식

컴퓨터는 2진수로 처리하기 때문에 어떤 파일도 0과 1만으로 저장되어 있다. 문자 코드에 대응한 값으로 구성되어 있는 파일을 텍스트 파일이라고 하며 문자 코드에 대응한 문자가 표시된다. 문자 코드와는 관계없는 파일을 바이너리 파일이라고 하며 이미지와 음성, 동영상, 프로그램 등 문자의 나열이 아닌 파일이 해당한다.

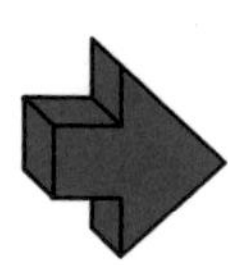

용어 관련 이야기

텍스트 파일 예

단순한 텍스트 파일을 플레인 텍스트라고 하며 이외에도 HTML과 CSS, 프로그램 소스 코드 등이 텍스트 형식으로 저장되어 있다.

바이너리 파일 보기

바이너리 파일을 메모장 등의 앱으로 열면 이해할 수 없는 문자가 표시되는데 바이너리 에디터라 불리는 앱을 사용하면 16진수 등으로 표시할 수 있다.

텍스트 파일의 이점

바이너리 파일은 전용 소프트웨어가 필요하지만 텍스트 파일은 OS와 환경이 바뀌어도 특수한 소프트웨어를 사용하지 않아도 처리할 수 있다.

용어 사용 예

바이너리로 하면 취급하기 어렵기 때문에 텍스트 형식으로 줬으면 좋겠어.

관련 용어

(문자 코드와 특수 문자)……P73 (소스 코드와 컴파일)……P228

해상도와 화소, 픽셀

사진과 이미지의 선명도를 결정한다

이미지 파일과 컴퓨터 화면은 작은 점의 집합으로 되어 있으며 이 점을 픽셀과 도트라고 한다. 하나의 이미지를 구성하는 픽셀 수가 화소이고 100만 화소라면 작은 100만 개의 점으로 구성되어 있는 것을 의미한다. 1인치(약 2.54cm)에 있는 도트 수를 나타내는 단어에 해상도가 있고 dpi(도트/인치)라는 단위를 사용한다.

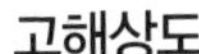

용어 관련 이야기

색을 표현하는 삼원색

화면이나 인쇄물에서 색을 표현하기 위해 세 가지 색을 섞어서 모든 색을 만들어낸다. 기본이 되는 세 가지 색을 삼원색이라고 하며 빛의 삼원색과 색의 삼원색이 있다.

디스플레이 등에 사용하는 RGB

Red(빨간색), Green(녹색), Blue(파란색)의 머리글자로 디스플레이 등에 사용하는 빛의 삼원색을 각각의 양으로 나타낸다.

인쇄물에서 사용하는 CMYK

색의 삼원색, 즉 Cyan(파란색), Magenta(자주색), Yellow(노란색)의 머리글자를 취한 CMY에 추가해서 키 플레이트 key plate인 Black(검은색)을 합친 네 가지 색으로 인쇄물의 색 지정에 자주 사용된다.

용어 사용 예

프린터를 선택할 때는 해상도가 높은 기종을 선택하면 깨끗하게 인쇄할 수 있다.

관련 용어

VGA와 HDMI ······ P72 JPEG와 PNG ······ P172

10진법과 2진법, 16진법

컴퓨터의 숫자 표현

0~9까지 10개 숫자로 수를 표현하는 방법을 10진법이라고 한다. 한편 컴퓨터는 0과 1의 2개 숫자로 나타내는 2진법을 사용하고 있다. 2진법에서는 큰 수를 표현하면 자릿수가 많아지기 때문에 4자릿수씩 묶어서 0~F의 16종류를 사용한 16진법으로 적는 일이 많다.

용어 관련 이야기

10진수에서 2진수로 변환
정수 10진수를 2진수로 변환하려면 변환하고자 하는 10진수를 몫이 0이 될 때까지 2로 계속 나누어 구한 나머지를 반대로 나열하는 방법이 자주 이용된다.

16진수가 사용되는 컬러 코드
HTML 등으로 색을 표현하기 위해 컬러 코드라 불리는 문자열이 사용되고 색의 RGB값을 16진수로 표현한다(예 #FFFFFF는 흰색).

음수에는 2의 보수를 사용한다
컴퓨터로 2진법을 사용해서 음의 값을 표현하는 경우 자릿수를 32비트 등으로 고정하고 각 자리의 0과 1을 바꾸어 넣어 1을 더한 '2의 보수'가 사용된다.

용어 사용 예

Windows의 계산기를 사용하면 10진법에서 2진법, 16진법으로 간단하게 변환할 수 있다.

관련 용어

(IP 주소와 포트 번호)……P56 (CSS)……P158

버전version과 릴리스release

동일 소프트웨어의 갱신을 관리한다

소프트웨어는 개발하면 끝이 아니라 오류 수정과 기능 추가 등이 계속해서 발생하기 때문에 그 차이를 관리하기 위해 같은 소프트웨어라도 번호 등을 사용해서 식별할 수 있도록 했다. 이것을 버전이라고 하며 버전이 바뀌는 것을 버전업이라고 한다. 또 세상에 발표하는 것을 릴리스라고 한다.

용어 관련 이야기

크게 변하는 메이저major

'1.2.3'과 같이 피리어드로 구분하는 버전 번호는 크게 수정된 경우에 최상위가 바뀌는 일이 많은데, 이를 메이저 버전이라고 한다.

부분적 변경은 마이너minor

버전 번호의 메이저에 잇는 두 번째 값을 마이너라고 하며 중간 정도의 수정을 가리킨다. 마이너 체인지 등이라고 불리기도 한다.

최근 증가하는 α판과 β판

미완성 상태에서 일부 사람에게 공개해서 사용하도록 하고, 여기서 발견된 문제와 오류를 제품에 피드백하기 위해 사용되는 버전 α판과 β판이 있다.

용어 사용 예

대규모 변경은 버전을, 부분적 변경은 릴리스 번호를 바꾼다.

관련 용어 ↓

(Git와 Subversion) ······P84 (컷 오버와 서비스 인) ······P102

Git과 Subversion

소스 코드의 버전 관리 시스템

파일 내용을 변경해서 보존할 때 그 차이를 알고 싶거나 이전 내용으로 되돌리고 싶은 경우가 있다. 파일명을 바꾸어 별도 파일로 보존하는 방법도 있지만 그것이 최신인지 알 수 없기 때문에 버전 관리 시스템이 사용된다. 자주 사용되는 버전 관리 시스템에 git와 Subversion이 있다.

용어 관련 이야기

버전 관리 정보의 보관

데이터를 일원 관리하는 저장소의 의미를 가진 단어에 리포지토리repository가 있고 버전 관리 시스템에서 사용하는 파일 등의 데이터를 저장하는 장소를 가리킨다.

리포지토리의 호스팅

Git를 사용해서 소스 코드를 관리할 때 자주 사용되는 리포지토리의 호스팅 서비스로는 GitHub와 GitLab, BitBucket이 유명하다.

리포지토리와 거래

버전 관리 시스템의 리포지토리에서 파일을 꺼내는 것을 체크아웃이라고 하고 반대로 파일을 적어 넣는 것을 체크인이라고 한다.

용어 사용 예

한때 Subversion을 자주 사용했지만 최근에는 Git가 늘었다.

관련 용어

(버전과 릴리스)……P83 (런칭과 릴리스)……P101

모듈module과 패키지package

라이브러리를 관리한다

자주 사용하는 프로그램을 다른 사람이 재이용할 수 있도록 한 묶음으로 한 것을 라이브러리라고 하고 비슷한 단어에 모듈과 패키지가 있다. 언어와 환경에 따라서 다르지만 프로그램의 부품이 되는 작은 부분을 모듈, 사용하기 쉬운 형태로 되어 있는 것을 라이브러리, 복수의 모듈과 라이브러리를 묶은 것을 패키지라고 한다.

용어 관련 이야기

모듈의 분할 기준

나중에 수정하기 쉽도록 다른 모듈에 가능한 한 의존하지 않는 단위로 분할하며, 크기와 관련성, 결합 정도를 입도, 강도, 결합도라고 한다.

프로그래밍 언어의 패키지 관리

프로그래밍 언어의 패키지 갱신이나 설치를 할 때는 패키지 매니저를 사용하면 수월하다.

UNIX계 OS의 패키지 관리

UNIX계 OS에서는 애플리케이션 관리에 APT와 RPM, ports, Homebrew 등의 패키지 매니저가 많이 사용된다.

용어 사용 예

파이썬이라면 복수의 모듈을 묶어서 패키지라고 한다.

관련 용어

API와 SDK ······P242

표 계산 소프트웨어와 DBMS

데이터를 묶어서 관리한다

데이터를 관리할 때 CSV 파일 등의 텍스트 형식이 아니라 표 형식으로 관리할 수 있는 소프트웨어에 엑셀 등의 표 계산 소프트웨어가 있다. 다만 데이터량이 많은 경우나 여러 사람이 취급하는 데이터의 경우는 데이터베이스를 사용해서 정합성 유지와 고속 처리가 가능하다. 대표적인 데이터베이스에 MySQL과 PostgreSQL, Oracle 등의 DBMS가 있다.

*RDBMS(Relational DataBase Management System) : 관계형 데이터베이스 관리 시스템
**DBMS(Data Base Management System) : 데이터베이스 관리 시스템

용어 관련 이야기

데이터를 저장하는 셀

표 계산 소프트웨어에서 격자상으로 나열한 매스 눈금을 셀이라고 하며 이 셀에 데이터를 넣어서 표를 작성하거나 계산한다. 행과 열을 사용해서 위치를 지정한다.

관계를 표현하는 RDBMS*

복수의 행과 복수의 열로 구성되는 표로 데이터 간의 관계를 표현하고 제한과 사영射影, 결합 같은 관계연산을 사용하는 데이터베이스를 RDBMS라고 한다.

대량의 데이터를 취급하는 새로운 수법

RDBMS 이외의 DBMS**를 가리키는 단어에 NoSQL이 있다. 대량의 데이터를 취급할 때나 리얼타임으로 해석할 필요가 있을 때 사용한다.

용어 사용 예

직원을 채용할 때는 표 계산 소프트웨어 정도는 사용할 수 있어야 곤란하지 않다.

관련 용어

관계형 데이터베이스와 SQL ······ P248

SMTP와 POP, IMAP

메일 송수신에 사용한다

메일을 송신할 때 사용하는 프로토콜에 SMTP가 있고 송신자의 컴퓨터에서 메일 서버, 메일 서버와 메일 서버 간의 통신에 사용한다. 한편 메일을 수신할 때 사용하는 프로토콜에 POP와 IMAP가 있고 수신자의 컴퓨터와 메일 서버 간 통신에 사용한다.

*POP(Post Office Protocol)
**IMAP(Internet Mail Access Protocol)

용어 관련 이야기

POP*와 IMAP**의 구분

POP는 서버에 있는 메일을 PC 등의 단말기에 다운로드해서 메일 소프트웨어로 관리하는 반면 IMAP는 서버상에서 관리한다.

스팸 메일을 방지하는 OP25B

스팸 메일의 송신을 방지하기 위해 외부 네트워크에 25번 포트(메일의 송신에 사용한다)의 통신을 프로바이더로 차단하는 것을 OP25B라고 한다.

첨부 파일을 보내는 기술

영숫자밖에 송신할 수 없었던 전자메일의 규격을 확장하여 첨부 파일 등을 영숫자로 변환해서 송신할 수 있도록 한 규격에 MIME가 있다.

용어 사용 예

최근에는 웹 메일을 사용하는 일이 많아 SMTP와 POP을 설정하는 일이 줄었다.

관련 용어

(스팸 메일)……P183 (SSL/TLS)……P206

검색 엔진과 크롤러 crawler

인터넷상의 데이터를 수집한다

검색 엔진은 인터넷 사이트의 데이터를 수집해서 축적하고 있으며 이것을 검색할 수 있는 구조를 제공하고 있다. 정기적으로 전 세계의 웹사이트를 순회하고 있으며 웹사이트의 링크를 거쳐 수집하는 것을 크롤링이라고 한다. 그 툴을 크롤러라고 한다.

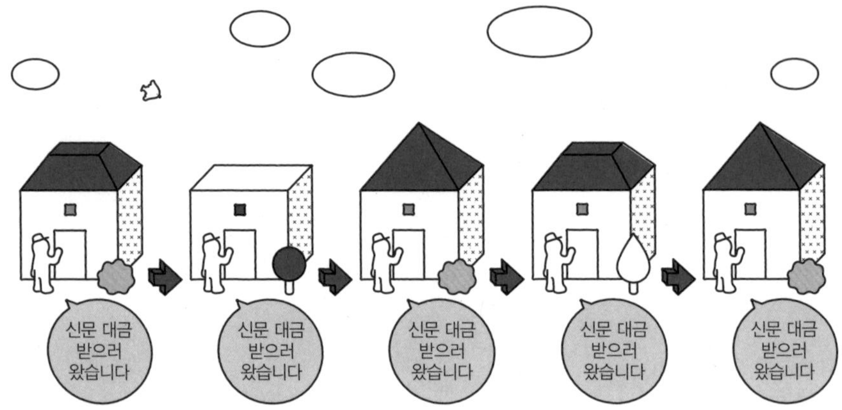

용어 관련 이야기

검색 결과의 순위를 정한다

검색한 키워드에 관련되는 페이지를 검색 결과의 상위에 표시하기 위해 요소를 종합적으로 분석해서 정하는 작업을 스코어링이라고 한다.

포털 사이트와의 차이

검색 기능뿐 아니라 뉴스와 메일, 옥션 등의 서비스를 포함해서 이용자가 웹을 이용하는 입구 역할을 하는 사이트를 포털 사이트라고 한다.

서버 부하에 주의

크롤러는 웹 서버에 프로그램으로 액세스해서 정보를 취득하기 때문에 단시간에 연속해서 취득하면 서버에 큰 부하를 가할 수 있다.

용어 사용 예

모르는 단어는 우선 검색 엔진으로 조사해 보면 어떨까?

관련 용어

(웹사이트와 웹페이지)······P94 (스크래핑)······P170

시리얼serial 과 패럴렐parallel

데이터를 고속으로 송수신한다

데이터를 직렬로 송수신하는 것을 시리얼, 병렬로 송수신하는 것을 패럴렐이라고 한다. 병렬로 송수신하는 것이 고속으로 처리할 수 있는 것 같지만 병렬로 처리하려면 각각의 통신 타이밍을 맞춰야 한다. 한편 시리얼이라면 순서대로 처리하기만 하면 되므로 단순하게 고속화할 수 있는 이점이 있다.

용어 관련 이야기

USB로 주변 기기를 연결한다

컴퓨터의 주변 기기 접속에 사용하는 시리얼 통신 규격에 USB가 있다. 몇 가지 단자 형상이 있지만 최근에는 대부분의 기기에 사용 가능하다.

컴퓨터 내의 접속

그래픽 보드 등을 접속하기 위해 사용하는 시리얼 접속의 고속 전송 인터페이스에 PCI Express가 있고 현재 많이 사용된다.

프린터 등에 사용된 패럴렐 접속

프린터 접속 시에 패럴렐 접속의 센트로닉스가 사용됐지만 USB가 주류가 되면서 보이지 않게 됐다.

용어 사용 예

과거 인터페이스에는 패럴렐도 있었지만 지금은 시리얼이다.

관련 용어

(인터페이스)……P118

물리○○과 논리○○

머릿속에서 상상한다

일반적으로 눈에 보이는 실체가 있는 하드웨어에 가까운 것을 물리 ○○라고 하는 일이 많은데, 물리적인 것을 겉보기에 실체가 있는 것처럼 소프트웨어적으로 취급하는 방법에 논리 ○○가 있다. 다만 ○○에 적용하는 언어에 따라서 가리키는 내용은 전혀 다르다. 이 논리는 가상에 가까운 개념이고 상상의 것이라고 할 수 있다.

용어 관련 이야기

포맷 형식의 차이

하드디스크를 포맷하는 경우 물리 포맷에서는 디스크 전체를 초기화하는 반면 논리 포맷에서는 관리 정보 부분만을 초기화한다.

장치의 실체 유무

하드디스크 장치를 생각했을 때 물리 드라이브는 장치의 실체를 표현하는 반면 논리 드라이브에서는 하나의 기기라도 여러 개의 드라이브가 있는 것처럼 보이게 할 수 있다.

삭제 방법의 차이

데이터베이스 등에서 데이터를 삭제하는 경우 물리 삭제는 완전하게 데이터를 삭제하지만 논리 삭제에서는 삭제 플래그를 설정하는 등의 방법으로 데이터를 비표시 상태로 한다.

용어 사용 예

IT 용어에는 물리 ○○이니 논리 ○○이니 하는 단어가 많아서 이해하기 어렵다.

관련 용어

가상화 ······ P39

스케일 아웃과 스케일 업

성능을 높이는 기술

개별 컴퓨터마다 하드웨어의 성능을 높이는 방법을 스케일 업, 복수의 컴퓨터를 나열해서 성능을 높이는 방법을 스케일 아웃이라고 한다. 두 방법 모두 사용하지만 최근에는 데이터 센터 등을 중심으로 저렴한 단말기를 사용하는 스케일 아웃이 많다.

용어 관련 이야기

암달의 법칙 Amdahl's law

컴퓨터를 병렬로 구성했을 때 전체적으로 성능을 높이는 기준을 수식으로 표현한 법칙에 암달의 법칙이 있고 성능 향상의 한계를 예측하는 데 사용된다.

잦은 갱신 시에는 스케일 업

하나의 데이터베이스를 자주 갱신하는 경우 분산된 모든 보존 장소를 반영하는 것보다 성능을 높이는 스케일 업이 유효하다.

장애에 강한 스케일 아웃

부하의 분산에 의한 성능 향상뿐 아니라 스케일 아웃에는 일부가 고장난 경우도 다른 기기로 접속해서 가동할 수 있다는 이점이 있다.

용어 사용 예

스케일 아웃과 스케일 업 어느 쪽이 고속으로 처리할 수 있을까?

관련 용어

(부하 분산)……P254

SE System Engineer 와 프로그래머

시스템 개발에 종사하는 직종

시스템 개발에는 요건 정의부터 설계, 개발, 테스트, 운용 같은 흐름이 있고 그 중에서도 주로 요건 정의와 설계 등의 상류 공정부터 관여하는 사람을 SE(시스템 엔지니어)라고 한다. 한편 개발 단계에서 주로 프로그램을 만드는 사람을 프로그래머라고 한다. 다만 업무 내용이 명확하게 구분되어 있지 않고 기업의 업종이나 규모 등에 따라서도 바뀐다.

용어 관련 이야기

SE에게 요구되는 능력

IT에 대한 폭넓은 지식뿐 아니라 설계서 등의 문서 작성, 고객 업무에 관한 지식, 고객과 대화하는 커뮤니케이션 능력도 요구된다.

프로그래머에게 필요한 능력

프로그래머는 프로그래밍 언어에 관한 지식뿐 아니라 일의 순서를 정해서 생각하고 빠짐 없이 실현할 수 있는 능력이 요구된다.

프로그래머 35세 정년설

프로그래머로서 경력을 쌓아도 체력적인 측면이나 SE와 매니지먼트 등의 역할 변화로 프로그래머라는 직책은 35세면 끝난다는 것을 가리킨다.

용어 사용 예

오랜 기간 프로그래머로 일하다가 SE가 되는 사람이 많은 것 같다.

관련 용어

(오프쇼어)……P47 (SES)……P106

어댑터adapter와 컨버터converter

데이터를 변환하는 기기

다른 인터페이스의 장치나 기계의 다른 부분을 적합하도록 바꾸는 것을 어댑터라고 하며 정보 형태를 변환하는 것을 컨버터라고 한다. 어댑터는 인터페이스만을 변환해서 내용은 바꾸지 않고 중개하는 반면 컨버터는 내용을 바꾸어 주고받는다.

용어 관련 이야기

인버터와의 차이

전화電化제품 등의 직류를 교류로 변환하는 장치를 인버터라고 하며 반대로 교류를 직류로 변환하는 장치를 컨버터라고 한다. 전압과 주파수를 바꿀 때도 사용한다.

AC 어댑터의 역할

교류를 직류로 변환할 뿐 아니라 전압을 낮추는 역할을 하는 기기에 AC 어댑터가 있고 노트북 PC와 휴대전화 등의 소형 기기에서 많이 사용된다.

파일 형식의 컨버터

어느 소프트웨어용으로 만들어진 파일을 다른 소프트웨어에서도 사용할 수 있도록 파일 형식을 변환하는 소프트웨어를 파일 컨버터라고 한다.

용어 사용 예

어댑터와 컨버터는 비슷한데 제대로 구분해서 사용하는 걸까?

관련 용어

임포트와 익스포트……P76 인터페이스……P118

웹사이트와 웹페이지

인터넷상에 공개되어 있는 정보

웹 브라우저를 사용해서 열람하는 인터넷상에 공개되는 문서 하나하나를 웹페이지라고 한다. 또한 회사 등에서 어느 도메인 안에서 톱 페이지와 회사 정보, 상품 정보 등 복수의 웹페이지를 묶어서 공개하는 경우 그 도메인 아래에 있는 웹페이지 전체를 가리켜 웹사이트라고 한다.

용어 관련 이야기

홈페이지와의 차이

웹 브라우저를 기동했을 때 최초에 표시되는 페이지를 홈페이지라고 부르지만 최근에는 웹페이지와 웹사이트를 가리키는 일이 많다.

웹페이지의 공개 절차

웹페이지를 공개하려면 페이지의 내용을 HTML로 작성하고 준비한 웹 서버에 업로드한다. 적절한 장소에 배치하면 설정된 URL로 열람할 수 있다.

제작 업무의 분담

웹사이트를 기업에서 작성하는 경우 디자인을 담당하는 디자이너와 HTML을 담당하는 코더, 방향성을 결정하는 디렉터 등이 분담한다.

용어 사용 예

새로운 웹사이트의 디자인은 저 웹페이지를 참고해라.

관련 용어

(검색 엔진과 크롤러)……P88 (사이트 맵)……P156 (HTML)……P157

Column

머리글자가 같은 IT 용어

IT 업계에서는 영어 단어의 머리글자를 따서 만든 용어를 많이 사용한다. 다만 2~3문자인 것이 많다 보니 중복되는 단어가 적지 않다. 보통은 문맥을 보고 구분할 수 있지만 초보자는 차이를 알기 어렵다.

예를 들어 아래의 표와 같은 약어를 들 수 있다. 비슷한 업무에서 사용하는 용어인 경우는 잘못 인식할 가능성이 있으므로 **약어를 사용할 때는 주의하자.**

약어	용어	사용되는 곳
ASP	Application Service Provider (애플리케이션 서비스 프로바이더)	웹 앱 기술
	Active Service Pages(액티브 서비스 페이지)	웹 앱 기술
CC	Creative Commons(크리에이티브 커먼즈)	저작권
	Common Criteria(커먼 크라이테리어)	시큐리티
CV	Conversion(컨버전)	웹 마케팅
	Contents View(콘텐츠 뷰)	웹 마케팅
EUC	End User Computing(엔드 유저 컴퓨팅)	정보 시스템
	Extended Unix Code(확장 유닉스 코드)	문자 코드
FB	Facebook(페이스북)	SNS
	Feed Back(피드백)	비즈니스 용어
FW	Fire Wall(방화벽)	시큐리티
	Framework(프레임워크)	시스템 개발
	Firm Ware(펌웨어)	정보 시스템
HP	Home Page(홈페이지)	인터넷
	Hewlett Packard(휴렛팩커드)	컴퓨터 제조사
ML	Machine Learning(머신러닝)	인공지능
	Mailing List(메일링 리스트)	비즈니스 용어

Column

약어	용어	사용되는 곳
PP	Privacy Policy(프라이버시 폴리시)	시큐리티
	Protecting Profile(프로텍팅 프로파일)	시큐리티
PR	Pull Request(풀 리퀘스트)	시스템 개발
	Public Relations(퍼블릭 릴레이션)	광고
SE	System Engineer(시스템 엔지니어)	시스템 개발
	Sound Effect(사운드 이펙트)	음향

위의 표에 포함되는 것은 머리글자를 딴 것뿐이지만 컴퓨터와 관련해서는 약어를 만들 때 독특한 룰이 있다.

예를 들면 Extensible Markup Language는 XML이 되고 Exclusive OR은 XOR이 되는 것처럼 Ex로 시작하는 단어를 X라고 줄여서 표기하는 일이 많다. 이유는 CSS라고 하면 Cascading Style Sheet와 구별하기 어렵기 때문이다. 때문에 취약성을 나타내는 단어인 Cross Site Request Forgeries는 CSRF이라고 하고 Cross Site Scripting은 XSS라고 생략하는 상황이 생긴다.

머리글자만 외울 게 아니라 약어와 용어를 외울 때 영어 철자도 함께 외우면 정확히 기억할 수 있다. 그리고 이외에도 비슷한 단어가 없는지 의식하면서 공부하자.

제 3 장

교섭·비즈니스에서 사용하는 IT 용어

Keyword 080~117

공수와 인/일M/D, 인/월M/M

개발 기간의 견적에 사용된다

공수工數라는 것은 소프트웨어 개발에 필요한 시간을 견적할 때 사용되는 개념이다. 많은 개발자가 참가하기 때문에 혼자서 작업하면 6일 걸리는 작업도 두 명이 작업하면 3일, 세 명이 작업하면 2일이 된다. 이 경우의 공수는 6인/일이다. 이처럼 인/일과 인/월이라는 단위가 사용된다.

용어 관련 이야기

M/D, M/M

M/D : man day, 한 사람의 하루 작업량

M/M : man month, 한 사람의 한 달 작업량

견적의 정확도를 높인다

공수를 견적할 때는 과거의 실적을 토대로 유추하는 방법과 구현된 기능의 수를 토대로 수학적으로 계산하는 펑션 포인트function point법 등이 사용된다.

인/월 계산의 문제점

인/월로 계산하는 경우 숙련자와 초보자를 구분하지 않다 보니 견적을 낼 때 예상했던 인원과 멤버 구성에 변화가 생기면 기간에 맞추지 못하는 사례도 있다.

용어 사용 예

공수를 견적할 때 1인/월은 20인/일로 계산한다.

관련 용어

(애자일과 워터폴)……P23 (시스템 인티그레이터)……P41

사실상의 표준 de facto standard

많은 사람이 사용한다

많은 사람들이 그 제품을 사용하려면 표준에 준거해야 한다는 개념이 있고 ISO와 KS 등 표준 규격이 정해져 있다. 그러나 IT 업계에서는 ISO와 KS 등의 표준이 아니어도 많은 사람이 사용하고 있어 실질적인 세계 표준으로 자리 잡고 있는데, 이것을 사실상의 표준이라고 한다.

용어 관련 이야기

공식 표준 de jure standard

사실상의 표준과 대립되는 개념으로 표준화 단체에서 정한 규격을 공식 표준de jure standard이라고 한다.

점유율이 중요

사실상의 표준으로서 많은 사람에게 인정받으려면 기술적 우수성보다 높은 점유율을 확보하는 것이 관건이 된다.

사실상의 표준 예

통신 규격 TCP/IP, PC용 OS Windows, 메모리 카드 SD 카드 등이 대표적인 사실상의 표준이다.

용어 사용 예

가정용 VHS는 사실상의 표준 예로 자주 거론된다.

관련 용어

디폴트 ······P113

리소스resource와 커패시티capacity

사전 확보가 중요

프로젝트를 추진하는 데 필요한 인원과 예산, 설비 등을 리소스라고 하고 특히 사람의 능력과 부하를 정량화하는 것은 어렵기 때문에 관리가 필요하다. 또한 예상되는 필요 인원 등의 계획치를 커패시티라고 한다. 부족한 경우에는 인원을 늘리고 작업 기간을 연장하는 방법이 있다.

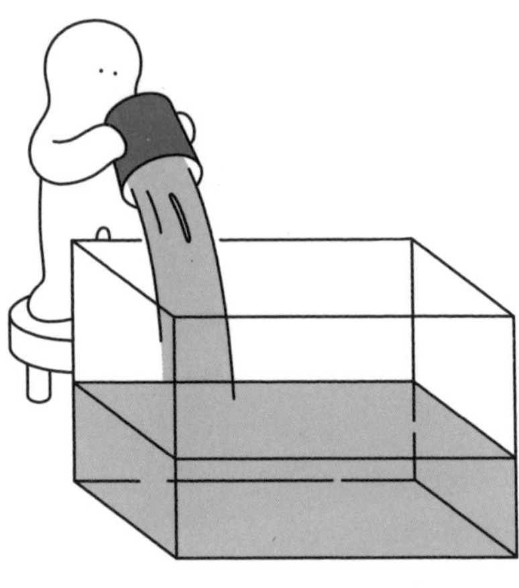

용어 관련 이야기

시스템 구성 리소스

하드웨어와 소프트웨어, 네트워크 등도 리소스라고 하는 경우가 있으며 메모리의 용량과 회선 속도가 부족한 경우를 리소스 부족이라고 한다.

프로그래밍 리소스

프로그램에 사용하는 이미지와 아이콘, 메뉴 등도 리소스라고 하며 실행 파일 등에 포함되어 있다. 이것을 편집하기 위한 리소스 에디터가 있다.

시스템 구성 커패시티

CPU 리소스와 디스크 용량, 회선 용량을 커패시티라고 하며 시스템 개발에서는 과부족이 없도록 계획하고 고려해야 한다.

용어 사용 예

이미 커패시티가 가득하니 리소스를 확보해 둬야 한다.

관련 용어

(프로젝트 매니지먼트)……P103 (시뮬레이션)……P116

론칭launching과 릴리스release

일반에게 공개한다

CD 발매와 웹사이트 공개와 같이 세상에 공개하는 행위를 '손에서 놓는다'는 의미에서 릴리스라고 한다. 비슷한 단어에 론치가 있고 웹 서비스 제공 개시와 스마트폰 앱 공개와 같이 릴리스보다 고도의 프로젝트가 사용되는 경우나 릴리스 뒤에 사용된다.

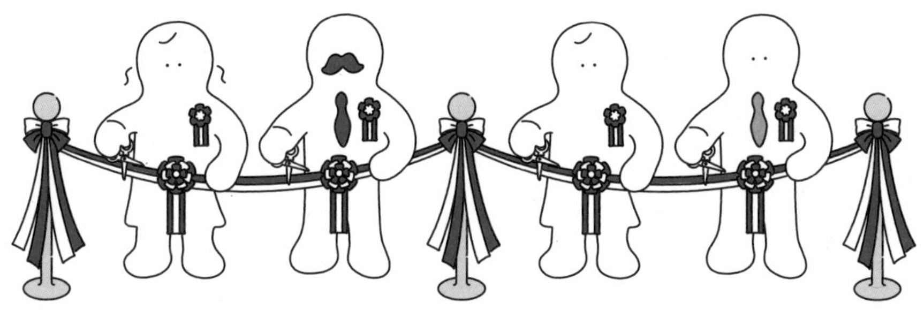

***롤링 릴리스 :** 소스 코드의 변화가 멈추지 않고 공이나 돌이 굴러가듯 계속 굴러간다는 의미에서 롤링 릴리스라고 한다.

용어 관련 이야기

킥 오프와의 차이

프로젝트를 시작하는 것을 킥 오프라고 하며 얼굴을 마주한다는 의미에서 회의를 여는 일이 많다. 론칭과 릴리스는 프로젝트가 끝나고 일반에게 공개하는 것을 가리킨다.

롤링 릴리스rolling release*

소프트웨어를 그때그때 갱신하는 것을 가리키며 버전 번호에 큰 변화가 없고 재설치하지 않아도 되며 조금씩 기능을 추가해서 업데이트한다.

프레스 릴리스press release

기업이 보도기관이나 언론에 신제품 정보를 전송해서 많은 사람이 관심을 갖도록 하는 수법을 프레스 릴리스라고 한다.

용어 사용 예

새로운 앱을 론칭할 때 웹사이트도 릴리스해라.

관련 용어

컷 오버와 서비스 인 …… P102

컷 오버cut-over와 서비스 인service-in

시스템 개발 종료와 이용 개시

시스템 개발이 완료하면 이를 공개해서 이용할 수 있게 한다. 여기서 시스템 개발이 완료한 것을 컷 오버라고 하며 개발자에게는 골(목표 지점)이라고 할 수 있다. 한편 경영자와 운용자 입장에서 보면 여기부터가 서비스 시작이므로 서비스 인이라고도 한다.

용어 관련 이야기

심야와 공휴일 대응

기존 시스템에 추가하는 작업 등 컷 오버 시에는 트러블이 발생할 수 있어 보통은 심야나 공휴일과 같이 이용자가 적은 시간대에 한다.

최상 경로(critical path, 크리티컬 패스)

프로젝트에 필요한 작업을 시간순으로 연결한 경로 중 소요 시간이 가장 긴 것을 최상 경로라고 하고 이것이 지연되면 전체 공정이 지연된다.

원 상태로 돌아가는 페일백

변경한 내용을 컷 오버했지만 원활하게 동작하지 않는 경우 원래대로 돌아가는 것을 페일백failback라고 하며 변경하기 전 원래 상태로 돌아가는 것을 의미한다.

용어 사용 예

컷 오버와 서비스 인은 시점이 다를 뿐 같은 것이다.

관련 용어

(론칭과 릴리스)……P101

프로젝트 매니지먼트

계획대로 작업을 추진한다

시스템 개발 등 목표를 달성하기 위한 계획을 프로젝트라고 한다. 프로젝트를 계획대로 추진하기 위해서는 현상을 파악하고 지연되면 원인을 규명해서 대처해야 하는데, 이들 일련의 상황을 관리하는 것을 프로젝트 매니지먼트라고 한다. 프로젝트 매니지먼트의 대상은 스케줄뿐 아니라 비용과 인원 배치 등 다양하다.

*ITIL(Information Technology Infrastructure Library)

용어 관련 이야기

프로젝트 매니지먼트 가이드

프로젝트 매니지먼트에서 사용되는 효율적인 방법을 통합한 가이드에 PMBOK(프로젝트 매니지먼트 지식 체계)이 있다.

금액으로 관리하는 EVM

프로젝트의 진척 상황을 파악하고 관리하기 위해 사용되는 수법 중 하나에 EVM(Earned Value Management, 성과 가치 관리)이 있고 달성도를 금액으로 환산해서 파악하는 특징이 있다.

ITIL*

IT 서비스를 안정적으로 제공하고 개선하기 위한 효율적인 관리 방법을 통합한 내용에 ITIL이 있고 많은 성공 사례가 게재되어 있다.

용어 사용 예

프로젝트 매니지먼트가 원활해서 일이 순조로웠어.

관련 용어

WBS ······P104

WBS Work Breakdown Structure

필요한 작업을 세세하게 분할한다

큰 프로젝트를 관리하는 경우 전체를 한꺼번에 파악하는 것은 어렵기 때문에 작은 단위로 분할해서 관리한다. 이렇게 분해된 단위를 태스크라고 하고 태스크별 진척을 관리하는 방법으로 WBS가 자주 사용된다. WBS는 각 공정을 대, 중, 소와 같이 분할해서 목구조로 표현하고 시계열로 나열하는 것으로 공정표라 불리기도 한다.

용어 관련 이야기

작업과 진척을 나타내는 봉 그래프

프로젝트 관리에서 작업 계획, 진척 상황을 시각적으로 표현하기 위해 사용되는 그림에 간트 차트gantt chart가 있으며 봉 그래프와 같이 봉의 길이로 진척 상황을 표현한다.

소요 시간을 나타내는 PERT도

프로젝트의 각 공정별 소요 시간을 화살표로 표현하는 방법에 PERT 기법arrow diagram(화살 계획 공정표)이 있고 최상 경로를 쉽게 파악하기 위해 사용된다.

로드맵

장래의 목표와 예정을 시계열에 따라서 정리한 것을 로드맵이라고 하며 행정표(WBS는 공정표)라고도 불린다. 이 구별을 마일스톤이라고 한다.

용어 사용 예

이번 작업이 끝나면 WBS에 기입하는 것을 잊지 말도록 해라.

관련 용어

(프로젝트 매니지먼트)……P103

SLA Service Level Agreement

서비스 신뢰성을 나타낸다

클라우드 등의 서비스가 정지해서 사용할 수 없는 상황이 어느 정도 발생했는지, 그 신뢰성을 나타내는 지표가 SLA이다. 유지보수나 장애 등으로 서비스가 정지하는 것을 고려하여 서비스 수준에 대해 제공자와 이용자 사이에서 합의 사항을 정하기 위해 사용된다. 가령 보증치를 밑돌면 이용 요금을 돌려받는다.

용어 관련 이야기

가용성의 지표가 되는 가동률

서버 등의 사용 가능 상태가 전체의 시간에 차지하는 비율을 가동률이라고 하며 99.9%라면 1년 중 99.9%는 사용할 수 있는 상태임을 의미한다.

파이브 나인

가동률 99.9%라면 연간 약 8시간 정지하는 데 대해 파이브 나인은 99.999%를 의미하고 연간 약 5분만 정지하는 것을 의미한다.

SLA를 충족하지 않은 경우

SLA에서 정한 가동률 등의 조건을 충족하지 못한 경우 지불한 금액의 일부를 반환해 주거나 감액 보상해 주는 사업자도 많다. 지진 등의 자연재해는 예외이다.

용어 사용 예

유지보수로 정지하는 시간이 SLA에 정해져 있는지 확인해라.

관련 용어

(CMS)……P143 (HTML)……P157

SES System Engineering Service

IT 업계의 업무 방식

IT 업계에서, 현장에 상주하고 일하며 성과물에 대해서 뿐만 아니라 시간 단위로 노동 대가를 지불하는 형태를 SES라고 한다. 사내에서 확보할 수 없는 인원을 외부로 발주할 때 사용되고 A사가 B사에 발주한 경우 B사의 엔지니어가 A사(발주자)에 상주하며 작업한다. 이때 엔지니어에게 지시할 수 있는 것은 B사(수주 회사)뿐이다.

용어 관련 이야기

청부 계약

업무를 완성할 것을 약속하고 그 일의 결과에 대해 보수를 지불하는 계약에 청부 계약이 있다. 일을 추진하는 방식에 상관없이 고정 금액으로 지불하는 경우가 많다.

준위임 계약

정해진 시간 일하기로 계약한 것으로 일을 완성해야 하는 것은 아니지만 대신 작업 보고서를 제출한다. 또한 하자 담보 책임은 발생하지 않는다.

파견 계약

파견 계약도 준위임 계약과 마찬가지로 정해진 시간 일하고 업무의 완성은 요구하지 않지만 발주자가 지휘 명령을 한다는 차이가 있다.

용어 사용 예

SES 계약이 이번 달에 끝나니까 다음 달부터 새로운 일을 찾아야 해.

관련 용어

(시스템 인티그레이터)……P41 (오프쇼어)……P47 (SE와 프로그래머)……P92

리터러시 literacy

현대의 일반 상식

리터러시는 글을 읽고 이해하고 쓰는 기본적인 능력을 가리킨다. 이른바 일반상식이며 IT 업계에서는 IT 리터러시와 정보 리터러시가 요구된다. 정보 활용 능력이라고도 하며 컴퓨터를 단순히 사용할 뿐 아니라 정보를 바르게 수집 파악하고 분석, 선택, 활용하는 것이 가능한 것을 의미한다.

용어 관련 이야기

확산되는 정보 격차

수집하는 정보의 양과 처리할 수 있는 능력의 차이를 정보 격차라고 하며 연령에 따른 것과 지역에 따른 것 등 사람에 따라서 얻을 수 있는 내용과 수준이 다른 것을 의미한다.

정보 조작에 주의

미디어에서 흐르고 있는 정보를 그대로 받아들이면 정보 조작과 여론 조작 등에 영향을 미칠 우려가 있어 미디어 리터러시(미디어 정보 해독력)가 요구된다고 할 수 있다.

정보 모랄과의 차이

정보 리터러시가 기본적인 능력을 가리킨다면 정보 모랄은 정보 기기와 서비스를 적절하게 사용하는 사고방식과 태도를 가리킨다. 정보 논리라고도 한다.

용어 사용 예

IT 리터러시를 학교에서 배우지 않으면 사회 생활이 곤란하다.

관련 용어

엔드 유저 …… P108

엔드 유저 end user

이용자를 의미한다

소프트웨어 개발자와 서비스 제공자가 아니라 제공된 것을 이용하는 사람을 엔드 유저라고 한다. 정보 시스템 부문 이외의 사용자가 직접 컴퓨터를 조작해서 자신들의 업무에 도움 되는 시스템을 개발 운용하는 것을 엔드 유저 컴퓨팅EUC이라고 한다.

용어 관련 이야기

클라이언트와의 차이

시스템이나 서비스 발주자와 의뢰자를 클라이언트라고 하며 엔드 유저는 발주자와 의뢰자에 한하지 않고 이용자 전반을 가리킨다.

커스터머와의 차이

커스터머는 일반 소비자를 가리키지만 대금을 지불하는 고객을 가리키는 일이 많아 엔드 유저와 같이 이용만 하는 사람과는 구별된다.

컨슈머와의 차이

컨슈머는 엔드 유저와 매우 유사하지만 일반 이용자를 가리키는 마케팅 의미가 강하고 엔드 유저는 기업의 이용자도 포함한다.

용어 사용 예

이 시스템은 엔드 유저를 생각하고 만들었는가?

관련 용어

리터러시 ······P107 UI와 UX ······P119

픽스fix

사양 변경을 허락하지 않는다

소프트웨어의 사양을 정하고 나면 더 이상의 변경을 허용하지 않는 것을 픽스라고 한다. 소프트웨어 개발에는 사양 변경이 따르기 마련인데 의뢰자가 사양을 정하지 않으면 개발이 진행하지 않기 때문에 사양을 고정하는 의미에서 사용한다. 픽스한 후에 사양이 변경되면 관련 개발에 따른 요금을 별도로 지불해야 하는 것이 일반적이다.

용어 관련 이야기

요구 정의와 요건 정의
요구 정의는 이용자가 시스템의 기능이나 동작을 설계자에게 정확하게 전달하기 위해 요구를 명확하게 하는 것이고, 그 중에서 실현하는 기능과 충족해야 할 성능을 통합하는 작업을 요건 정의라고 한다.

사양 변경의 문제점
사양서의 내용을 변경하는 것을 사양 변경이라고 하고 추진하던 설계와 개발 내용을 재검토 및 수정할 필요가 있다. 정합성을 취할 수 없거나 오류가 발생하기 쉽다.

버그 픽스
소프트웨어에 존재하는 버그를 수정하여 정상적으로 작동하도록 하는 것을 버그 픽스라고 하며 수리의 의미로 사용된다. 특히 긴급한 것은 핫 픽스(긴급 수정)라고 한다.

용어 사용 예

빨리 사양을 픽스하지 않으면 전혀 개발이 진행하지 않아 곤란하다.

관련 용어

프로젝트 매니지먼트 ······P103

트레이드오프 trade off

한쪽을 달성하면 다른 한쪽을 달성하지 못한다

한쪽을 달성하면 다른 한쪽을 달성하지 못하는 상황을 트레이드오프라고 한다. 정보 보안에서 안전성을 확보하려고 하면 편리성이 손상되거나 실현에 드는 비용이 고액이 되는 경우가 있다. 한편 비용을 억제하거나 편리성을 우선하면 안전성이 손상된다. 양자의 균형이 중요하다는 것을 가리키는 언어로도 사용된다.

용어 관련 이야기

압축률과 화질의 관계

데이터 사이즈를 작게 하기 위해 이미지의 압축률을 높이면 그만큼 화질이 저하한다. 반대로 압축률을 높이면 화질은 좋아지지만 사이즈가 커진다.

소비 전력과 처리 속도의 관계

CPU 등의 처리 속도를 높이면 소비 전력이 증대하지만 소비 전력을 억제하면 처리 속도가 저하한다. 노트북의 경우는 배터리 구동 시간에도 영향을 미친다.

비용과 품질의 관계

시스템 개발을 의뢰할 때 비용을 낮추려고 하면 자질이 낮은 엔지니어가 담당하여 품질이 저하하는 일이 많고 품질을 높이려고 하면 비용도 그만큼 상승한다.

용어 사용 예

트레이드오프 관계는 마치 시소에 타고 있는 것과 같다.

관련 용어

(정보 보안의 기본 3원칙)……P213

액세시빌리티 accesibility

누구나 사용할 수 있는 점을 의식한다

많은 사람이 사용할 수 있도록 고안되어 있는 것을 액세시빌리티라고 한다. 일반용 제품의 경우 이용자의 연령층은 아이부터 고령자까지 폭넓고 성별 차이와 장애 유무, 정보 기기의 차이도 있다. 그래서 눈이 불편한 사람을 위해 낭독 기능을 준비하고 마우스를 사용할 수 없는 환경을 위해 키보드만으로 조작할 수 있도록 하는 행위 등이 해당한다.

 용어 관련 이야기

디자인을 심사

굿디자인상Good Design Award은 재단법인 일본산업디자인진흥회에서 주최하는 디자인상이다.

디자인코리아DESIGN KOREA

산업통상자원부가 주최하고 한국디자인진흥원이 주관하는 디자인 전시회. 국내 디자이너들이 제작한 시각디자인, 산업 및 제품 디자인, 청소년 디자인의 전시 위주와 굿디자인상 우수 디자인 전시물을 소개하고 있다.

웹사이트 설계 시 고려할 점

고령자와 장애인도 웹상에서 제공되는 정보에 정상인과 마찬가지로 액세스할 수 있는 것을 웹 액세시빌리티라고 하며 WCAG(웹 콘텐츠 접근성 가이드)라는 가이드라인이 있다.

용어 사용 예

액세시빌리티를 고려한 제품을 개발하지 않으면 팔리지 않는다.

관련 용어

(유니버설 디자인)……P43 (유저빌리티)……P112 (콘트라스트)……P102

유저빌리티 usability

사용 편의성을 최우선으로 생각한다

편리함과 유용성을 의미하는 단어에 유저빌리티가 있고 ISO 9126에서는 '특정한 목적을 성취하기 위한 특정한 사용자들에 의해 어떤 제품을 사용할 때 특정한 맥락의 사용에서 효과성, 효율성 그리고 만족도에 대한 것'이라고 정의하고 있다. 소프트웨어뿐 아니라 제공하는 제품의 사용 편의성을 생각할 필요가 있다.

용어 관련 이야기

유효성 척도 예

유효성이란 이용자가 지정된 목표를 달성하는 데 있어서 정확성 및 완성도를 가리키고 달성된 목표 비율과 완료한 이용자의 비율, 정확성 등으로 조사할 수 있다.

효율 척도 예

효율이란 이용자가 목표를 달성할 때 정확성과 완전성을 실현하기 위해 소비한 자산을 가리키고 완료까지 소요된 시간과 단위 시간에 완료한 업무, 금전적 비용으로 조사할 수 있다.

만족도 척도 예

만족도란 불쾌함이 없는 것 및 제품 사용에 대한 긍정적인 태도를 가리키며 자주적으로 사용하는 빈도와 불만을 느끼는 빈도 등으로 조사할 수 있다.

용어 사용 예

화면 디자인을 변경한 덕분에 유저빌리티가 향상했다.

관련 용어

유니버설 디자인 …… P43 액세시빌리티 …… P111

디폴트 default

많은 사람이 그대로 사용한다

소프트웨어에 초기 설정되어 있는 일반적인 설정값을 디폴트라고 한다. 컴퓨터는 다양한 방법으로 사용할 수 있고 사람에 따라서 사용하는 방법이 다르기 때문에 대다수의 소프트웨어는 설정을 변경할 수 있도록 돼 있다. 처음 사용할 때 모든 것을 새롭게 설정하는 것은 번거로우므로 초기 설정값을 그대로 사용하기도 한다.

용어 관련 이야기

초깃값과의 차이

처음부터 설정되어 있는 값을 초깃값이라고 하는 반면 설정을 변경하지 않고 사용되는 값을 디폴트라고 한다. 드물게 값이 다른 경우도 있다.

커스터마이즈의 이점

디폴트 값을 그대로 사용하는 게 아니라 커스터마이즈해서 이용자에게 맞게 설정이 가능하다. 개발자 입장에서는 복수의 제품을 만들지 않아도 돼 개발 공정을 줄일 수 있다.

시큐리티 문제점

제품 출하 시에 설정된 ID와 패스워드를 디폴트 값 그대로 사용하면 같은 값과 단순한 룰에 따라 만들어진 것이 있어 다른 사람에 의해 악용될 가능성이 있다.

용어 사용 예

이 앱은 디폴트 설정 상태에서도 사용하기 쉬워서 편리하다.

관련 용어

(사실상의 표준)……P99 (프로퍼티)……P238

임계값

판단하는 기준이 되는 값

주어진 데이터를 분류할 때 사용되는 경계가 되는 것을 임계값이라고 하고 역치라고도 한다. 예를 들면 0이나 1 중 어느 하나로 나눈 경우 0.3의 데이터라면 0으로, 0.8의 데이터라면 1로 한다고 하면 판단 기준으로 0.5와 같은 중간 값을 임계값으로 사용한다. 감시 서비스의 경우 임계값을 넘으면 경보를 울리는 경우도 있다.

용어 관련 이야기

데이터와 아울러 판단한다

임계값은 실제로 발생한 데이터를 보고 판단할 필요가 있다. 때문에 매일 관측한 데이터에서 임계값을 동적으로 변경하는 일도 있다.

임계값 설정의 어려움

임계값을 넘으면 경보를 울리는 경우 조건에 따라서는 대량의 경보가 나와 대응하는 게 어려워지는 한편 경보가 울리지 않으면 감시의 의미가 없다.

머신러닝에서의 임계값

머신러닝 등을 개발할 때도 임계값을 설정하는 일은 중요한데, 값에 따라서 결과가 크게 변한다. 임계값의 튜닝이 성패를 가르기도 한다.

용어 사용 예

통신량으로 경보를 울리려면 임계값을 어떻게 하지?

관련 용어

시뮬레이션 …… P116 패킷 필터링 …… P209

리플레이스replace

새로운 시스템으로 대체한다

오래된 시스템을 새로운 시스템으로 대체하는 것을 리플레이스라고 한다. 사용한 지 오래된 시스템의 보증 기간 종료 내지 신제품 출시로 새로운 시스템으로 변경하는 것을 가리킨다. 하드웨어뿐 아니라 소프트웨어에 대해서도 사용하지만 데이터를 옮겨야 하기 때문에 같은 제품을 버전업하는 것보다 장벽이 높다.

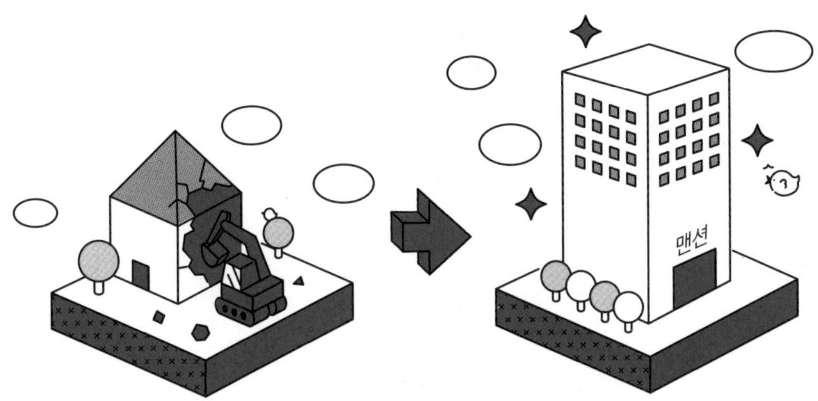

*TCO(Total Cost of Ownership)

용어 관련 이야기

록인lock-in에 주의

기존 시스템에서 사용하고 있는 기술을 특정 벤더에서만 사용할 수 있기 때문에 타 벤더로 갈아탈 수 없는 것을 록인이라고 한다.

TCO*를 의식한다

컴퓨터 도입부터 유지 관리에 드는 비용 등 시스템의 총 소유 비용을 TCO라고 한다. 리플레이스 빈도가 잦으면 TCO에 영향을 미친다.

리플레이스 타이밍

정보 시스템이 개발된 후 운용을 시작하고 나서 더 이상 사용하지 않을 때까지를 라이프 사이클이라고 하며 리플레이스 타이밍에도 영향을 미친다.

용어 사용 예

서버가 오래 되었다면 리플레이스를 검토해야 한다.

관련 용어

레거시 마이그레이션 ······ P134

시뮬레이션 simulation

몇 가지 조건으로 검증한다

새로운 시스템을 개발하거나 도입하기 전에 이론상 문제가 없는지 여러 가지 데이터로 동작을 시도해서 검증하는 것을 시뮬레이션이라고 한다. 실제로 시스템을 만들고 나면 비용이 드는 경우도 직접 계산하거나 컴퓨터 소프트웨어로 시도하면 되므로 저렴하게 검증할 수 있고 제대로 가동하지 않을 리스크를 줄일 수도 있다.

용어 관련 이야기

CG Computer Graphics

실제로 볼 수 없는 이미지를 컴퓨터 내에서 모델화하고 시뮬레이션한 결과를 이미지와 동영상 등으로 출력하는 것을 CG라고 한다. 보통은 3차원 영상을 가리킨다.

동작을 흉내내는 에뮬레이터

컴퓨터 등의 기계를 흉내내서 만든 장치와 소프트웨어를 에뮬레이터라고 하고 진짜와 똑같이 움직이도록 하는 것을 에뮬레이션이라고 한다.

훈련용 시뮬레이터

검증 용도뿐 아니라 초보자 등의 훈련에 사용되는 것에 시뮬레이터가 있고 실제로는 어려운 자동차와 비행기 등의 조종 훈련도 저렴한 비용으로 실시할 수 있다.

용어 사용 예

신제품으로 얼마나 효율화가 가능한지 시뮬레이션해 보자.

관련 용어

(임계값)……P114

프로토타입 prototype

시험으로 만들어 본다

새로운 제품을 만들 때 분위기를 파악하기 위해 화면 이미지 등을 우선 만드는 것을 프로토타입이라고 한다. 무턱대고 양산했다가 문제가 발견되면 손실이 크지만 시제작품을 만들어서 역행을 방지하는 것이 목적이다. 실제로 동작하지 않아도 외관을 체크하기 위해 만든다.

용어 관련 이야기

인식의 차이를 방지한다

이른 단계에서 프로토타입을 작성해서 눈에 보이는 형태로 하면 이미지하기 쉽고 관계자 간 인식 차이를 방지하는 효과가 있다.

목업과의 차이

제품 디자인 평가를 위해 만드는 실물 크기의 정적 모형으로, 외관만 그럴싸하게 만든 것을 목업이라고 한다. 실제로는 동작하지 않지만 외관만 만든 프로토타입을 가리킨다.

파일럿 개발과의 차이

많은 부서에서 한꺼번에 새로운 제품을 구입할 때 무턱대고 전사적으로 도입하면 큰 리스크가 따르지만 일부 부서에서 도입하는 파일럿 개발을 통해 리스크를 억제할 수 있다.

용어 사용 예

고객의 인식에 맞추기 위해 프로토타입을 만들어 보자.

관련 용어

(와이어 프레임과 컴프리헨시브 레이아웃)……P164

인터페이스 interface

다른 기기를 연결한다

사람과 컴퓨터, 기기와 기기 간을 연결하는 부분을 인터페이스라고 한다. 키보드와 마우스, 네트워크 케이블 등 컴퓨터에 접속하는 기기는 정해진 형태로 만들 필요가 있다. 기기 간이 아니라 사람과 컴퓨터의 경우는 유저 인터페이스라고 한다.

용어 관련 이야기

오감을 사용하는 인터페이스

인간과 컴퓨터 간의 인터페이스를 생각하면 시각과 청각, 촉각이 주로 사용되지만 후각과 미각 등을 사용한 방법도 향후는 요구될지 모른다.

인터페이스의 변화

복수의 기기를 접속하는 경우 지금까지는 기기별로 인터페이스를 준비해야 했지만 최근에는 USB 등으로 통일되는 추세이다.

소프트웨어를 연결한다

인간과 하드웨어, 하드웨어끼리 연결할 뿐 아니라 소프트웨어끼리 데이터를 거래하는 인터페이스에 API 등이 있다.

용어 사용 예

인터페이스가 같다면 다른 회사의 제품도 사용할 수 있다.

관련 용어

(시리얼과 패럴렐)……P89 (어댑터와 컨버터)……P93

UI User Interface 와 UX User Experience

이용자의 시선에서 생각한다

컴퓨터와 인간이 만나는 접점을 UI라고 하고 사용하기 쉬운 디자인과 조작성이 요구된다. 옛날에는 키보드만으로 조작하는 CUI가 많이 사용됐지만 최근에는 아이콘 등을 마우스로 조작하는 GUI가 많이 사용되고 있다. 이용자의 시선으로 생각한 UI를 사용해서 그 제품과 서비스에서 얻을 수 있는 체험을 UX라고 한다.

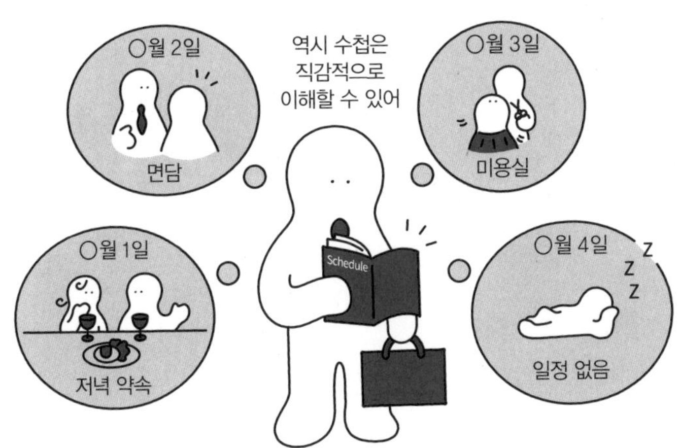

*CUI(Character User Interface) : 문자 사용자 인터페이스
**GUI(Graphical User Interface) : 그래픽 사용자 인터페이스

용어 관련 이야기

키보드로 조작하는 CUI*

키보드에서 커맨드를 입력해서 조작하는 UI를 CUI라고 한다. 직감적인 조작은 불가능하지만 반복 조작을 간단한 커맨드로 실행할 수 있다.

마우스 등을 사용하는 GUI**

아이콘과 메뉴 등을 사용해서 알기 쉽게 표시하고 마우스와 터치 조작에 의해서 지시를 전달하는 UI를 GUI라고 하며 최근의 PC와 스마트폰에 채용되고 있다.

우수한 UX를 실현하는 보완 기능

웹상의 입력 포맷 등에서 보완 기능과 같이 입력을 지원하는 기능은 편리한 UX를 실현하고 있다고 할 수 있다.

용어 사용 예

이 제품의 UI는 잘 고안되어 있고 UX 면에서도 만족한다.

관련 용어

(엔드 유저)······P108 (인터페이스)······P118

인시던트incident 와 장애

트러블에 적절하게 대응한다

컴퓨터가 고장 나는 등 사용할 수 없는 상황이 발생하면 피해가 크기 때문에 이용자가 사용하고 싶을 때 사용할 수 없는 상태를 인시던트라고 부르며 관리한다. 이때 발생하는 문제를 장애라고 한다. 예를 들면 하드디스크 고장 등의 장애가 발생해서 이용자가 사용할 수 없는 상태를 인시던트라고 한다.

*BCP(Business Continuity Plan) : 업무 지속 계획
**CSIRT(Computer Security Incident Response Team) : 컴퓨터 비상 대응팀

용어 관련 이야기

장애 대응과 보고

이용자 입장에서는 장애 원인을 조사하는 것보다 사용할 수 있는 상태로 복구하는 것이 우선이며 원인은 나중에 보고받으면 된다.

재해에 대비하는 BCP*

지진 등 예기치 않은 사태가 발생한 경우도 최소한의 사업 지속이 요구된다. 이에 대한 대책과 정지된 시스템의 목표 복구 시간 등의 사전 계획을 BCP라고 한다.

시큐리티 관련 조직

기업에는 부서를 횡단해서 시큐리티 관련 업무를 담당하는 조직으로서 CSIRT**가 설치되어 있으며 장애 원인을 해석하고 영향 범위를 측정한다.

용어 사용 예

네트워크 장애가 발생한다면 인시던트 상황으로 간주하고 보고해라.

관련 용어

(내부 통제)……P42 (시스템 감사와 보안 감사)……P214

채널channel

효과적으로 집객한다

웹사이트 등을 운영하고 있는 경우 많은 사람을 모으기 위해 텔레비전과 라디오, 실제 점포 등 다양한 매체를 사용해서 홍보한다. 이런 집객 매체와 경로를 채널이라고 한다. 최근에는 옴니채널이라는 단어로 대표되듯이 온라인도 포함해서 모든 매체를 연계해서 이용자에게 접근할 필요가 있다.

*O2O(Online to Offline) : 단어 그대로 온라인이 오프라인으로 옮겨온다는 뜻

용어 관련 이야기

마케팅에 필수인 O2O*

웹페이지를 통해 실제 점포 방문을 유도하거나 실제 점포에서 사용할 수 있는 쿠폰을 웹상에서 제공하는 등 온라인과 오프라인을 연계하는 것을 O2O라고 한다.

쇼루밍showrooming 대책

실제 점포에서 상품을 눈으로 확인하고 인터넷상에서 저렴한 점포를 비교해서 구입하는 것을 쇼루밍이라고 하며 이를 방지하는 데 O2O가 도움 된다고 한다.

위치 정보와 SNS의 연계

복수의 채널을 가질 뿐 아니라 점포 가까이에 있는 고객에게 쿠폰을 배포하거나 공유한 고객에게 저렴하게 제공하는 등의 방안이 요구된다.

용어 사용 예

이 제품에 좀 더 주목하게끔 새로운 채널을 모색하자.

관련 용어

옴니채널 ……P133

버즈 워드 buzz word

일시적으로 대유행하는 단어

SNS 등에서 많이 사용되는 언어를 버즈 워드라고 하며 IT 업계의 유행어라고 할 수 있다. SNS 등에서 일시적으로 확산되는 것을 버즐birzzle이라고도 하며 많은 사람이 무리지어 있는 모습을 나타내는 단어로 사용된다. 보통은 앞선 내용을 가리키는 단어로 사용되지만 가리키는 것이 애매하고 정의를 알 수 없는 것도 많다.

용어 관련 이야기

버즈 마케팅 buzz marketing

입소문 효과를 이용한 소셜 미디어의 마케팅 수법을 버즈 마케팅이라고 하며 압축한 타깃층에 영향력이 있는 사람을 주로 기용한다.

지금까지의 버즈 워드 예

멀티미디어와 유비쿼터스, Web2.0, 클라우드, 빅데이터 등이 사용됐고 현재도 일반적으로 사용되고 있는 것도 많다.

최근의 버즈 워드 예

요사이 자주 듣는 사물인터넷과 핀테크, 블록체인, RPA 등도 넓은 의미에서 사용되며 버즈 워드로 거론되는 일이 있다.

용어 사용 예

우리 사장은 버즈 워드만 사용하고 현실적이지 않다.

관련 용어

사물인터넷 ……P16 빅데이터 ……P17 핀테크 ……P18

URL Uniform Resource Locator과 URI Uniform Resource Identifier

인터넷상 문서 장소

웹사이트를 열람할 때 웹 브라우저의 주소란에 입력하는 http와 https로 시작하는 주소를 URL이라고 하며 웹사이트 장소를 지정하기 위해 사용한다. 이처럼 위치location를 표현하는 URL에 추가해 이름name을 나타내는 URN이 있고 최근에는 이들을 합친 URI라는 단어가 사용되는 일이 증가하고 있다.

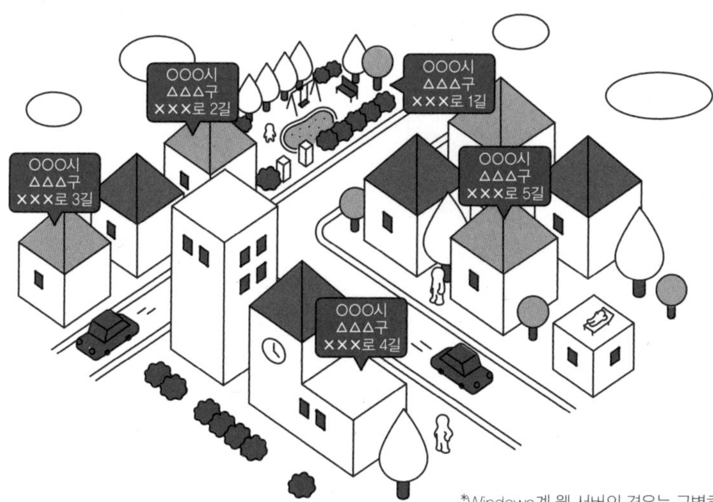

*Windows계 웹 서버의 경우는 구별하지 않는다.

용어 관련 이야기

URL의 스킴명

URL은 보통 http와 https로 시작하는데 이것이 스킴명이며, 이외에 ftp와 mailto, file 등이 자주 사용된다. 이렇게 지정하면 적절한 앱을 기동할 수 있다.

FQDN과의 차이

URL 중 www.cyber.co.kr과 같이 호스트명과 도메인명을 연결한 부분을 FQDN(전체 주소 도메인 네임)이라고 하며 인터넷상에서 웹 서버의 장소를 특정할 수 있다.

대문자와 소문자의 구별

URL 중 FQDN 부분은 대문자와 소문자를 구별하지 않지만 파일 패스 부분은 대문자와 소문자를 구별하는* 일이 많기 때문에 소문자 사용이 권장된다.

용어 사용 예

저 웹사이트의 URL은 너무 길어서 외우기 어렵다.

관련 용어

HTTP와 HTTPS ……P124

HTTP Hypertext Transfer Protocol 와 HTTPS Hypertext Transfer Protocol Secure

콘텐츠를 전송한다

웹사이트 열람에 사용되는 프로토콜에 HTTP가 있고 이름대로 하이퍼텍스트를 전송하는 프로토콜이다. 하이퍼텍스트는 HTML로 적은 문서를 가리키며 링크를 클릭하면 다른 페이지로 잇따라 점프할 수 있는 구조로 된 문서를 말한다. HTTP에 암호화 등의 시큐리티 기능을 추가한 프로토콜에 HTTPS가 있다.

용어 관련 이야기

HTTP의 스테이터스 코드 (현황 부호)

웹사이트에 액세스했을 때 요구한 웹 페이지의 내용을 보여줄 뿐 아니라 스테이터스 코드라 불리는 3자리 숫자를 돌려준다.

스테이터스 코드의 분류

100번 대는 처리 중, 200번 대는 성공, 300번 대는 리다이렉트, 400번 대는 클라이언트 에러, 500번 대는 서버 에러를 의미한다. 그 값에 따라 브라우저의 처리가 변한다.

HTTP의 메소드

웹 브라우저의 웹 서버에 대한 요구 종류에 메소드가 있고 페이지 내용을 취득하는 GET과 데이터를 송신하는 POST 등이 있다.

용어 사용 예

HTTP를 사용하고 있는데 보안상 HTTPS로 바꾸는 게 좋을까.

관련 용어

(쿠키)……P159 (SSL/TLS)……P206

액세스 포인트 access point

무선 LAN에 접속한다

무선 LAN 중계국을 액세스 포인트라고 한다. 액세스 포인트 이후는 유선 네트워크인 것이 많고 무선 LAN과 유선 LAN을 상호 변환하는 장치라고 할 수 있다. 무선 LAN에 접속하려면 액세스 포인트에서 보낸 전파가 도달하는 범위에 들어가야 하고 본체라 불리기도 한다. 최근에는 휴대가 가능한 모바일 라우터도 등장했다.

*SSIP(Service Set Identifier) : 서비스 세트 식별자

용어 관련 이야기

무선 LAN을 식별하는 SSID*

가까이에 복수의 액세스 포인트가 있고 각각 전파를 발생하기 때문에 접속하는 무선 LAN을 식별하기 위해 이름을 붙였다. 그 이름을 SSID라고 한다.

복수의 액세스 포인트의 간섭

같은 주파수대를 사용하는 복수의 액세스 포인트가 가까이에 존재하면 전파가 간섭해서 처리 속도가 저하하는 경우가 있다.

설정이 필수인 암호화 방식

액세스 포인트에 암호화 설정을 하지 않으면 통신 내용을 훔쳐보는 등의 리스크가 있기 때문에 적절한 암호화 방식을 선정해서 설정하는 것이 필수이다.

용어 사용 예

자택의 액세스 포인트는 전파가 약해서 속도가 느리다.

관련 용어

(WEP와 WPA)……P207

스루풋throughput과 트래픽traffic

통신의 혼잡 상황을 안다

컴퓨터와 네트워크가 일정 시간에 처리할 수 있는 처리 능력을 스루풋이라고 한다. 특히 네트워크에서 사용되는 일이 많고 단위 시간당 데이터 전송량을 가리킨다. 또한 네트워크상에서 이루어지는 통신량을 트래픽이라고 하고 통신 회선 이용 상황을 조사하는 기준이 된다.

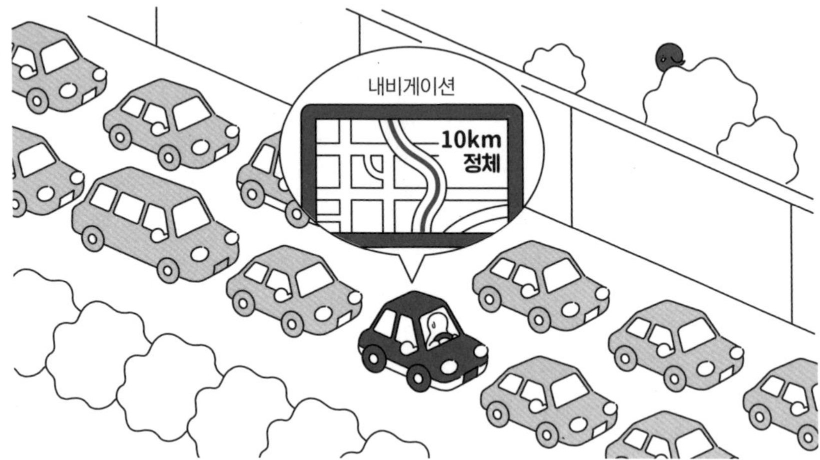

용어 관련 이야기

스루풋 계산

1초간에 1MB(메가바이트)를 전송할 수 있는 경우의 스루풋은 8Mbps가 된다(1B(바이트)=8bit(비트)이기 때문에 1MB는 8Mbit(메가비트)이다).

스루풋 저하

네트워크를 흐르는 통신량이 늘면 트래픽이 많아져서 데이터를 보내는 데 걸리는 시간이 길어진다. 이것을 스루풋이 저하한다고 한다.

트래픽 단위, 얼랑erlang

트래픽 밀도를 호량呼量이라고 하며 단위 시간당 회선 점유량을 의미한다. 호량을 나타내는 단위에 얼랑이 있고 erl이라고 표기한다. 제창자인 덴마크인 A.K.Erlang의 이름에서 유래한다.

용어 사용 예

트래픽이 늘었기 때문에 스루풋이 저하했다.

관련 용어

(ADSL과 광파이버)……P53 (ISP)……P198

프록시 서버 proxy server

통신 대리인

웹사이트의 액세스를 대리로 수행하는 서버를 프록시 서버라고 한다. 프록시 서버를 사용하면 여러 대의 컴퓨터가 같은 사이트에 액세스하는 경우 최초에 액세스한 데이터를 보존해 두면 차회 이후는 고속으로 표시할 수 있다. 시큐리티 측면에서 액세스하는 컴퓨터의 IP 주소 같은 정보를 감추는 목적으로 사용되는 일도 있다.

용어 관련 이야기

감시 목적으로 사용

프록시 서버를 경유해서 사내의 컴퓨터에서 사외로 액세스할 때 내용을 체크할 수 있기 때문에 감시 목적으로도 사용한다.

리버스 프록시의 역할

프록시 서버가 웹 브라우저를 대리하는 데 대해 웹 서버를 대리하는 것을 리버스 프록시라고 하고 시큐리티와 부하 분산 역할을 한다.

용어 사용 예

시큐리티를 높이기 위해 프록시 서버를 도입하기 바란다.

관련 용어

(캐시)……P129 (익명성)……P193

홈 디렉터리home directory와 커런트 디렉터리current directory

계층을 이동하는 기점

로그인 시에 최초로 표시되는 디렉터리를 홈 디렉터리라고 한다. 또한 조작하고 있는 디렉터리를 커런트 디렉터리라고 하며 Windows에서는 작업 폴더라고 부르기도 한다. 파일을 다루는 경우는 디렉터리를 이동하기 때문에 커런트 디렉터리는 변화한다.

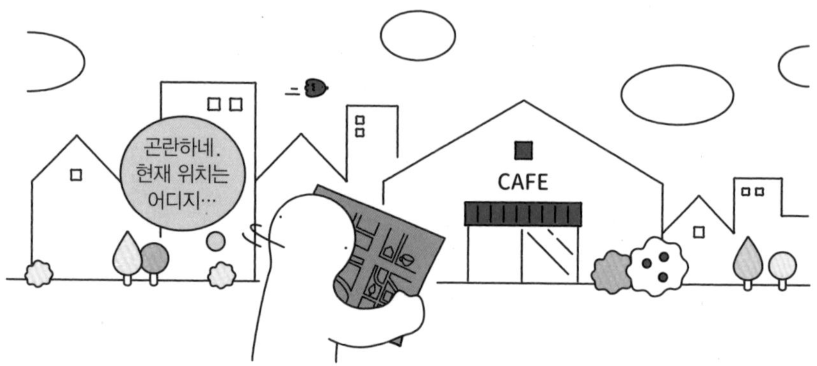

용어 관련 이야기

복수 이용자의 홈 디렉터리

같은 컴퓨터에 여러 명의 이용자가 로그인하는 경우 계정별로 홈 디렉터리가 마련되어 있다.

상대 경로에서 명시적 지정

상대 경로를 나타낼 때 '.'을 사용하면 커런트 디렉터리에서 상대 경로인 것을 명시적으로 지정할 수 있고 './abc/def'와 같이 지정한다.

커런트 디렉터리의 표시

커런트 디렉터리를 취득·표시하는 경우 UNIX계의 OS에서는 'pwd'라는 커맨드를, Windows에서는 인수 없이 'cd'라는 커맨드를 실행한다.

용어 사용 예

조작 중인 커런트 디렉터리는 나의 홈 디렉터리다.

관련 용어

(폴더와 디렉터리)……P69 (절대 경로와 상대 경로)……P70

캐시cache

한 번 사용한 것은 저장해 둔다

한 번 읽은 내용을 고속 장치에 일시적으로 저장하는 방법에 캐시가 있다. CPU에 비해 메모리는 느리고 하드디스크 등의 보조기억장치는 더 느리기 때문에 같은 데이터를 느린 장치에서 읽어내는 경우에 캐시를 사용한다. 웹사이트 열람 시에도 한 번 열람한 페이지를 웹 브라우저의 캐시에 저장해서 차회에 고속으로 표시할 수 있다.

*DNS(Domain Name System)

용어 관련 이야기

캐시 메모리의 효과

CPU와 메모리 사이에 캐시 메모리가 있고 메모리에서 한 번 읽어낸 데이터를 차회에 재이용함으로써 CPU의 처리 효율을 높일 수 있다.

DNS에서 사용되는 캐시

도메인명에서 IP 주소를 알아내는 DNS*에서도 캐시가 사용되고 한 번 문의한 것을 유지해둠으로써 고속으로 이름을 변환할 수 있다.

캐시 이용 시 주의사항

캐시를 사용하면 고속으로 처리할 수 있는 한편 캐시가 남아 있으면 원래의 데이터가 갱신돼도 반영되는 데 시간이 걸리므로 주의가 필요하다.

용어 사용 예

캐시 클리어를 하지 않으면 최신 내용이 표시되지 않는다.

관련 용어

(도메인명과 DNS)……P57 (프록시 서버)……P127

아카이브 archive

오래된 데이터는 소중하게 보관한다

오래된 데이터를 다른 장소에 보관하는 것과 복수의 파일을 통합하는 것을 아카이브라고 한다. 자주 사용하는 데이터는 수중에 두면 좋지만 오래된 데이터는 당장 필요하지는 않기 때문에 삭제하지 않고 다른 장소에 보관해서 디스크 등의 여유 공간을 늘린다. 또한 복수의 파일을 통합하는 경우 압축과 함께 사용하기도 한다.

용어 관련 이야기

백업과의 차이

백업이 데이터의 소실에 대비하는 반면 아카이브는 장기적인 보관에 이용한다. 다시 말해 백업은 장애가 일어났을 때 주로 사용하지만 아카이브는 언제라도 사용한다.

압축·해동 소프트웨어를 가리키는 아카이버

아카이브를 만들 때 사용하는 소프트웨어를 아카이버라고 하며 최근에는 압축과 복원을 수행하는 소프트웨어를 가리키는 일이 많다.

과거 웹사이트를 본다

이미 사라진 웹사이트와 갱신되기 전의 과거 웹페이지 내용과 이력을 확인할 수 있는 서비스에 Internet Archive*가 있다.

*URL https://archive.org

용어 사용 예

메일을 아카이브해 두면 최신 메일에 집중할 수 있다.

관련 용어

가역 압축과 비가역 압축 …… P71

캡처 capture

데이터를 떼어놓는다

출력된 데이터를 떼어놓는 것을 캡처라고 한다. 화면상에 표시된 내용을 이미지로 보존하는 것을 스크린 캡처, 화면 캡처, 스크린 샷 등이라고 하며 네트워크를 흐르고 있는 통신 데이터를 꺼내는 것을 패킷 캡처라고 한다. 영상을 녹화하는 경우 전용 캡처 보드를 사용하기도 한다.

용어 관련 이야기

화면을 캡처하는 방법

Windows의 경우 PrintScreen 키를 누르면 화면을 캡처할 수 있다. 또한 범위를 지정할 수 있는 Snipping Tool 등 편리한 소프트웨어가 많다.

화면 캡처

게임 화면 등을 녹화하고자 하는 경우 Windows10에서는 Windows 키+G로 동영상을 캡처할 수 있는 기능이 추가됐다.

패킷 캡처

메일을 송신할 수 없는 등의 장애가 발생한 경우에 네트워크상의 패킷을 캡처해서 원인을 조사할 수도 있다.

용어 사용 예

프레젠테이션 자료를 만들기 위해 화면을 캡처해 둘까.

관련 용어

(패킷 필터링)……P209

콘트라스트 contrast

명암을 확실히 구분한다

여러 개를 비교했을 때 색의 차이가 커 보이는 것을 콘트라스트가 높다고 한다. 하얀 부분과 검은 부분이 있는 경우는 명암의 콘트라스트가 높다, 자연에서도 파란 하늘과 단풍잎이 있으면 콘트라스트가 높다, 빛과 그림자도 콘트라스트가 높다와 같이 대비되는 경우에 사용된다. 콘트라스트가 높다는 것은 확연히 구분된다고도 할 수 있다.

용어 관련 이야기

연속적인 색의 변화

색의 농도가 조금씩 변화해 가는 것을 그라데이션이라고 하며 이미지 처리 소프트웨어로 작성하는 경우는 선형이나 방사상으로 색을 변화시키는 방법이 자주 사용된다.

휘도와의 차이

휘도는 밝기 단위로 숫자가 클수록 화면이 밝은 것을 의미하는 반면 콘트라스트는 여러 색 사이에서 밝기의 비율과 색의 차이를 나타낸다.

다크 모드 설정

최근의 OS에서는 다크 모드dark mode라 불리는 설정이 가능하며 콘트라스트를 낮춰 이용자의 눈이 피로해지는 것을 방지한다.

용어 사용 예

이미지의 콘트라스트를 조정해서 디자인에 녹아들도록 해라.

관련 용어

(액세시빌리티)……P111 (머티리얼 디자인과 플랫 디자인)……P175

옴니채널 omnichannel

다양한 판매 경로를 생각한다

고객과의 접점 수단으로 오프라인 점포와 전단 광고, 텔레비전 CM 등에 추가해 온라인 SNS와 메일 매거진 등 모든 매체를 조합해서 사용한다. 정보와 서비스를 제공할 뿐 아니라 다양한 판매 경로를 연계해서 고객이 원활하게 구입할 수 있도록 하는 것을 옴니채널이라고 한다. 고객 정보와 재고 관리, 물류 등을 통합적으로 관리할 수 있다.

***클릭 앤 모르타르**(Click & Mortar) : 전통적인 형태의 기업을 의미하는 '브릭 앤 모르타르'brick and mortar(벽돌과 모래반죽)에 인터넷 기업을 뜻하는 클릭을 합성해 만든 신조어

용어 관련 이야기

멀티채널과의 차이

멀티채널은 복수의 점포 등에서 고객과 접점을 갖는 것이고, 옴니채널은 점포와 넷 등 모든 접점에서 같은 구매 체험을 얻을 수 있다는 차이가 있다.

크로스채널과의 차이

크로스채널은 점포와 온라인 등을 연계하지만 시스템은 연계되어 있지 않고 개별로 운용되고 있다. 옴니채널에서는 연계되어 있다.

클릭 앤드 모르타르*

실제 점포와 EC 사이트를 따로따로 운영하는 동시에 서로 연계해서 상승 효과를 발휘하는 소매업의 비즈니스 수법을 클릭 앤드 모르타르라고 한다.

용어 사용 예

온라인 사회에서는 옴니채널이 마케팅에는 필수이다.

관련 용어

(채널)……P121 (전자상거래)……P138

레거시 마이그레이션 legacy migration

구형 시스템을 신형으로 전환한다

메인 프레임과 오피스 컴퓨터라 불리는 오래된 컴퓨터로 만들어진 시스템을 새롭게 만들어 바꾸는 것. 특정 제조사에서 만든 컴퓨터에서만 동작하는 시스템의 경우는 보수비용이 막대하므로 오픈 규격으로 만든 시스템으로 전환해서 자유도를 높이고 라이선스료를 절감하는 것이 목적이다.

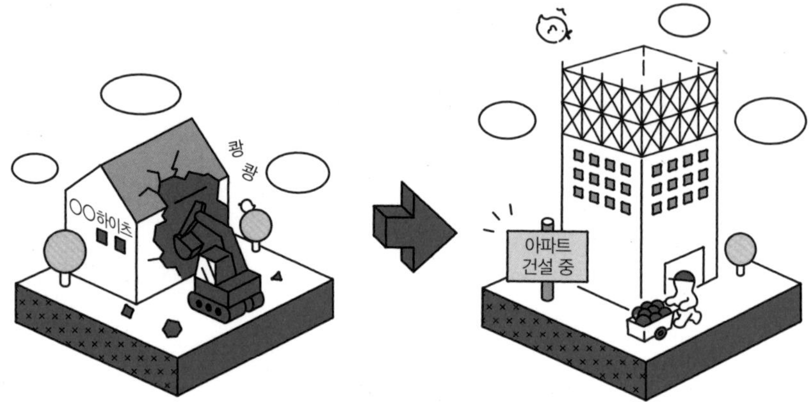

용어 관련 이야기

현대식으로 바꾸는 수법

오래된 정보 시스템을 단순하게 대체하는 게 아니라 최신 기술을 사용해서 사용 편리성을 높이는 것을 모더나이제이션이라고 한다.

리호스트의 내용

기존 프로그램을 변경하지 않고 실행하는 하드웨어를 오픈 환경으로 이행하는 것을 리호스트라고 하며 레거시 마이그레이션의 한 수법이다.

라라이트의 내용

업무 사양을 바꾸지 않고 OS와 데이터베이스를 변경하여 환경에 맞추어 소스 코드를 바꾸어 쓰는 방식을 리라이트라고 하며 레거시 마이그레이션의 한 수법이다.

용어 사용 예

레거시 마이그레이션에는 돈이 너무 많이 든다.

관련 용어

(메인 프레임)……P45 (리플레이스)……P115

제안 의뢰서 Request For Proposals(RFP)

시스템 개발 의뢰에 필수인 문서

새로운 정보 시스템을 개발하거나 업무를 위탁할 때 발주 사업자에 대해 제안을 요구하는 문서를 가리킨다. 도입하려는 시스템의 개요와 납기, 기타 제약 사항 관련 내용이 적혀 있으며 발주 사업자는 그 문서를 토대로 구체적인 제안을 한다. 이 제안 내용에 기초하여 발주처를 선정한다.

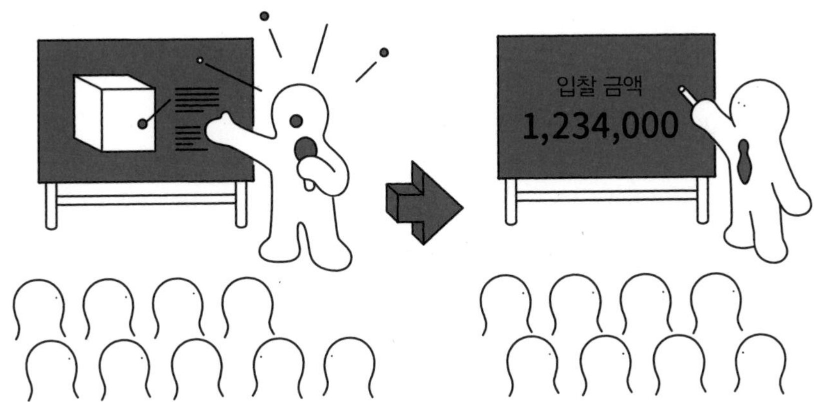

용어 관련 이야기

기능 요건을 명확히 한다

RFP에서는 업무 흐름과 처리 내용 등의 프로세스와 다루는 데이터, 시스템 간의 인터페이스와 화면, 장표 등의 기능 요건을 명확히 제시해야 한다.

비기능 요건도 검토한다

RFP에서는 기능 요건뿐 아니라 사용성과 효율성, 보수성 등의 품질과 시큐리티 등의 비기능 요건에 대해서도 검토하고 명문화해야 한다.

RFP의 제안 내용 평가 방법

복수의 벤더에서 제안을 받기 전에 사전에 선정 조건과 평가 항목을 정해 두는 것이 중요하다. 기능과 가격뿐 아니라 신뢰성과 체제, 장래성 등 종합적으로 평가한다.

용어 사용 예

RFP를 보지 않으면 금액도 개발 기간도 견적하지 못한다.

관련 용어

시스템 인티그레이터 …… P41

Column

만연하는 외래어

업무를 협의하는 자리에서 자주 사용하는 외래어가 있다. 우리말로 해도 되는데 굳이 외래어를 사용하고 있다. 예를 들면 아래 표와 같은 단어를 들 수 있다.

외래어	한국어
어그리	동의, 합의, 승락
어사인	맡기다, 선임하다
아젠다	과제
얼라이언스	제휴, 협력
이슈	과제, 문제
에비던스	근거, 증거
컨센서스	합의
컴피텐시	행동 특성, 자세와 적극성
서스티너빌리티	지속가능성
디시전	결정, 판단
버젯	예산
컨펌	허락
레지메	요약, 이력서

IT와는 관계 없지만 IT 업계에서 영어를 사용하는 일이 많아서인지 이러한 단어를 사용하는 장면을 자주 본다. 사내에서는 자주 사용해도 사외 사람과 얘기를 하고 있으면 의도가 바르게 전달되지 않는 경우가 있어 주의가 필요하다.

비즈니스에서의 약어에도 주의

이외에도 ASAP(As Soon As Possible : 가능한 빨리), FYI(For Your Information : 참고로), TD;DR(Too Long, Didn't Read : 요약·약어) 등의 약어를 메일 등에서는 사용하지 않도록 하자.

제 4 장

웹사이트와 SNS에서 사용하는 IT 용어

Keyword 118~156

전자상거래 Electronic Commerce(EC)

인터넷상에서의 거래

상품과 서비스를 인터넷을 통해 판매하는 것을 가리킨다. 온라인 쇼핑이라고도 하며 거래를 위해 작성한 사이트를 EC 사이트라고 한다. 실제 점포를 준비할 필요가 없어 저렴하게 출점할 수 있는 한편 집객이 어렵다는 단점도 있다. 또한 화면으로 보고 구입하기 때문에 생각한 것과 다르다는 이의가 자주 제기된다.

용어 관련 이야기

자사 EC 사이트의 특징

자사에서 EC 사이트를 구축하면 집객과 결제, 배송 등을 모두 자사에서 해야 하는 수고와 비용이 든다. 한편 자유롭게 광고 등이 가능하고 시스템 이용료 등은 필요없다.

몰형 EC 사이트의 특징

몰형 EC 사이트에 출점하면 사업자 측에서 준비한 것을 이용하기 때문에 집객 등의 부담을 덜 수 있다. 한편 시스템 이용료가 필요하고 자유도가 낮다.

B2B와 B2C 시장

기업 간의 거래를 B2B라고 하고 품의와 결재 등이 필요하여 시간이 걸린다. 이에 대해 기업과 소비자 간의 거래를 B2C라고 하며 구입에 드는 시간이 짧다는 특징이 있다.

용어 사용 예

전자상거래 사이트에서 쇼핑하면 집까지 배달해 줘서 편리하다.

관련 용어

(롱테일)……P26 (채널)……P121

아피리에이트 affiliate

웹사이트에서 광고 수입을 얻는다

웹사이트 등에 광고 링크를 게재하고 링크를 클릭한 건수와 상품의 구입 수 등에 맞추어 광고회사가 사이트 영업자에게 광고료를 지불하는 것. 블로그 등에 투고할 때 아피리에이트 링크를 제공해서 부업으로 수입을 얻고 있는 주부와 회사원도 많다. 다만 상당한 액세스 수가 아니고서는 거의 수입으로 이어지지 않는다.

용어 관련 이야기

중개 역할을 하는 ASP

아피리에이트를 수행하려면 광고주와 직접 계약하는 것이 아니라 중개역인 ASP라고 하는 사업자와 계약함으로써 많은 광고주의 광고를 게재할 수 있다.

광고주에게 이점

아피리에이트에서 광고를 내면 텔레비전 광고보다 저예산으로 노출 빈도를 늘릴 수 있고 리스크도 적은데다 신속하게 시작할 수 있다는 이점이 있다.

보수가 지불되는 종류

보수의 종류에는 물품 구입과 서비스 신청에 대해 지불되는 성과 보수형과 클릭 수에 따라서 지불되는 클릭 과금형 등이 있다.

용어 사용 예

블로그에 아피리에이트 링크를 제공해서 돈을 벌 수 없을까.

관련 용어

SEO와 SEM……P140 임프레션……P147 페이지 뷰……P148

SEO Search Engine Optimization 와 SEM Search Engine Marketing

검색 결과의 상위에 표시한다

SEO란 자사의 웹사이트 액세스 수를 늘리기 위해 검색 사이트 검색 결과에서 상위에 표시되도록 다양한 고안을 하는 것. 자사 사이트의 링크 수를 늘리거나 사이트 내의 문장에 키워드를 많이 지정하는 수법이 사용된다. 또한 광고를 게재하는 등의 수법을 포함해서 SEM이라고 부르기도 한다.

용어 관련 이야기

백링크backlink 수를 늘린다
해당 사이트로 링크가 설정되어 있는 페이지 수를 백링크 수라고 하고 이 수가 많은 페이지는 신뢰할 수 있다고 판단해서 상위에 표시하는 일이 많다.

액세스 수 등을 분석한다
관리하고 있는 웹사이트에 액세스한 로그를 조사하여 열람자의 페이지 이동과 사용하고 있는 PC 환경 등을 집계하고 분석하는 것을 액세스 해석이라고 한다.

웹상의 광고 종류
검색 결과에 광고를 표시하는 리스팅 광고와 광고주의 웹사이트를 방문한 이용자의 행동을 추적해서 광고를 표시하는 리타깃팅 광고 등이 사용된다.

용어 사용 예

많은 사람이 액세스하도록 하려면 SEO에 신경을 써야 한다.

관련 용어

(아피리에이트)……P139 (임프레션)……P147 (페이지 뷰)……P148

큐레이션curation

특정 테마에 따라서 통합한다

인터넷상에 있는 정보를 수집하고 특정 테마에 따라서 분류하고 배포하는 서비스와 그 수법을 말한다. 인터넷상에는 정보가 너무 많아 원하는 정보를 찾기가 어렵기 때문에 카테고리별로 개인이 정리한 사이트도 이용하고 있다. 인공지능을 사용해서 이용자가 흥미를 가질 만한 기사를 표시하는 앱도 등장했다.

용어 관련 이야기

무단 전재 문제

원래 사이트에서 본문과 사진 등을 복사해서 페이지의 내용을 구성하고 있는 큐레이션 사이트가 있다. 무단으로 전재한 거라면 저작권 침해 우려가 있다.

기사 내용을 신뢰할 수 있는가

타 사이트의 정보를 짜깁기했을 뿐 아니라 자격 미달의 작성자가 적은 저품질의 기사가 많아 내용의 신뢰도에 의문이 제기되고 있다.

애플리케이션과의 차이

복수의 웹사이트에서 정보를 집약한 것을 어그리게이션이라고 한다. 뉴스 어그리게이션과 은행 구좌인 어카운트 어그리게이션 등이 있다.

용어 사용 예

검색 결과에 큐레이션 사이트만 나와서 난감하다.

관련 용어

(HTML)……P157 (콘텐츠)……P167

소셜 미디어와 SNS

사람과 기업이 상호 이어지는 서비스

누구나 정보를 전송하고 공유하는 방식의 미디어를 소셜 미디어라고 하고 그 커뮤니케이션을 촉진하기 위해 만들어진 서비스에 SNS가 있다. 옛날에는 정보를 전송하는 사람이 한정됐지만 블로그 등의 등장으로 누구나가 투고해서 전송할 수 있게 됐다.

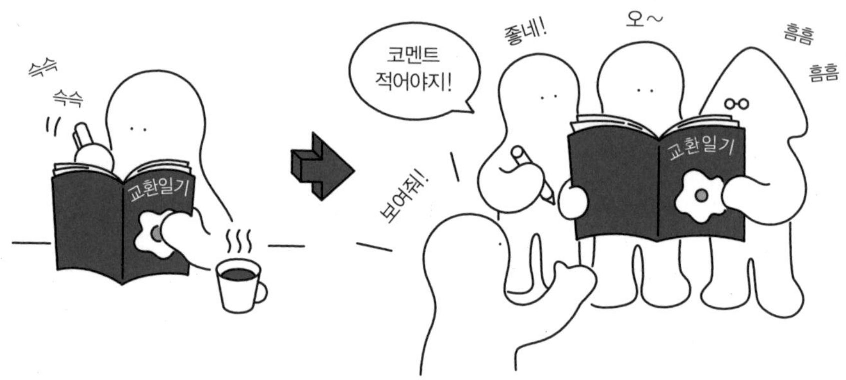

용어 관련 이야기

프라이버시에 주의

개인적인 내용을 투고하는 경우 공유에 의해 생각지 않은 사람에게 확산될 가능성이 있음을 염두에 두고 내용에는 주의할 필요가 있다.

위치 정보의 공유 리스크

SNS에는 체크인 기능이 있어 자신이 방문한 장소 등을 공유할 수 있다. 이로 인해 스토커 등의 피해도 발생하고 있어 주의가 필요하다.

가공의 계정에 주의

SNS에서는 실재하는 이름을 도용해서 본인인 체하고 투고하는 일도 가능하기 때문에 본인인지, 공식인지 등을 확인할 필요가 있다.

용어 사용 예

블로그와 SNS 등의 소셜 미디어가 너무 많아 뭐가 뭔지 잘 모르겠다.

관련 용어

(콘텐츠)……P167 (OGP)……P173

CMS Content Management System

웹사이트를 간단하게 갱신할 수 있는 구조

웹사이트를 갱신할 때 블로그와 같이 정보를 간단하게 투고할 수 있는 구조. 기업 등의 웹사이트를 작성할 때 갱신에 드는 수고를 줄이기 위해 사용하는 일이 많고 템플릿이 되는 레이아웃을 정해둠으로써 입력 폼에서 기사를 투고하기만 하면 문장과 사진을 공개할 수 있다.

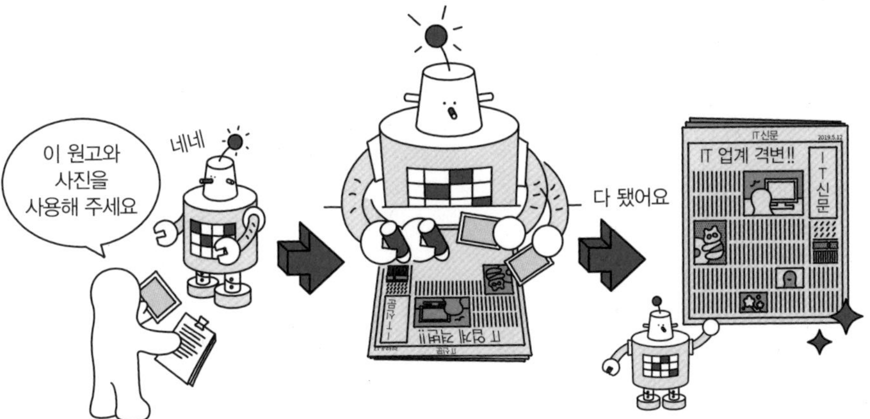

용어 관련 이야기

많이 사용되는 WordPress

오픈 소스인 CMS로 유명한 것에 WordPress가 있고 블로그와 비슷한 조작성과 풍부한 디자인, 편리한 플러그인으로 인기를 모으고 있다.

EC용 EC-CUBE

온라인 매장 등을 만들고 싶은 경우에는 결제와 관리 기능 등을 풍부하게 갖춘 오픈 소스 CMS인 EC-CUBE가 자주 사용된다.

정적 사이트 제너레이터

CMS에서는 데이터베이스와 프로그래밍 언어의 실행 환경이 필요한 반면 웹사이트를 자동 생성하는 정적 사이트 제너레이터가 주목을 받고 있다.

용어 사용 예

CMS가 사용되는 것은 웹사이트의 갱신이 그만큼 어렵다는 얘기인가.

관련 용어

렌탈 서버 …… P155 HTML …… P157 콘텐츠 …… P167

랜딩 페이지 landing page

방문자가 최초로 액세스하는 페이지

검색 결과 등에서 웹사이트를 방문하는 사람이 최초에 열람하는 페이지를 말한다. 제품 구입과 서비스 신청 등을 접수하기 위해 만들어진 1페이지의 세로 길이 페이지를 가리키는 일이 많고 스크롤하기만 하면 필요한 정보를 얻을 수 있다. 구입과 신청을 전제로 하기 때문에 타 페이지로 이탈하지 않도록 외부 페이지 링크 등이 적다.

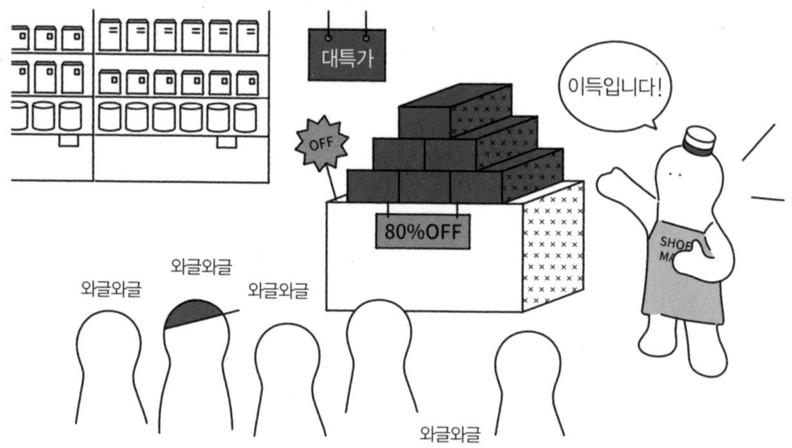

용어 관련 이야기

페르소나의 정의가 중요

어떠한 고객을 타깃으로 페이지를 작성하는지를 생각하지 않으면 효과가 적기 때문에 랜딩 페이지 제작 시에는 페르소나를 결정하는 것이 중요하다.

자주 사용되는 고객의 목소리

제품의 특징과 가격 등을 어필할 뿐 아니라 구입자와 이용자의 의견을 많이 게재해서 제품과 회사의 신뢰도를 높이는 수법이 자주 사용된다.

단기적인 집객에 사용된다

통상의 웹페이지는 시간을 들여 SEO에 의해서 액세스 수를 늘리지만 랜딩 페이지는 광고 등으로 단기적으로 집객할 때 주로 사용한다.

용어 사용 예

랜딩 페이지를 어떻게 하느냐에 따라 매출이 달라진다.

관련 용어

(퍼스트 뷰)……P146 (HTML)……P157

컨버전 conversion

웹사이트에서의 목표 달성

EC 사이트에서 제품 구입과 SNS에서의 회원 등록, 기업 사이트에서의 문의 등 이용자에게 있어 원하는 액션이 실시된 것. 1000명이 액세스해서 10명이 제품을 구입하면 컨버전 수는 10이 되고 컨버전율은 1%가 된다. 매출로 연결하기 위해 디자인을 재검토하고 문안을 추가하는 등 목표를 달성하기 위한 방법을 강구한다.

용어 관련 이야기

컨버전의 측정 방법

컨버전 수와 컨버전율의 측정에는 Google Analytics 등의 태그를 페이지 내에 삽입하는 방법이 사용되는 일이 많고 자동으로 집계된다.

직귀율을 조사한다

사이트를 방문한 이용자가 최초의 페이지만 보고 다른 페이지로 이동하지 않는 것을 직귀, 그 비율을 직귀율 bounce rate이라고 하며 이 비율을 낮추는 것도 중요하다.

탈세율과의 차이

직귀율을 포함하는 개념에 이탈률이 있다. 같은 사이트 내에서 복수의 페이지를 열람해서 해당 페이지가 마지막이 되는 것을 이탈이라고 하고 그 비율을 이탈률이라고 한다.

용어 사용 예

디자인을 변경하기 전후의 컨버전을 반드시 체크해라.

관련 용어

KPI와 KGI ……P149 AB 테스트 ……P150

퍼스트 뷰 first view

스크롤하지 않고 표시되는 범위

웹사이트를 열람할 때 스크롤하지 않고 표시되는 부분을 말한다. 액세스하고 있는 단말기에 따라서 화면 크기와 해상도가 다르기 때문에 PC와 스마트폰 등을 비교하면 표시 범위는 다르다. 이 범위에 캐치 카피와 사진 등을 넣어서 액세스한 사람의 흥미를 끌어야 하며 광고 효과도 크다고 한다.

용어 관련 이야기

히트 맵으로 계측한다

이용자가 조작하고 있는 마우스의 위치와 클릭 장소, 시선의 이동 등을 조사하기 위해 히트맵이라는 그림으로 표현하는 방법이 자주 사용된다.

시선은 F자와 Z자로 움직인다

페이지를 읽을 때 이용자의 시선은 알파벳 F와 Z자 형태로 움직인다고 한다. 따라서 중요한 요소를 이 위치에 배치하는 것이 효과적이다.

키 비주얼 선택

로고와 캐치 카피 등 웹사이트의 메인이 되는 내용을 의미하며 이것을 퍼스트 뷰에 배치하면 효과적으로 임팩트를 줄 수 있다.

용어 사용 예

퍼스트 뷰에 어느 이미지를 배치하면 주목받을까.

관련 용어

(랜딩 페이지)……P144 (페이지 뷰)……P148 (AB 테스트)……P150 (패럴랙스)……P174

임프레션 impression

게재되어 있는 광고를 본 횟수

웹사이트에 게시되어 있는 광고가 표시된 횟수를 임프레션이라고 한다. 광고를 게재해도 누구도 액세스하지 않는 사이트라면 의미가 없기 때문에 광고주는 액세스 수가 많은 사이트에 광고를 게재하고 싶어한다. 최근에는 광고 경쟁이 심해져서 액세스 수가 많은 사이트에 광고를 게재하는 단가도 높아졌다.

*VTC(View Through Conversions)

용어 관련 이야기

임프레션을 늘리기 위해

경쟁사가 많은 경우 광고 예산을 늘려서 광고가 표시되는 횟수를 늘린다. 또한 다른 미디어에 광고를 내는 방법도 있다.

클릭률이 중요한 지표

온라인 광고는 게재하는 것에 그치지 않고 클릭을 유도할 필요가 있다. 얼마큼의 비율로 클릭됐는지를 나타내는 지표에 CTR이 있다.

간접적인 클릭 수

광고가 표시됐을 때 클릭하지 않았던 이용자가 훗날 생각나서 검색하는 등 다른 루트로 컨버전한 수를 VTC*라고 한다.

용어 사용 예

임프레션이 늘었으니까 단가가 높은 광고를 낼 수 있을 것이다.

관련 용어

아피리에이트 …… P139 페이지 뷰 …… P148

페이지 뷰 page view

특정 페이지가 열린 횟수

웹사이트에 액세스한 횟수를 헤아리는 지표의 하나. 같은 사이트 내에 복수의 페이지가 있고 그 링크를 순서대로 거슬러 올라간 경우는 각각의 페이지로 카운트된다. 또한 같은 사람이 여러 차례 액세스한 경우도 그만큼 카운트된다. 동일 인물의 액세스 수를 생략하고 카운트하려면 많은 경우 유니크 유저라는 지표가 사용된다.

용어 관련 이야기

세션 수와의 차이

사이트를 방문하고 나서 이탈하기까지 페이지를 열람한 시간을 하나의 세션이라고 헤아린다. 일정 시간 아무것도 조작하지 않으면 초기화된다.

유저 수와의 차이

일련의 처리를 하나로 헤아리는 세션 수와 비교해서 같은 이용자가 시간을 두고 방문한 경우도 하나로 헤아리는 방법에 유니크 유저 수가 있다.

주목받는 콘텐츠 뷰

타사의 미디어에 콘텐츠 게재가 늘고 그 콘텐츠가 열람된 장소보다도 무엇이 어느 정도 열람됐는지를 보는 콘텐츠 뷰가 주목받고 있다.

용어 사용 예

이번 달의 페이지 뷰가 지난달보다 어느 정도 늘었는지 체크해라.

관련 용어

(아피리에이트)……P139 (임프레션)……P147

KPI Key Performance Indicator와 KGI Key Goal Indicator

목표를 달성하기 위한 평가 지표

웹사이트를 운영하는 경우에 사용되는 평가 지표. KPI는 핵심성과지표이며 페이지 뷰와 컨버전율 등으로 설정한 수치 목표를 가리키며 목표 달성률을 높이기 위해서도 사용된다. 또한 KGI는 핵심목표지표라고 하며 기업 전체의 목표 설정을 의미한다. 다시 말해 KGI의 목표를 실현하기 위해 각각의 업무 단위로 KPI 목표를 정한다.

*KSF(Key Success Factor) : 핵심성공요인
**OKR(Objective Key Results) : 목표핵심결과

용어 관련 이야기

KPI에서 중요한 SMART

KPI 설정 지표에 명확성Specific, 계량성Measurable, 현실성Achievable, 관련성Relevant, 적시성Timebound의 머리글자를 딴 SMART가 있다.

사전에 생각해야 할 KSF*

어느 업계에서 공통되는 성공 요인 중 KGI를 달성하기 위한 요인에 KSF가 있고 브랜드력과 인지도를 높이는 것 등을 들 수 있다.

IT분야에서 자주 사용되는 OKR**

기업의 목표 설정·관리 수법으로 IT 업계에서 자주 사용되는 수법에 OKR이 있고 조직의 커뮤니케이션을 활성화하기 위해서도 사용된다.

용어 사용 예

KGI를 달성하기 위해서는 중간 지표인 KPI를 계측해야 한다.

관련 용어

컨버전 …… P145 AB 테스트 …… P150

AB 테스트

여러 패턴을 비교해서 평가

웹사이트의 디자인 등 여러 개의 안을 실제로 운용해서 시험하고 결과가 좋은 쪽을 사용하는 수법. A와 B 두 가지 안이 있다고 해서 붙은 이름으로 공개한 웹사이트에 대한 액세스를 자동으로 균형있게 할당하고 컨버전율 등을 비교한다. 이용자는 여러 개의 디자인이 있다는 사실을 알아차리지 못하지만 관리자는 각각의 결과를 보고 판단할 수 있다.

용어 관련 이야기

어느 정도의 이용자 수가 필요

AB 테스트를 실시하기 위해서는 많은 이용자가 각각의 페이지를 열람할 필요가 있기 때문에 일정한 수의 이용자가 액세스하지 않으면 평가할 수 없다.

수정은 한 곳씩 비교한다

AB 테스트에서 여러 곳을 동시에 수정하면 어디를 수정한 것이 효과적이었는지를 알 수 없기 때문에 한 곳씩 대응해서 결과를 비교할 필요가 있다.

조합을 조사하는 수법

여러 곳의 상호관계를 보는 경우 배경색과 사진 등 다양한 요소의 조합을 준비하고 그 중에서 어느 조합이 좋은지 실험하는 수법에 다변량 테스트가 있다.

용어 사용 예

어느 쪽이 좋은지 고민하는 거라면 AB 테스트로 계측해 보면 어때?

관련 용어

컨버전……P145 KPI와 KGI……P149

사이트 이동 경로와 계층

열람하고 있는 페이지의 위치를 파악

사이트 이동 경로란 현재 열람하고 있는 웹페이지의 위치를 알지 못하는 것을 방지하기 위해 톱페이지부터 위치를 계층 구조로 나타내는 방법. 이 기법의 영어 이름 Breadcrumb trail은 <헨젤과 그레텔>에서 집을 찾기 위해 남매가 뿌리는 빵 부스러기에서 유래했다. 또한 페이지의 분류를 계층이라고 하고 계층화함으로써 다른 페이지로의 링크 의미도 있다.

용어 관련 이야기

사이트 이동 경로의 예

이용자가 알기 쉬운 사이트 이동 경로에는 상품의 분류에 따른 계층 구조가 있고 술>와인>레드와인과 같이 차츰 세분화하는 방법이 사용된다.

구조화 데이터의 표기법

검색 엔진에 계층을 전달하는 경우 정해진 서식의 구조화 데이터로 표현할 필요가 있다. 서식으로는 JSON-LD와 Microdata의 사용이 권장되고 있다.

이용자에게 전해지는 검색 결과

검색 결과를 보고 이용자가 판단할 수 있도록 일부 내용을 표시한 것을 스니펫snippet이라고 한다. 구조화 데이터에 타이틀과 개요, 계층을 기재하여 표시할 수 있다.

용어 사용 예

이 웹사이트는 사이트 이동 경로가 없기 때문에 계층을 알기 어렵다.

관련 용어

(HTML)……P157 (콘텐츠)……P167

반응형 디자인

화면 크기에 따라 자동으로 레이아웃이 바뀐다

PC와 스마트폰과 같이 화면 크기가 달라도 읽기 쉽도록 자동으로 레이아웃하는 구조를 가진 디자인을 말한다. PC용으로 작성한 페이지를 그대로 스마트폰으로 보면 문자가 작아서 읽기 어렵지만 보기 쉽게 자동으로 레이아웃이 전환된다. 웹사이트 운용자는 하나의 HTML을 작성하기만 하면 이용자 환경에 따라서 자동으로 레이아웃을 바꿀 수 있다.

용어 관련 이야기

미디어 쿠에리에 의한 기술

화면 크기와 기기의 종류(화면과 프린터 등)에 따라서 적용하는 디자인을 바꾸고자 하는 경우 미디어 쿠에리라는 기술記述 방법이 사용된다.

뷰포트viewport의 지정이 필수

작은 화면이라도 해상도가 높은 경우가 있기 때문에 화면에서 작게 표시되지 않도록 뷰포트라는 지정 방법이 반응형 디자인에서는 사용된다.

CSS 프레임워크의 사용

디자인을 잘 모르는 사람이 봐도 어느 정도 정돈된 사이트를 간단하게 제작 가능한 반응형 디자인을 도입할 수 있는 CSS 프레임워크가 많이 사용되고 있다.

용어 사용 예

새로운 웹사이트를 만들 거라면 무조건 반응형 디자인이지.

관련 용어

(HTML)……P157 (CSS)……P158

섬네일 thumbnail

축소한 이미지를 일람으로 표시한다

엄지 손톱을 의미하며 엄지손가락 정도의 크기로 표시한 이미지를 말한다. 예를 들면 많은 이미지를 표시할 때 파일명의 일람뿐 아니라 이미지를 축소 표시해서 쉽게 찾을 수 있게 한다. 또한 웹페이지 등에서 많은 이미지를 표시하는 경우는 작은 이미지를 표시해서 전송량을 줄이고 고속으로 표시할 수 있다.

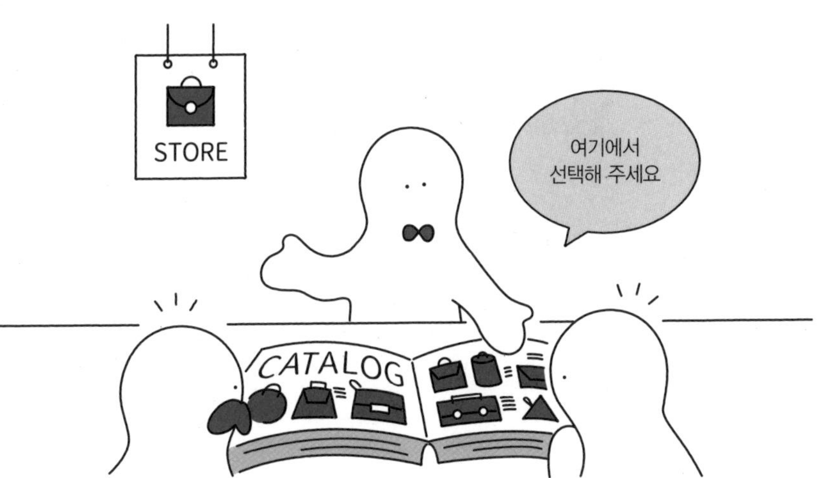

용어 관련 이야기

아이캡처와의 차이

웹페이지 내에서 기사 도중에 주의를 끌기 위해 작은 이미지를 삽입하는 것을 아이캡처라고 하는데 섬네일은 축소의 의미로 사용된다.

동영상의 섬네일

여러 개의 동영상을 일람 표시했을 때도 그 내용을 한눈에 알 수 있도록 처음과 특징적인 장면을 잘라낸 한 장의 이미지가 사용되는 일이 많다.

디스크의 소비에 주의

섬네일은 이미지가 작기는 하지만 그 수가 늘면 디스크 용량을 소비하기 때문에 불필요한 경우는 삭제하거나 생성하지 않도록 설정하면 좋다.

용어 사용 예

저장한 사진이 많아지면 섬네일 없이 찾기 어렵다.

관련 용어

아이콘과 픽토그램 …… P77 JPEG와 PNG …… P172

리다이렉트 redirect

다른 URL로 이동시킨다

웹사이트를 이전한 경우 등에 원래의 URL에 액세스한 이용자를 새로운 URL로 자동으로 이동시키는 것. 페이지 내에 링크를 준비해서 클릭하도록 하는 방법도 있지만 자동으로 점프하는 방법을 가리킨다. 이 방법에는 일단 페이지의 내용을 표시하고 나서 수초 후에 리다이렉트하는 경우와 페이지를 표시하지 않고 직접 리다이렉트하는 경우가 있다.

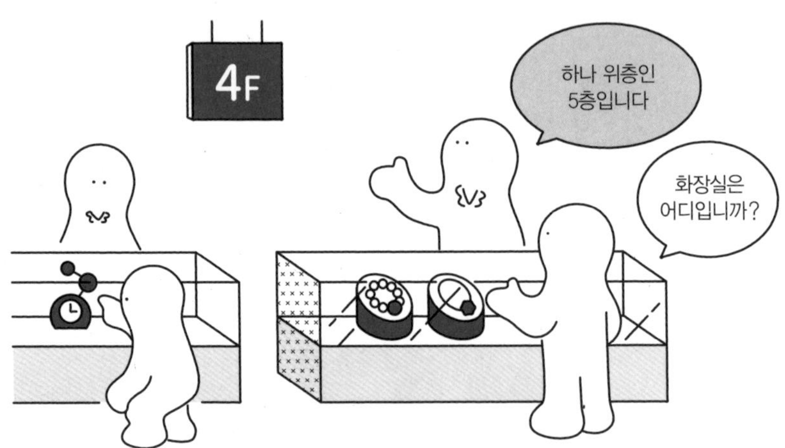

용어 관련 이야기

단축 URL에서 사용

긴 URL은 사용하기 어렵기 때문에 단축 URL이 사용된다. 액세스하면 본래의 URL로 리다이렉트된다.

URL의 정규화에 사용

URL에 www를 적어도, 적지 않아도 같은 내용의 페이지를 표시하도록 설정이 가능하다. 다른 URL을 하나의 페이지에 전송하는 것을 URL의 정규화라고 한다.

무한 리다이렉트에 주의

페이지 A에서 페이지 B로 리다이렉트했을 때 페이지 B에서도 페이지 A로 리다이렉트하면 무한 루프되므로 주의가 필요하다.

용어 사용 예

이전 URL에 액세스해도 리다이렉트되어 있으면 안심이다.

관련 용어

(URL과 URI)……P123 (HTTP와 HTTPS)……P124

렌탈 서버 rental server

사업자의 서버를 빌린다

웹사이트를 운영할 때 사업자가 준비한 서버를 이용하는 방법. 웹사이트를 공개하기 위해 자사에서 서버를 구입해서 설정하고 네트워크에 접속하는 방법보다 24시간 체제로 가동하는 경우는 웹사이트 운용에 특화한 서버를 월정액이나 연정액으로 제공하고 있는 사업자와 계약함으로써 저렴하게 이용할 수 있다.

*VPS(Virtual Private Server) : 가상 사설 서버

용어 관련 이야기

저렴한 공용 서버

하나의 서버를 복수의 계약자가 사용하는 형태를 공용 서버라고 하고 저렴하지만 자유도가 낮아 사용할 수 있는 영역이 한정되어 있다.

자유도가 높은 전용 서버

하나의 서버를 1인의 계약자가 점유하는 형태를 전용 서버라고 하며 고액이지만 자유도가 높고 사용할 수 있는 영역도 크다. 서버의 관리·운영을 맡길 수 있다.

인기를 모으는 VPS*

가상 서버를 여러 대 기동하고 그 중 하나의 관리자 권한을 건네받아 자신이 관리하는 VPS는 직접 설정해야 하지만 전용 서버보다 저렴해서 인기를 모으고 있다.

용어 사용 예

서버를 구입하는 것이 비싸다면 렌탈 서버를 빌리면 어떨까?

관련 용어

(데이터센터)……P38 (온프레미스와 클라우드)……P67 (프록시 서버)……P127

사이트 맵 site map

웹사이트의 페이지 구성을 정리한다

검색 엔진에 맞춰 웹사이트의 페이지 구성을 정리한 것. 검색 엔진은 공개되어 있는 웹사이트의 내용을 순회해서 취득하지만 어떠한 빈도로 갱신되는지 그 외에 어떤 파일이 있는지 등을 파악할 수 없다. 그래서 효율적으로 수집하기 위해 페이지 구성을 적은 파일을 XML 형식으로 작성하여 웹 서버 내에 배치한다.

용어 관련 이야기

이용자용 사이트 맵

웹사이트를 열람하다 보면 해당 사이트 내의 페이지를 일람으로 한 사이트 맵을 게재해서 이용자가 목적하는 페이지를 찾기 쉽게 한 경우가 있다.

사이트 맵의 등록 방법

사이트 맵을 검색 엔진에 등록하려면 각 검색 엔진이 제공하는 웹 마스터 툴이라 불리는 사이트를 사용하여 XML 파일을 송신한다.

인덱스 상황 확인

사이트 맵을 송신한 후에는 송신한 페이지가 검색 엔진에 등록(인덱스)되어 있는지 웹 마스터 툴로 확인할 수 있다.

용어 사용 예

웹사이트를 공개할 거라면 사이트 맵을 만들어야 한다.

관련 용어

(웹사이트와 웹페이지) …… P94

HTML Hypertext Markup Language

웹페이지를 작성하기 위한 언어

웹페이지를 작성하기 위해 사용하는 언어. 태그라 불리는 문자로 둘러싸서 구조를 표현한 텍스트 형식으로 기술하면 웹페이지에 링크와 이미지를 삽입하거나 디자인을 자유롭게 바꿀 수 있다. 이용자는 웹 브라우저를 사용해서 HTML 파일을 읽어들이면 작성자가 지정한 대로 표시된다. 현재는 HTML5 버전이 많이 사용된다.

용어 관련 이야기

초보자용 작성 툴

HTML을 수작업으로 적는 것이 번거로운 초보자용으로 작성 소프트웨어가 제공되며 워드프로세서 소프트웨어와 같은 조작성으로 시각적으로 웹페이지를 작성할 수 있다.

웹 브라우저에 따른 차이

HTML은 표준화되어 있지만 웹 브라우저에 따라서 독자의 표현이 추가되기도 하므로 같은 페이지라도 다르게 표시되는 일이 있다.

HTML 메일로 스타일을 바꾼다

통상의 메일은 텍스트 형식밖에 송신할 수 없지만 HTML 메일 형식을 사용하면 문자의 색과 사이즈를 바꾸거나 이미지를 삽입할 수 있다.

용어 사용 예

텍스트 형식으로 HTML을 적으면 웹 브라우저로 표시할 수 없다.

관련 용어

웹사이트와 웹페이지 ······ P94

스타일 시트 Cascading Style Sheets (CSS)

웹페이지를 디자인한다

CSS는 웹페이지의 디자인을 바꾸기 위해 사용하는 기술 방법. 웹페이지의 내용은 HTML을 사용해서 작성하지만 CSS는 페이지의 스타일을 결정하기 때문에 스타일 시트라 불린다. 같은 HTML의 기술 내용이라도 CSS를 바꾸어 적기만 해도 디자인을 크게 바꿀 수 있어 외관과 구조를 분리하기 위해 별도 파일로 준비하는 방법이 많이 사용된다.

용어 관련 이야기

단말기별로 스타일을 바꾼다

CSS를 사용해서 디자인을 지정할 수 있을 뿐 아니라 PC와 스마트폰, 프린터 등 이용자가 사용하는 단말기에 따라서 스타일을 전환할 수 있다.

대상을 지정하는 셀렉터

HTML 요소의 일부에 대해 스타일을 적용하는 대상을 지정하기 위해 사용하는 것이 셀렉터이고 요소명과 ID, 클래스명 등에 대해 스타일을 지정할 수 있다.

자주 사용되는 CSS 핵

웹 브라우저의 사양 차이에 따른 디자인 차이를 흡수하기 위해 웹 브라우저에 존재하는 버그를 사용해서 레이아웃을 정돈하는 방법을 CSS 핵이라고 한다.

용어 사용 예

CSS를 HTML과 별도 파일로 관리하면 디자인만 변경할 수 있다.

관련 용어

(서체와 폰트)……P74 (반응형 디자인)……P152

쿠키 cookie

웹 서버와 브라우저 간에서 상태를 관리한다

웹사이트에 액세스할 때 이용자의 정보를 웹 브라우저에서 일시적으로 보존하는 구조. 같은 이용자의 액세스를 웹 서버 측에서 식별하기 위해 주로 사용된다. 웹사이트에 액세스할 때 웹 서버에서 돌려주는 값으로 웹 브라우저가 그 다음번에 액세스하면 그 값을 송신함으로써 같은 웹 브라우저임을 식별할 수 있다.

용어 관련 이야기

로그인 상태의 관리

웹 애플리케이션에서 ID와 패스워드를 입력하고 로그인했을 때 그 이용자로부터의 액세스를 식별하기 위해 쿠키가 사용된다.

유효기간이 있다

쿠키는 발행 시에 유효기간이 지정되어 있는 경우가 있고 유효기간을 지난 후 액세스하면 웹 브라우저에서 송신되지 않고 삭제된다.

서드파티 쿠키

쿠키는 도메인에 대해 링크되어 있으며 표시하고 있는 페이지의 도메인명과 다른 것을 서드파티 쿠키라고 한다. 광고 전송 등에 사용된다.

용어 사용 예

웹사이트에서 같은 이용자를 관리하는 데는 쿠키를 사용하면 편리하다.

관련 용어

HTTP와 HTTPS ······ P124

미니멀 디자인 minimal design

필요 최소한의 기능에 압축한다

낭비를 없애고 최소한의 디자인으로 심플하게 표현하는 것. 웹 디자인뿐만 아니라 소프트웨어 개발 시에도 전달하고 싶은 메시지와 요구되는 기능에 압축하는 것을 가리킨다. 불필요한 정보가 없어 직접적이고 알기 쉬울 뿐 아니라 파일과 데이터, 시스템이 비대해지는 것을 방지한다.

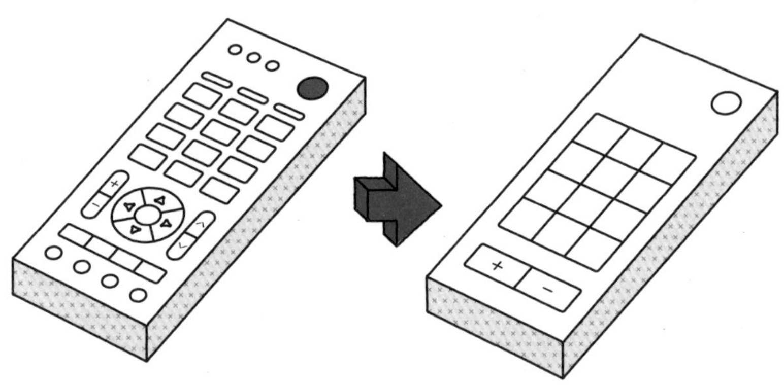

용어 관련 이야기

Less is more
미니멀 디자인에서 자주 사용되는 Less is more는 간결한(단순한) 것이 더 아름답고 효과적이라는 것을 의미한다.

Less is bore
Less is more를 비꼬아 표현하는 Less is bore는 간결한 것은 지루하다는 것을 의미한다. 콘셉트가 없으면 강약이 없어 보인다.

맥시멀리즘 디자인
미니멀 디자인의 반대 발상으로 색채 풍부하고 잡다한 레이아웃을 맥시멀리즘 디자인이라고 하고 강하게 인상에 남기는 것을 지향하고 있다.

용어 사용 예

기능을 추가할 때는 미니멀 디자인에 대해서도 생각하자.

관련 용어

CSS ······ P158 머티리얼 디자인과 플랫 디자인 ······ P175

레이어 layer

이미지 처리 소프트웨어 등에서의 계층

포토샵이나 일러스트레이터 등에서 여러 개의 이미지를 겹칠 때 사용하는 계층을 말한다. 투명한 필름과 같은 각 계층 단위로 이동과 확대 축소 등의 처리가 가능하기 때문에 하나의 이미지도 복수의 레이어로 나누어 처리하면 편집하고자 하는 부분만을 간단하게 처리할 수 있다. 이미지 처리 소프트웨어의 대부분에 구현되어 있다.

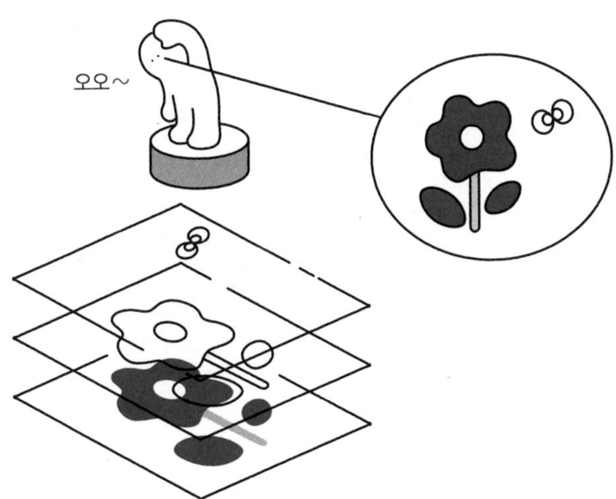

용어 관련 이야기

겹치는 순서가 중요

아래의 레이어에 그려져 있는 부분은 위의 레이어에 있는 투명 이외의 부분으로 가려지기 때문에 여러 개의 레이어를 사용하는 경우는 겹치는 순서가 중요하다.

조작 중인 레이어를 의식

한 장의 이미지를 처리할 작정이라도 수정하는 레이어가 틀리면 원하는 결과를 얻을 수 없기 때문에 어느 레이어를 선택하고 있는지 항상 확인한다.

불투명도

대다수의 이미지 처리 소프트웨어에서는 각 레이어의 불투명도를 설정할 수 있고 100%(완전하게 불투명)에서 0%(완전하게 투명)까지 다양한 표현이 가능하다.

용어 사용 예

시진을 합성하는 거라면 레이어를 사용하면 사소한 수정은 간단하게 할 수 있다.

관련 용어

JPEG와 PNG ⋯⋯ P172

래스터라이즈 rasterize

이미지를 도트 표현으로 변환

벡터 형식의 이미지를 비트맵 형식으로 변화하는 처리를 말한다. JPEG와 PNG 등의 이미지 형식은 비트맵 형식이라고 하며 이미지를 도트로 표현하기 때문에 사선이 포함되는 이미지를 확대하면 들쭉날쭉한 계단 모양이 나타나는데, 이를 재기jaggy라고 한다. 벡터 형식은 점의 좌표와 그것을 연결하는 선으로 구성되어 있으며 확대해도 재기가 발생하지 않는다.

용어 관련 이야기

드롭 섀도에 주의

문자와 도형을 입체적으로 보이도록 드롭 섀도를 사용하는 경우가 있지만 낮은 해상도로 래스터라이즈하면 재기가 발생하기 쉽다.

3D의 래스터라이즈

3D 그래픽스의 경우 다면체 등의 3차원 좌표를 2차원 평면으로 변화하는 것을 래스터라이즈라고 하며 이미지화하는 것을 의미한다.

렌더링과의 차이

웹 브라우저가 HTML을 기반으로 웹페이지를 표시하는 것과 3D 데이터에 광원과 질감을 부여해서 표현하는 것을 렌더링이라고 한다.

용어 사용 예

래스터라이즈할 때는 해상도에 주의하지 않으면 화질이 떨어진다.

관련 용어

(JPEG와 PNG) ······P172

슬라이스 slice

이미지를 분할해서 저장

한 장의 이미지 파일을 분할해서 개개의 이미지를 작성, 저장하는 것. 웹사이트의 메뉴 등 같은 크기의 이미지를 여러 개 만드는 경우에 주로 사용된다. 이미지 처리 소프트웨어의 대부분은 슬라이스 기능을 탑재했으며 통합해서 작성한 큰 이미지를 적절한 사이즈로 분할해서 연번 파일명 등으로 보존할 수 있다.

용어 관련 이야기

슬라이스의 효과

페이지 전체를 한 장의 이미지으로 만들면 큰 이미지는 표시되기까지 시간이 걸린다. 텍스트 부분이 이미지이면 SEO 효과를 기대할 수 없기 때문에 슬라이스가 유효하다.

CSS 스플라이트로 고속화

웹사이트의 이미지를 각각 준비해서 메뉴 등을 만드는 게 아니라 큰 한 장의 이미지를 부분 표시하는 방법을 CSS 스플라이트라고 하며 전송 데이터를 줄이는 효과가 있다.

이미지의 최적화

이미지 파일의 크기를 작게 하기 위해서 JPEG와 PNG 등의 압축 방식을 사용할 뿐 아니라 퀄리티를 유지한 채 사이즈를 작게 하는 최적화 방법이 있다.

용어 사용 예

이미지 처리 소프트웨어는 슬라이스 기능이 없으면 좀 불편하다.

관련 용어

(CSS)……P158 (JPEG와 PNG)……P172

와이어 프레임wire frame과 컴프리헨시브 레이아웃comprehensive layout

디자인 제작 전에 만드는 견본

웹페이지를 디자인하는 경우에 사용되는 전체의 레이아웃 설계도를 와이어 프레임이라고 한다. 또한 와이어 프레임에 대충 이미지와 색을 지정한 시안을 컴프리헨시브 레이아웃(시안작업)이라고 한다. 시안을 작성해서 레이아웃 등의 분위기를 확인한다.

용어 관련 이야기

색과 이미지보다 크기

와이어 프레임을 작성하는 경우는 디자인의 골조만을 생각하기 때문에 색과 이미지를 준비하지 않고 크기를 정하는 틀만을 생각하기로 한다.

처음에 수작업으로 충분

와이어 프레임을 작성하는 경우 처음에는 노트 등에 수작업으로 밑작업을 하고 어느 정도 배치가 정해졌다면 툴을 사용하는 일이 있다.

디자인 비용에 주의

웹사이트 디자인을 의뢰한 경우 와이어 프레임과 시안을 작성하기만 해도 디자인을 하는 것이 되므로 비용이 발생한다.

용어 사용 예

수작업 와이어 프레임에 색을 입혀 시안을 만들었다.

관련 용어

프로토타입 ……P117

칼럼 column

웹 디자인의 열 세팅

웹페이지를 구성할 때 페이지의 좌우에 메뉴 등을 배치하도록 열을 세팅한 레이아웃을 말한다. 좌우 어느쪽인가에 메뉴를 배치하고 나머지에 본문을 배치하는 디자인을 2칼럼 레이아웃, 좌우 양쪽에 메뉴 등을 배치하고 중앙에 본문을 배치하는 디자인을 3칼럼 레이아웃이라고 한다.

용어 관련 이야기

증가하는 싱글 칼럼
지금까지는 메뉴 등을 칼럼으로 나누는 것이 일반적이었지만 최근에는 모바일 단말기에 최적화하기 위해 싱글 칼럼 레이아웃이 늘고 있다.

햄버거 버튼
메뉴를 칼럼으로 나누지 않고 스마트폰 등으로 탭하기까지 메뉴를 비표시로 하는 '수평 막대 3개'로 표현한 햄버거 버튼이 많이 사용된다.

그리드 레이아웃의 등장
다양한 화면 크기에 대응하기 위해서 페이지를 칼럼으로 나누지 않고 가로세로 격자상으로 블록을 배치해서 표현하는 그리드 레이아웃이 늘고 있다.

용어 사용 예

블로그는 3칼럼 레이아웃이 일반적이다.

관련 용어

(HTML)……P157 (헤더, 사이드바, 메인, 푸터)……P166

헤더header, 사이드바sidebar, 메인main, 푸터footer

웹페이지의 구성 요소

웹페이지의 영역을 분할했을 때 화면 상부를 헤더, 메뉴 등을 두는 부분을 사이드바, 본문을 두는 부분을 메인, 화면 하부를 푸터라고 한다. 대부분의 기업 웹페이지에서는 헤더에 사이트의 타이틀, 그 아래에 메뉴와 본문, 푸터에 저작권 표기 등을 배치하고 있다.

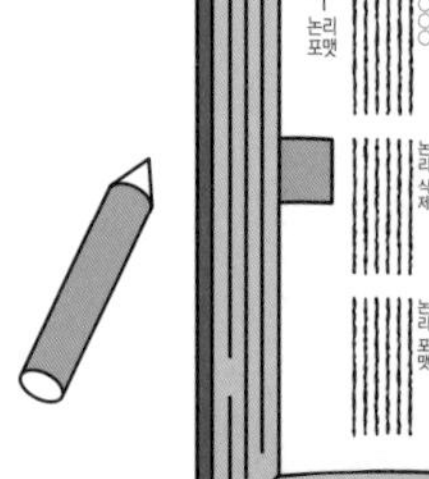
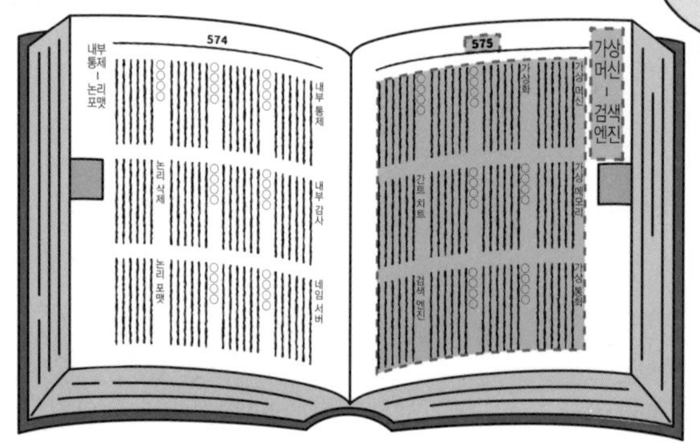

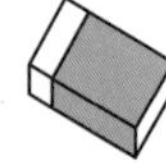

용어 관련 이야기

페이지의 편집을 효율화한다

같은 웹사이트 내에서는 헤더와 푸터에는 같은 내용이 기재되는 일이 많고 템플레이트화하거나 프로그램으로 공통화하는 방법으로 편집을 효율화하는 방법이 자주 사용된다.

SNS 버튼의 배치

페이지를 열람한 사람이 그 URL과 개요를 공유하도록 SNS 버튼을 설치하는 웹사이트가 늘고 있으며 주로 푸터 등에 배치한다.

내비게이션 영역의 배치

메뉴 등은 사이드바뿐 아니라 화면 상부에 배치되는 일도 있고 내비게이션 영역이라 불리기도 한다. 배치 방식에 따라서 디자인이 크게 변한다.

용어 사용 예

헤더에 이미지를 사용하지만 사이드바와 메인, 푸터에는 문장만 오네.

관련 용어

CSS……P158 칼럼……P165

콘텐츠 contents

웹페이지의 본문

웹페이지의 분문에 해당하는 부분에 기재하는 내용을 말한다. 직역하면 내용과 알맹이라는 의미로 디자인 등과 구별된다. 문장뿐 아니라 이미지와 동영상, 음성 등도 포함되며 기사와 인터뷰, 프레스 릴리스, 이벤트 리포트 등 다양한 종류가 있다. 이용자가 요구하는 정보를 게재해서 웹사이트의 평가를 높일 수 있다.

용어 관련 이야기

소프트웨어와의 차이

소프트웨어가 사용하는 데이터 부분을 콘텐츠라고 부르는 일이 있고 교육 소프트웨어인 교재 데이터, 지도 소프트웨어인 지도 정보, 동영상 열람 소프트웨어인 동영상 등이 해당한다.

콘텐츠산업 진흥법(약칭 콘텐츠산업법)

콘텐츠 산업의 진흥에 필요한 사항을 정함으로써 콘텐츠 산업의 기반을 조성하고 경쟁력을 강화하여 국민생활의 향상과 국민경제의 건전한 발전에 이바지함을 목적으로 한다.

킬러 콘텐츠를 만든다

다른 것과 차별화할 수 있거나 다른 것에 큰 영향을 미칠 수 있는 콘텐츠를 킬러 콘텐츠라고 한다.

용어 사용 예

디자인을 고안하는 것도 중요하지만 콘텐츠로 차별화하지 않으면 안 된다.

관련 용어

(CMS)……P143 (HTML)……P157

매시업 mashup

복수의 정보를 조합해서 새로운 서비스를 생성

복수의 서비스를 조합해서 새로운 서비스로서 제공하는 것. 인터넷상에서는 검색과 날씨, 지도 등 많은 서비스가 제공되고 있지만 단독으로 사용하는 게 아니라 이들을 조합해서 제공할 수 있다면 보다 편리하게 사용할 수 있다. 예를 들면 지도와 노선 검색과 날씨를 조합해서 어느 장소로 이동하는 사람에게 날씨 정보를 함께 제공할 수 있다.

용어 관련 이야기

데이터를 준비할 필요가 없다

타 사업자 등이 제공하는 서비스를 이용하기 때문에 사전에 데이터를 준비할 필요가 없어 신속하게 새로운 서비스를 기동할 수 있다.

개발 기간을 단축할 수 있다

처음부터 개발하는 것은 대단한 수고가 따르지만 이미 제공되고 있는 것을 조합해서 사용하면 개발 기간을 단축할 수 있는 이점이 있다.

서비스 정지 리스크

일부 기능만이라도 제공처가 서비스를 멈추어 버리면 그 서비스를 사용하고 있는 것도 정지해 버리기 때문에 계약 내용이 중요하다.

용어 사용 예

이 서비스와 저 서비스를 매시업한다면 재미있을 거야!

관련 용어

오픈 데이터 ……P44

오픈 소스open source

소프트웨어의 소스 코드를 공개

소스 코드를 공개한 소프트웨어를 말한다. 일반적인 소프트웨어는 실행 파일만 배포되고 소스 코드는 공개되지 않지만 오픈 소스에서는 소스 코드를 공개함으로써 개발에 많은 프로그래머가 참여할 수 있어 더 좋은 소프트웨어로 개선을 기대할 수 있다. 다만 저작권은 관리되지 않기 때문에 라이선스에 따라서 이용해야 한다.

용어 관련 이야기

프리웨어와의 차이
프리웨어는 프리소프트웨어라고도 하며 무료로 제공되어 오픈 소스와 마찬가지로 사용할 수 있지만 소스 코드는 부속되지 않는 것이 일반적이다.

동작은 보증되어 있지 않다
오픈 소스 라이선스 체계의 대부분은 일정한 조건에서 사용과 복제, 수정, 재배포가 인정되지만 기본적으로 어느 라이선스라도 보증되지 않는다.

카피레프트copyleft의 개념
기본이 되는 소프트웨어의 저작권을 유지하고 개변한 경우도 자유롭게 이용, 재배포, 개변 등이 가능한 것을 보증하는 개념을 카피레프트라고 한다.

용어 사용 예

저 서버는 OS도 미들웨어도 오픈 소스로 구축되어 있다.

관련 용어

(저작권과 크리에이티브 커먼즈)……P78

스크래핑scraping

웹페이지에서 정보를 추출한다

웹페이지에 포함되는 데이터를 프로그램을 사용해서 자동으로 추출하는 것. 검색 엔진을 만드는 경우와 본문의 일부에서 데이터를 취출하고자 하는 경우 등 웹페이지의 HTML 데이터에서 태그와 메뉴 등을 제외하고 원하는 항목만을 추출하기 위해 사용된다. 한편 웹사이트를 자동으로 순회하는 것을 크롤링이라고 한다.

용어 관련 이야기

이용 규약에 주의

스크래핑을 단시간에 반복 수행하면 서버에 부하가 걸릴 가능성이 있다는 점에서 서비스에 따라서는 이용 규약으로 금지하는 경우가 있다.

HTML을 해석하는 파서parser

스크래핑으로 HTML에서 정보를 추출하기 위해서는 그 문서의 구조를 프로그램으로 자동으로 해석할 필요가 있고 그를 위한 툴에 파서가 있다.

프로그램에서 DOM을 조작

HTML 등의 문서를 프로그램에서 조작할 때 사용되는 기술에 DOM(문서 객체 모델)이 있고 파서로 해석한 내용에서 목구조를 생성해서 각 요소에 액세스할 수 있다.

용어 사용 예

매일 같은 사이트에서 정보를 수집하는 거라면 스크래핑하는 게 어때?

관련 용어

RPA……P15 검색 엔진과 크롤러……P88

FTP File Transfer Protocol와 SCP Secure Copy

안전하게 파일을 송수신한다

웹사이트를 공개하는 경우 등 수중의 컴퓨터로 작성한 파일을 서버 사이에서 송수신하기 위해 사용되는 프로토콜. 옛날부터 자주 사용되어 온 프로토콜에 FTP가 있고 렌탈 서버 등 많은 사업자가 대응했다. 최근에는 암호화에 대응한 통신 프로토콜인 SSH를 사용해서 파일을 전송하는 SCP가 많이 사용되고 있다.

*SSH(Secure Shell)
**VPS(Virtual private server)

용어 관련 이야기

FTPS와 SFTP의 사용

FTP에서는 송신하는 유저명과 패스워드가 암호화되지 않기 때문에 도난 리스크가 있었다. 최근에는 암호화 통신에 대응한 FTPS와 SFTP가 사용되고 있다.

익명으로 사용할 수 있는 FTP

파일을 서버상에 배치해서 불특정다수에게 배포·공유하는 경우 등 누구라도 FTP에서 파일을 전송할 수 있는 방법에 anonymous FTP가 있다.

SSH* 대응 서버의 증가

렌탈 서버뿐 아니라 클라우드 서비스와 VPS** 등 SSH를 사용할 수 있는 사외 서버가 보편화되면서 파일 전송에 SCP가 사용되는 상황도 늘고 있다.

용어 사용 예

웹사이트를 만들었다면 FTP나 SCP로 서버에 업로드해라.

관련 용어

렌탈 서버 …… P155 HTML …… P157 SSL/TLS …… P206

JPEG와 PNG

이미지 압축 기술

이미지의 파일 크기를 작게 하는 압축에 사용되는 파일 형식. JPEG는 사진 등을 압축하는 데 사용되는 압축 형식으로 원래대로 되돌릴 수 없는 비가역 압축이다. 보기에는 큰 변화 없이 파일 크기를 작게 할 수 있다. PNG는 일러스트와 로고 등에서 많이 사용하는 가역 압축 형식으로 웹에서 많이 사용된다.

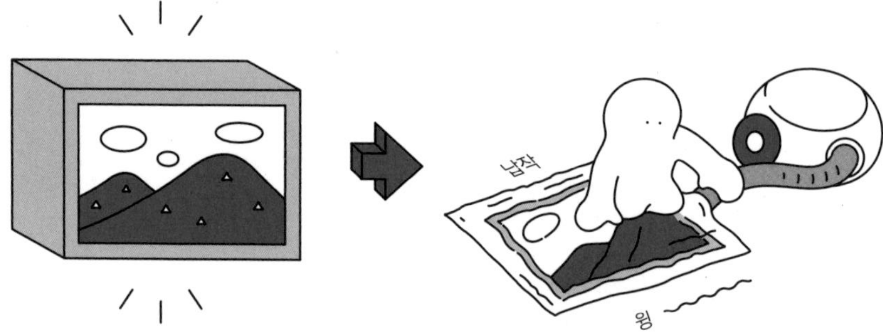

용어 관련 이야기

이미지 파일의 용량

이미지는 픽셀 단위에 색 정보가 필요하기 때문에 가로 폭×세로 폭×색 비트 수로 계산된다. 때문에 큰 이미지는 파일 크기도 커진다.

웹페이지의 이미지 크기

파일 크기가 큰 이미지를 웹페이지에서 공개하면 열람했을 때 이미지의 전송·표시에 시간이 걸리기 때문에 압축해서 크기를 작게 해야 한다.

디스크의 용량을 비운다

웹 등에서 공개하지 않아도 컴퓨터에 많은 이미지를 저장하면 하드디스크 등을 많이 점유하기 때문에 압축 효과는 크다.

용어 사용 예

같은 이미지라도 JPEG와 PNG를 사용하면 파일 크기가 작아진다.

관련 용어

가역 압축과 비가역 압축 ……P71 해상도와 화소, 픽셀 ……P81

OGP Open Graph Protocol

SNS 표시를 생각해서 웹페이지에서 수행하는 설정

웹페이지를 SNS에서 공유할 때 그 페이지의 개요를 전달하기 위한 프로토콜. 페이스북과 트위터 등에서 공유할 때 URL을 소개할 뿐 아니라 페이지의 타이틀과 설명문, 섬네일 이미지 등을 함께 표시해서 이용자에 대해 매력적인 표현이 가능하다. 웹페이지를 작성할 때 적절한 OGP의 설정은 필수라고 할 수 있다.

↓ 기사

OGP
~ SNS 시대의 웹사이트에 필수인 설정~

웹페이지를 SNS에서 공유할 때 그 페이지의 개요를 전달하기 위한 프로토콜. 페이스북과 트위터 등에서 공유할 때 URL을 소개할 뿐 아니라 그 페이지의 타이틀과 설명문, 섬네일 이미지 등을 함께 표시함으로써 이용자에 대해 매력적인 표현이 가능하다. 웹페이지를 작성할 때 적절한 OGP의 설정은 필수라고 할 수 있다.

OGP~페이지를 매력적으로 셰어하는 SNS 시대의 필수 설정~

용어 관련 이야기

OGP의 설정 방법

OGP는 각 페이지의 HTML 헤더 부분에 meta 태그를 사용해서 기술한다. 이미지 등을 적절한 장소에 배치해서 공개하기만 하면 설정할 수 있다.

SNS와의 차이

OGP에는 표준적인 설정뿐 아니라 각 SNS에서 독자의 속성이 준비되어 있다. 섬네일 형식이 다르기 때문에 최적인 이미지 크기 등이 다른 경우가 있다.

OGP가 갱신되지 않는 경우

SNS 측에서 OGP의 내용을 독자로 캐시하고 있는 경우 공유된 후에 사이트의 갱신 내용을 반영하기 위해서는 OGP 캐시의 클리어가 필요한 경우가 있다.

용어 사용 예

OGP가 설정되어 있지 않은 사이트라면 셰어하는 기분이 들지 않는다.

관련 용어

(URL과 URI)……P123 (소셜 미디어와 SNS)……P142 (HTML)……P157

패럴랙스 parallax

스크롤 시의 속도로 입체적으로 보이는 효과

시차 효과를 말하며 웹페이지를 스크롤했을 때 배경과 요소가 표시되는 속도에 차를 둠으로써 입체적으로 보여서 이용자의 주의를 끌기 쉽다는 특징이 있다. 다만 복수의 웹 브라우저에서 바르게 표시되는지 확인하는 것이 번거롭고 읽어들이는 데 시간이 걸린다는 단점도 있다.

용어 관련 이야기

카르셀과의 차이

패럴랙스가 세로 방향의 스크롤로 입체적인 표현을 하는 반면 캐러셀은 가로 방향으로 이미지 등을 슬라이드하면서 순차 표시한다.

스크롤 이펙트의 일종

화면을 스크롤했을 때 애니메이션 등의 효과를 표현하는 것을 스크롤 이펙트라고 하고 패럴랙스도 그 일종이라고 할 수 있다.

동영상 배경의 증가

스크롤 시의 움직임뿐 아니라 스크롤하지 않았을 때도 배경에 동영상을 삽입해 변화를 준 사이트가 늘고 있다.

용어 사용 예

패럴랙스는 멋지지만 만드는 게 만만치 않다.

관련 용어

(퍼스트 뷰)……P146

머티리얼 디자인material design 과 플랫 디자인flat design

디자인 트렌드

빛과 그림자, 깊이 등을 표현해서 입체적인 질감을 내고 조작에 반응해서 움직이는 것처럼 보이는 디자인을 머티리얼 디자인이라고 한다. 한편 장식을 최대한 심플하게 해서 평면적으로 보이는 디자인을 플랫 디자인이라고 한다. 색과 서체 등도 고려할 필요가 있다.

용어 관련 이야기

구글의 UX 디자인

머티리얼 디자인은 구글에서 제창한 디자인 수법으로 실 세계의 질감이나 조작과 일관성을 갖게 함으로써 편의성을 실현했다.

마이크로 인터랙션이란

머티리얼 디자인에서는 외관뿐 아니라 '이용자가 버튼을 눌렀다'는 조작에 대한 피드백을 표현하는 디자인도 요구되고 있다.

메트로 디자인 콘셉트

마이크로소프트의 Modern UI 등 Windows Phone 7과 Windows 8 등에 채용된 UI는 메트로 디자인이라고 불리며 플랫 디자인의 일종이었다.

용어 사용 예

머티리얼 디자인과 플랫 디자인 어느 쪽이 좋을까?

관련 용어

CSS ……P158 미니멀 디자인 ……P160

CDN Content Delivery Network

웹사이트의 전송 속도를 높이는 네트워크

많은 서버를 분산 배치해서 웹사이트에 액세스가 집중해도 문제 없도록 구성하는 것을 말한다. 대규모 사이트와 대용량 파일을 전송하면 서버에 부하가 걸리지만 CDN 서비스를 이용하면 과부하에 견딜 수 있는 환경을 저렴하게 준비할 수 있고 이용자도 고속으로 웹사이트를 표시할 수 있다.

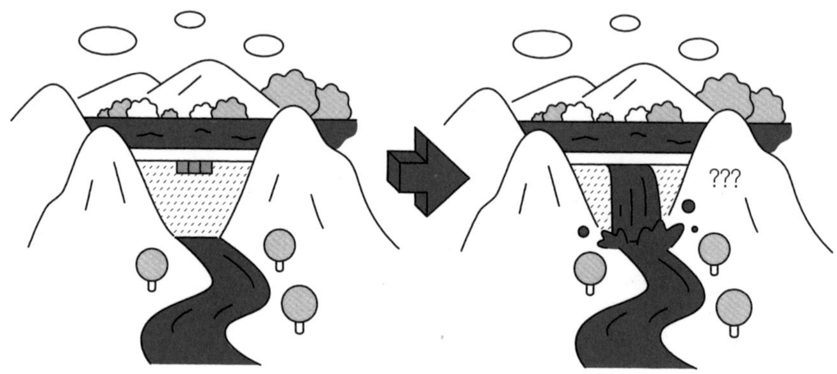

용어 관련 이야기

전송량 제한을 회피

렌탈 서버 등을 계약할 때 전송량에 제한이 있는 것이 많지만 CDN을 사용하면 서버의 부하뿐 아니라 전송량의 삭감에도 효과가 있다.

동적 콘텐츠의 위험성

로그인이 필요한 웹사이트 등 동적 콘텐츠를 CDN에서 캐싱하면 타 이용자가 로그인한 정보를 다른 사람이 열람할 가능성이 있다.

웹 프레임워크에서의 이용

jQuery와 Bootstrap 등 많은 JavaScript 라이브러리와 CSS 프레임워크가 CDN을 이용해서 전송하고 있으며 캐시에 의한 고속 읽어들이기가 가능하다.

용어 사용 예

이미지를 CDN에 배치했더니 웹 서버의 통신량이 크게 줄었다.

관련 용어

스트리밍 …… P36 부하 분산 …… P254

Column

21세기의 자원, 데이터 취급 용어를 알아두자

블로그와 SNS 등을 사용해서 누구나 손쉽게 정보를 전송할 수 있는 시대가 됐다. 가까이에 있는 사람에게만 말할 수 있었던 것을 인터넷을 통해서 멀리 떨어진 곳에 있는 사람이나 모르는 사람에게도 전할 수 있다.

정보 전송 수단도 다양해져서 개인이 전송할 수 있는 방법에는 아래와 같은 것을 들 수 있다.

- 블로그와 게시판 등 투고
- 렌탈 서버에서 홈페이지 개설
- 통합 사이트, 큐레이션 서비스에 투고
- 메일 매거진 전송
- 페이스북Facebook, 트위터Twitter 등의 SNS 게재
- 인스타그램Instagram 등의 사진 투고 서비스 투고
- 팟캐스트Podcast 등의 음성 전달 서비스에 배신
- 유튜브YouTube 등의 동영상 전송 서비스에 배신
- 슬랙Slack이나 디스코드Discord 등의 차트 서비스에 투고
- 동인지 출판

기술이 데이터 수집과 분석을 용이하게 했다

전문적인 툴이 없으면 어려웠던 음성과 동영상 전송 등이 손쉬워졌다. 스마트폰만으로 음성과 동영상의 녹음·녹화가 가능하며 이를 전송하는 플랫폼도 정비됐다. 그뿐 아니라 아웃풋에 대한 피드백도 간단하게 얻을 수 있는 것도 특징이다. 지금까지는 광고를 전송해도 그 효과를 측정하는 것이 어려웠다. 그러나 인터넷을 사용하면 행동을 분석할 수 있다.

Column

예를 들면 블로그 서비스에는 액세스 수를 해석하는 기능이 있으며 렌탈 서버의 대다수도 액세스 해석 툴을 갖추고 있다. 최근에는 구글이 무료로 제공하는 Google Analytics 등의 액세스 해석 서비스도 일반화됐다. 트위터 등의 SNS에서는 게시글을 얼마나 많은 사람이 봤는지, 얼마큼 클릭했는지 등을 확인하는 것도 가능하다.

노출 수	6,977
총 참여 횟수	286
미디어의 참여 횟수	187
프로필 클릭 수	29
좋아요	27
링크 클릭 수	18
리트윗	16
상세 클릭 수	9

이처럼 누구나 손쉽게 정보를 전송할 수 있게 됐을 뿐 아니라 데이터를 수집할 수 있게 된 것도 특징일 것이다. **19세기의 석탄, 20세기의 석유와 비교해서 21세기의 자원은 데이터라고 하는데** 데이터 수집뿐 아니라 분석을 위해서는 통계 등의 수학 지식 외에도 IT 지식이 필수이다.

본문에 등장한 컨버전이나 임프레션, 페이지 뷰 이외에도 분석에 사용할 수 있는 데이터 항목이 잇따라 등장하므로 최신 용어를 익혀두기 바란다.

제 5 장

사이버 공격에 맞서는 시큐리티 용어

Keyword 157~192

해커hacker 와 크래커cracker

컴퓨터와 네트워크 지식을 가진 사람

보통은 공격자를 해커라고 한다. 다만 일반적으로 컴퓨터와 네트워크에 상세한 지식을 가진 사람을 해커, 선의의 목적을 위해 기술을 사용하는 사람을 화이트해커라고 하며 공격자는 크래커라고 하기도 한다. 다른 공격자가 만든 툴 등을 사용해서 공격만 하는 사람을 스크립트 키디script kiddie라고 하는 일도 있다.

용어 관련 이야기

긱geek과의 차이

컴퓨터 등에 깊은 지식이 있는 오타쿠와 같은 사람을 긱이라고 하기도 하지만 일반적으로 해커와 크래커보다 좋은 의미로 사용된다.

일반화하는 라이프 핵life hack

일상생활을 더욱 쉽고 효율적으로 만드는 도구나 기술을 라이프 핵이라고 하고 프로그래머가 사용하는 효과적인 해결책(노하우)을 가리킨다.

CTF 등의 콘테스트

시큐리티 기술력을 경쟁하는 대회에 CTF(Capture The Flag, 해킹 대회)가 있고 해커 콘테스트 또는 해커 대회라고 불린다. 교육 목적으로도 사용된다.

용어 사용 예

최근에는 해커와 크래커를 구별해서 사용하는 일도 늘고 있다.

관련 용어

취약성과 시큐리티 홀 …… P196 제로데이 공격 …… P197

멀웨어malware와 바이러스virus, 웜worm

다른 프로그램에 감염된다

악의 있는 소프트웨어를 총칭해서 멀웨어라고 한다. 멀웨어에는 다른 프로그램에 기생해서 동작하는 바이러스와 단독으로 자기 증식하는 웜, 정상 프로그램인 것처럼 위장해서 자기 증식은 하지 않는 트로이 목마, 정보를 훔쳐내는 스파이웨어 등이 있다.

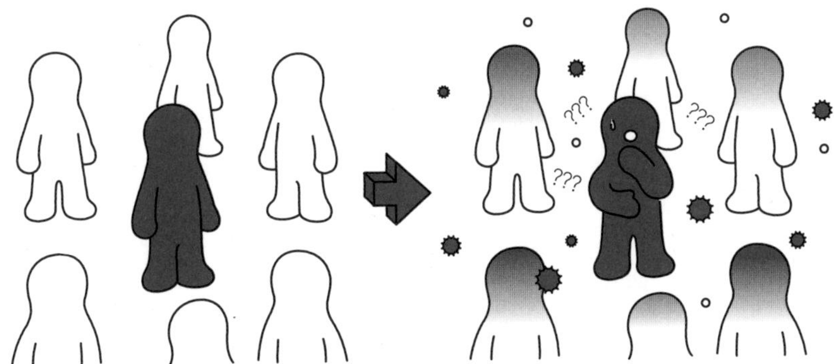

용어 관련 이야기

바이러스를 소지하고 있는 것만으로도 죄?

바이러스 작성 죄는 정당한 이유 없는 바이러스 작성과 제공뿐 아니라 악용할 목적으로 취득 또는 보관해도 처벌을 받는다.

매크로 바이러스의 존재

단독으로 움직이는 바이러스뿐 아니라 워드나 엑셀의 매크로 기능을 악용해서 피해를 주는 처리를 실행하는 매크로 바이러스도 존재한다.

검색 네트워크

사외에서 PC를 반입하는 경우 바이러스에 감염되어 있으면 사내에 확산될 가능성이 있기 때문에 일시적으로 접속시켜 조사하는 네트워크에 검역 네트워크가 있다.

용어 사용 예

멀웨어와 웜보다는 비이러스라고 하면 쉽게 이해된다.

관련 용어

패턴 파일과 샌드박스 ······P182

패턴 파일pattern file 과 샌드박스sandbox

바이러스 대책에 필수 기술

기존의 바이러스 특징을 정리한 파일을 패턴 바이러스라고 한다. 바이러스 대책 소프트웨어는 패턴 파일과 비교해서 바이러스를 검지하고 경고와 삭제를 한다. 바이러스와 같이 움직이는 프로그램을 찾아내기 위해 샌드박스라는 가상적인 환경을 마련하고 있는 소프트웨어도 있다.

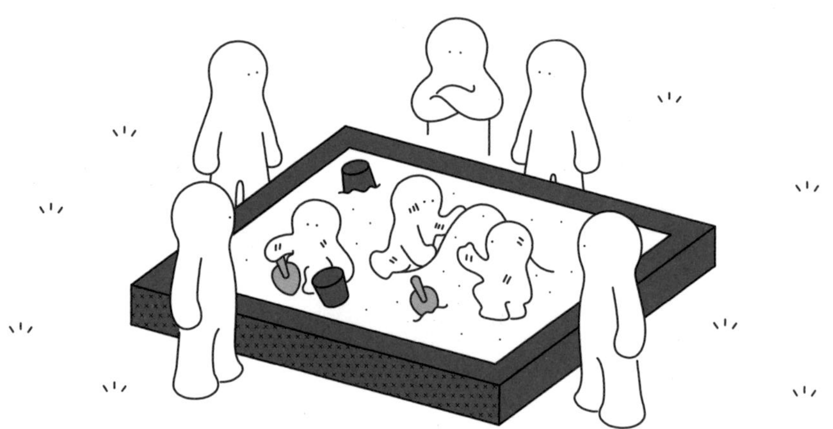

용어 관련 이야기

패턴 파일의 갱신

이미 알려진 바이러스의 특징을 수집한 패턴 파일은 매일 정보가 추가되며 새로운 바이러스에 대응하기 위해서는 파일의 갱신이 필수이다.

행동 검지에 의한 발견

신종 바이러스를 발견하기 위해 실제로 프로그램을 실행해서 그 동작을 확인하는 행동 검지라는 기능이 사용되는 일이 증가하고 있다.

인터넷상의 덫

패턴 파일을 작성하기 위해서는 바이러스를 수집할 필요가 있고 인터넷상에는 허니팟honey pot이라 불리는 덫이 설치되어 있다.

용어 사용 예

패턴 파일의 갱신은 필수이지만 샌드박스 기능도 필요하다.

관련 용어

멀웨어와 바이러스, 웜 ······P181

스팸 메일 spam mail

대량으로 송신되는 스팸 메일

수신자의 의사를 무시하고 송신되는 메일을 정크 메일 또는 스팸 메일이라고 한다. 어떤 방법으로 수집한 메일 주소와 무작위로 작성한 메일 주소에 일괄로 송신한다. 특정 기업을 노린 공격은 전문가라도 판단이 어렵고 바이러스에 감염을 목적으로 한 것도 있다.

용어 관련 이야기

스팸 메일로부터의 감염

메일에 첨부된 파일을 열면 바이러스에 감염될 뿐 아니라 메일 본문에 적힌 URL을 클릭하면 바이러스에 감염되는 일도 있다.

대량의 메일 폭탄

메일 박스의 용량을 다 써 버릴 정도의 대량 메일을 송신하는 스팸 메일을 메일 폭탄이라고 하고 시스템을 다운시키는 문제도 있다.

옵트인과 옵트아웃

스팸 메일 대책에는 수신 거부를 통지하면 재송신을 금지하는 옵트아웃 방식 외에 사전에 동의를 얻은 경우에만 송신할 수 있는 옵트인 방식이 채용되고 있다.

용어 사용 예

메일 주소를 알려주지 않았는데 어떻게 스팸 메일이 전송될까?

관련 용어

SMTP와 POP, IMAP……P87

스파이웨어spyware 와 키 로거key logger

소중한 정보를 외부로 송신한다

ID와 패스워드, 컴퓨터 안에 저장되어 있는 사진 등을 멋대로 외부로 송신하는 소프트웨어를 스파이웨어라고 한다. 무료 게임이나 툴을 설치할 때 함께 설치되어 깨닫지 못하는 사이에 침입했을 가능성이 있다. 또한 이용자가 컴퓨터에 입력한 키 조작을 감시·기록하는 소프트웨어를 키 로거라고 한다.

용어 관련 이야기

광고를 표시하는 애드웨어

이용자의 허락을 얻지 않고 잠입하는 것을 스파이웨어라고 할 뿐 아니라 외부로 정보를 송신하지 않고 광고만 표시하는 애드웨어도 포함하는 일이 많다.

바이러스와의 차이

스파이웨어가 멀웨어나 바이러스와 다른 점은 감염 활동을 하지 않는 것을 들 수 있으며 한 대의 컴퓨터에 잠복해서 정보 수집에 특화하고 있다.

사용 허락 계약서를 읽는다

소프트웨어 도입 시에 사용 허락 계약서의 동의를 요구해도 읽지 않는 이용자가 많은데, 이것이 스파이웨어 등이 잠입하는 요인이라고도 생각할 수 있다.

용어 사용 예

이전의 소프트웨어는 어쩌면 스파이웨어나 키 로거였을까?

관련 용어

멀웨어와 바이러스, 웜 …… P181

랜섬웨어 ransomware

대금을 요구하는 바이러스

컴퓨터 안에 있는 파일을 마음대로 암호화하거나 특정 제한을 걸어서 원래대로 돌아가려면 금전을 지불하라고 요구하는 바이러스를 랜섬웨어라고 한다. 다만 대금을 지불해도 원래대로 돌아간다는 보증은 없다. 취약성을 이용해서 침입하는 것과 스팸 메일로 잠입하는 것 등이 있다.

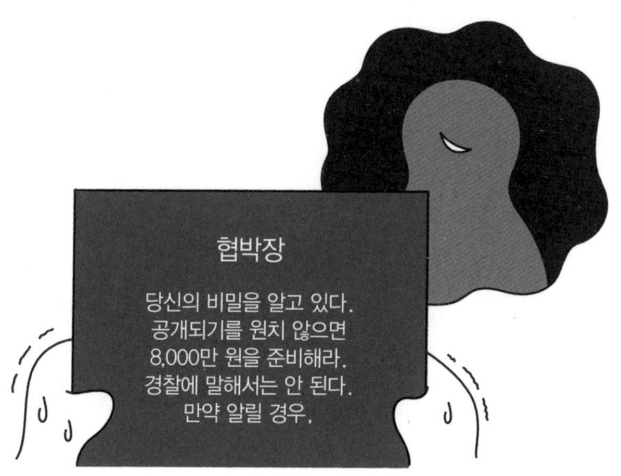

용어 관련 이야기

비트코인 지불

송금 수수료가 저렴할 뿐 아니라 익명 거래가 가능하기 때문에 저비용·저리스크의 대금 수수에 비트코인이 사용되고 있다.

백업이 중요

대금을 지불하지 않고 데이터를 원 상태로 되돌리기 위해서는 정기적으로 백업을 하는 것이 중요하다.

파일 복원 소프트웨어의 사용

백업이 존재하지 않는 경우에도 시큐리티 벤더가 제공하는 복원 툴과 OS가 갖춰진 복원 소프트웨어를 사용해서 원 상태로 되돌릴 수 있다.

용어 사용 예

링크를 클릭하기만 했는데 랜섬웨어에 감염돼 버렸다.

관련 용어

멀웨어와 바이러스, 웜 ······ P181

표적형 공격

특정 조직을 노리는 공격

특정 조직을 노리고 그 조직에서 자주 사용할 것으로 생각되는 메일을 주고받아 신뢰하게 만드는 수법을 표적형 공격이라고 한다. 최근에는 바이러스 대책 소프트웨어의 정확도가 높아지고 도입이 당연시 된 점도 있어 바이러스 대책 소프트웨어로 검지할 수 없는 새로운 바이러스가 등장하여 알아차리는 것이 어려운 일이 많다.

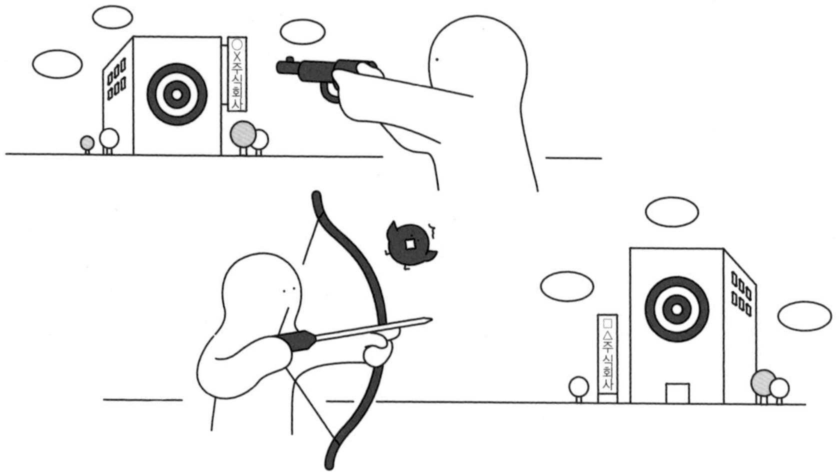

용어 관련 이야기

신뢰하게 만드는 수법

표적형 공격에서는 실재하는 조직이나 개인의 이름을 사칭해서 수신자에게 신뢰감을 주는 교묘한 수법이 이용되고 있다.

중소기업도 노린다

대기업만 표적이 될 것 같지만 중소기업을 공격해서 발판으로 삼는 경우도 있기 때문에 기업의 규모에 관계없이 대책이 필요하다.

방지하는 것이 어려운 APT 공격

표적형 공격은 해외에서는 APT 공격이라고 불리며 고도의 공격 수법을 바꾸면서 반복하는 것이 특징이고 미연에 방지하는 것은 어렵다.

용어 사용 예

표적형 공격의 메일은 내용도 이상하지 않기 때문에 판단이 어렵다.

관련 용어

(사이버 범죄)……P194 (제로데이 공격)……P197

DoS Denial of Service 공격

과부하 상태를 만들어낸다

일시적으로 대량의 통신을 발생시켜 대상 네트워크를 마비시키는 공격을 DoS 공격이나 서비스 거부 공격이라고 한다. 장난 전화가 많이 걸려와서 필요한 전화를 받을 수 없는 상태와 비슷하다. DoS 공격은 한 대의 컴퓨터로 공격하지만 여러 대의 컴퓨터가 한 대의 컴퓨터를 공격하는 것을 DDoS Distributed DoS 공격이라고 한다.

용어 관련 이야기

DoS 공격은 판단이 어렵다

시스템에 따라서 평소 부하는 다르기 때문에 정상적인 통신과 같은 수법으로 부하만 높아진 경우 어느 레벨을 공격이라고 판단해야 할지 어렵다.

저렴한 공격 툴의 등장

DoS 공격에는 많은 PC가 필요하다고 생각하는데, 이미 탈취된 PC를 조작할 수 있는 툴도 등장해서 간단하게 공격할 수 있는 상황이 정비되고 있다.

웹 브라우저의 F5 공격

웹 브라우저에서 페이지를 재열람할 때 F5 키를 누르는 것을 악용해서 몇 번이고 F5를 눌러 서버에 부하를 가하는 것을 F5 공격이라고 한다.

용어 사용 예

서버가 DoS 공격을 받아 다운됐는데 어떻게 하지?

관련 용어

(사이버 범죄)……P194 (부정 액세스)……P195

무차별 대입 공격과 패스워드 리스트 공격

패스워드를 노린다

로그인 ID를 고정하고 패스워드를 순서대로 시도하는 공격을 무차별 대입 공격brute-force attack이라고 한다. 또한 같은 패스워드를 돌려서 사용하는 사람을 노리고 입수한 로그인 ID와 패스워드 리스트로 부정 로그인을 하는 공격을 패스워드 리스트 공격이라고 한다.

용어 관련 이야기

무차별 공격의 예

패스워드가 4자리 숫자라면 0000, 0001, 0002,…와 같이 순서대로 시도하면 바른 패스워드와 일치한 시점에서 로그인할 수 있다.

무차별 공격의 대책

같은 ID로 연속 로그인을 시도하는 것을 방지하기 위해 연속해서 로그인에 실패한 경우는 그 계정을 잠그는 등의 대책이 이용된다.

패스워드를 고정하는 공격

같은 ID 로그인 실패로 잠금되는 것을 방지하는 대책에 대해 같은 패스워드로 다른 ID를 순서대로 시도하는 리버스 브루트 포스reverse brute force 공격이 이용되는 경우가 있다.

용어 사용 예

무차별 대입 공격이냐 패스워드 리스트 공격이냐에 따라 대책이 다르다.

관련 용어

2요소 인증과 2단계 인증 …… P190

소셜 엔지니어링 social engineering

인간의 약점을 노린다

컴퓨터와 네트워크 기술을 사용하지 않고 ID와 패스워드를 물리적인 수단으로 획득하는 행위를 소셜 엔지니어링이라고 한다. 인간의 심리적인 허점을 노린 수법으로 기술적인 대책을 세우기보다 직원을 대상으로 철저히 교육하는 등의 대책이 필요하다.

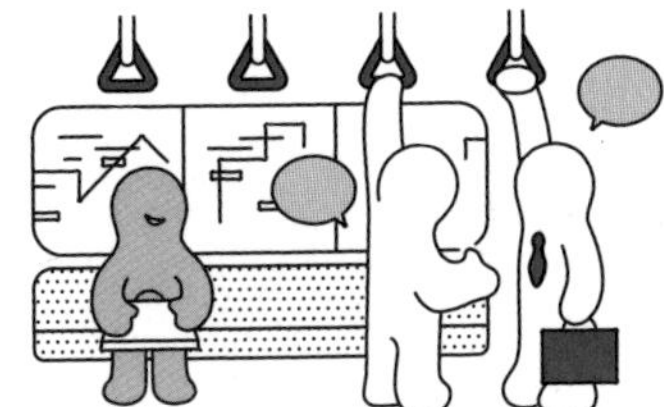

용어 관련 이야기

어깨 너머로 들여다본다

패스워드를 입력하고 있는 장면을 어깨 너머로 들여다보는 수법을 숄더 해킹이라고 한다. 주위에 사람이 없는지를 확인할 필요가 있다.

쓰레기통을 뒤진다

패스워드와 인증 정보 등을 쓰레기통에 버린 것을 남이 뒤져서 정보를 훔치는 수법을 트래싱이라고 한다.

전화로 패스워드를 캐낸다

관리자인 척하고 직원에게 전화를 걸어 ID와 패스워드를 캐내는 수법이다. 긴급하다는 말을 들으면 별 의심 없이 대답하는 이용자가 많다.

용어 사용 예

소셜 엔지니어링은 옛날부터 있는 수법이다.

관련 용어

위장……P192

2요소 인증과 2단계 인증

패스워드가 알려져도 부정 로그인하지 못한다

ID와 패스워드가 입력됐을 때 스마트폰 등에 인증 코드를 전송하여 추가로 입력하도록 하는 방법을 2단계 인증이라고 한다. 또한 ID와 패스워드 등의 기억 정보, 지문과 홍채 등의 생체 정보, ID 카드 등의 소지 정보를 두 가지 조합하는 방법을 2요소 인증이라고 한다.

용어 관련 이야기

생체 정보의 예

인간의 신체 특징과 행동 특징인 생체 정보를 사용한 인증 방법을 생체 인증이라고 하고 지문과 정맥, 얼굴, 홍채, 필적 등이 주로 사용된다.

원타임 패스워드

One-Time Password(OTP)

ID와 패스워드에 추가해서 1회에 한정된 일회용 패스워드를 사용하는 방법을 원타임 패스워드라고 하며 피싱 사기와 부정 이용 방지에 사용된다.

해외 사용 시 주의사항

스마트폰 SMS에 의한 2단계 인증을 사용한 경우 국내에서는 문제 없어도 해외에서는 SMS를 받지 못해 인증이 불가능할 수 있기 때문에 주의가 필요하다.

용어 사용 예

2요소 인증과 2단계 인증을 사용하면 패스워드 리스트 공격에도 안심이다.

관련 용어

무차별 대입 공격과 패스워드 리스트 공격 …… P188 인증과 인가 …… P199

싱글 사인온 single sign on

인증 정보를 계승한다

어느 서비스에서 로그인한 인증 정보를 타 서비스에서도 사용할 수 있도록 사전에 설정해 둠으로써 매번 로그인하지 않아도 되는 싱글 사인온이 있다. 서비스와 애플리케이션별로 ID와 패스워드를 기억할 필요가 없고 어느 한 서비스에서 로그인한 정보를 사용할 수 있기 때문에 인증 횟수를 줄일 수 있다.

*SAML(Security Assertion Markup Language)

용어 관련 이야기

싱글 사이온의 결점

한 번 인증하면 타 서비스에서도 사용할 수 있지만 만약 한 곳의 ID와 패스워드가 누설되면 타 서비스에도 로그인돼 버릴 가능성이 있다.

많은 서비스에서 사용할 수 있는 OAuth

복수의 웹 서비스에서 계정을 연동할 때 일부 정보에만 액세스 권한을 허가하는 방법으로 OAuth가 많이 사용되고 있다.

표준 규격의 SAML*

싱글 사이온에서 사용되는 인증 정보 등을 XML 형식의 문서로 교환하기 위한 서식과 프로토콜을 결정한 표준 규격에 SAML이 있다.

용어 사용 예

최근 SNS의 인증 기능을 사용한 싱글 사이온이 늘고 있다.

관련 용어

소셜 미디어와 SNS ······P142 인증과 인가 ······P199

위장

다른 이용자로 위장하여 활동한다

다른 사람을 가장하여 활동하는 것을 위장이라고 한다. 블로그와 SNS, 쇼핑 사이트 등의 서비스를 이용할 때 ID와 패스워드가 누설되면 본인 이외에도 서비스에 로그인할 수 있다. 인터넷 뱅킹의 부정 송금과 쇼핑 사이트의 구입 등이 발생하면 금전적인 피해도 입을 수 있다.

용어 관련 이야기

피싱 사기

목표 대상에게 메일 등의 수단으로 본래 사이트와 유사한 가짜 사이트로 유도해서 ID와 패스워드를 훔쳐내는 수법에 피싱 사기가 있다.

SNS에서의 위장

본인이 계정을 만들지 않은 SNS에서 멋대로 본인의 이름으로 계정을 작성하는 경우가 있고 예능인 등의 유명인이 도용되는 경우가 많다.

IP 주소를 위장한다

특정 IP 주소에서만 접속할 수 있는 서비스에 IP 주소를 위장해서 접속함으로써 제한을 우회하는 방법을 IP 스푸핑spoofing이라고 한다.

용어 사용 예

위장을 알아차리려면 어떻게 하면 될까?

관련 용어

소셜 엔지니어링 ……P189 익명성 ……P193

익명성

신분을 감추고 행동한다

인터넷 등에서 게시 내용으로 인해 본인이 불이익을 받지 않기 위해 게시자의 신분을 감추는 것을 익명성이라고 한다. 많은 웹사이트는 익명으로 이용할 수 있기 때문에 내용을 봐도 누가 게시했는지 판단할 수 없는 것이 일반적이지만 접속한 프로바이더 등에 의해서 계약자의 정보를 특정할 수 있다.

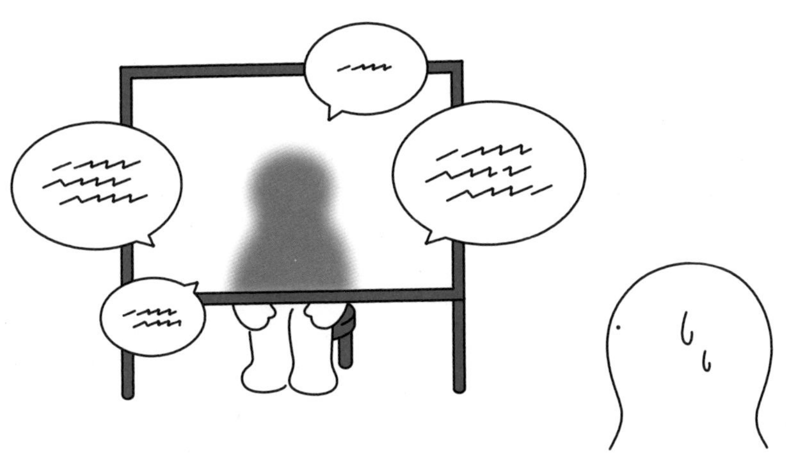

용어 관련 이야기

익명에 의한 정보의 신뢰성

실명보다는 익명으로 하면 글을 자유롭게 올리지만 게시 내용에 책임을 지지 않는 일이 많아 신뢰성이 떨어지는 경우도 있다.

접속 경로를 익명화하는 Tor

열람한 웹사이트 관리자에게 IP 주소를 감출 목적으로 접속 경로를 익명화하는 방법에 토Tor 등이 있지만 통신 내용이 비닉화되어 있는 것은 아니다.

데이터 분석 시의 익명화

기업이 소유하는 고객 데이터 등에서 개인을 특정할 수 없도록 가공하는 것을 익명화라고 하며 k-익명화 등의 수법이 이용되고 있다.

용어 사용 예

인터넷에서는 익명성이 확보되어 있다고 할 수 없다.

관련 용어

(프록시 서버)……P127 (위장)……P192 (사이버 범죄)……P194

사이버 범죄

매년 증가하는 네트워크 범죄

인터넷에서 이루어지는 범죄를 총칭해서 사이버 범죄라고 하며 개찬과 부정 송금, 부정 액세스 등 고도의 기술이 필요한 범죄뿐 아니라 각성제나 약물 판매와 저작권법 위반 등 컴퓨터를 사용하지 않아도 되는 범죄가 온라인에서 이루어지는 것도 포함된다. 익명성이 높고 불특정다수에게 피해를 미친다는 특징이 있다.

용어 관련 이야기

사이버 범죄 관련 법률

일본은 정보 시큐리티 전략의 일환으로 공격에 대비한 체제 강화와 시큐리티 인재 육성 등이 사이버 시큐리티 기본법에 명문화되어 있다.

원격 조작 멀웨어 사건

2012년 일본에서 발생한 원격 조작 멀웨어 사건에서는 멀웨어에 감염된 컴퓨터에 부정한 지령을 보내서 원격 조작하고 게시판에 범행 예고를 게시했다.

다층 방어의 개념

바이러스 대책과 방화벽만으로는 침입과 정보 누설을 완전하게 방지할 수 없기 때문에 여러 대책을 조합한 다층 방어가 요구되고 있다.

용어 사용 예

사이버 범죄는 무슨 일이 일어나고 있는지 보이지 않는 것이 특징이다.

관련 용어

(표적형 공격)……P186 (익명성)……P193 (부정 액세스)……P195

부정 액세스

네트워크를 통해 공격한다

인터넷과 LAN 등의 네트워크를 통해 타인의 컴퓨터 등에 부정하게 액세스한 경우에 처벌 대상이 되는 공격에 부정 액세스가 있다. 위장과 같이 부정한 방법으로 입수한 타인의 ID와 패스워드를 사용해서 로그인하는 행위가 해당하며 피해가 발생하지 않아도 타인의 ID와 패스워드를 사용해서 부정 액세스를 한 순간 범죄가 성립된다.

용어 관련 이야기

관리자에게 요구되는 의무

일본의 부정 액세스 금지법에서는 부정 액세스 행위에 대한 처벌뿐 아니라 서버 관리자에게도 부정 액세스 방지 노력을 의무화하고 있다.

포토스캔으로 체크

네트워크에 접속하고 있는 기기의 각 포트의 액세스 가부를 체크하고 정보 수집하는 방법에 포토스캔이 있고 공격의 전략을 세우기 위해 사용된다.

대상 외의 행위

부정 액세스는 네트워크를 경유한 행위를 가리키기 때문에 컴퓨터의 키보드를 직접 조작해서 무단으로 사용하는 행위는 해당하지 않는다.

용어 사용 예

취약성을 발견해도 멋대로 공격하면 부정 액세스가 된다.

관련 용어

(사이버 범죄)……P194 (방화벽)……P212

취약성과 시큐리티 홀

공격자가 노리는 오류

정보 보안상 결함이 있는 것을 취약성이라고 하고 하드웨어와 소프트웨어뿐 아니라 인간과 업무 프로세스에 대해서도 사용된다. 또한 취약성의 일부를 시큐리티 홀이라고 하는 일도 있다. 취약성이 존재해도 통상의 사용 방법으로는 문제없이 이용할 수 있다.

용어 관련 이야기

수정 프로그램을 적용한다

취약성이 발견되면 개발자가 문제를 수정한 수정 프로그램(보안 패치)을 제공하기 때문에 이것을 신속하게 적용할 필요가 있다.

취약성 대응

일본에서는 소프트웨어와 웹사이트에 취약성이 존재하는 것을 발견했을 경우는 접수 기관인 IPA(정보처리추진기관)에 보고해야 한다.

두 번째 공격을 쉽게 한다

공격자가 침입에 성공한 경우 차회 이후의 침입을 간단하게 하기 위해 백도어backdoor라는 소프트웨어를 공격자가 설치했을 가능성이 있다.

용어 사용 예

시큐리티 홀이라는 단어는 소프트웨어의 취약성에 사용된다.

관련 용어

(해커와 크래커)……P180 (버그와 디버그)……P232

제로데이 공격

수정되기 전에만 성립하는 공격

취약성이 발견되고 나서 수정 프로그램이 제공되기까지 일어나는 공격을 제로데이 공격이라고 한다. 소프트웨어 개발자는 취약성이 없도록 조사·대응하고 있지만 모든 것을 발견하는 것은 어려우며 공격자에 따라서 먼저 발견되면 제로데이 공격이 이루어진다. 수정 프로그램이 제공되는 날을 1일째라고 생각했을 때 그 전날 이전을 의미한다.

용어 관련 이야기

공개 전 취약성 진단

웹 애플리케이션과 소프트웨어를 개발한 경우 시큐리티 담당자가 취약성 유무를 체크하는 취약성 진단을 하는 것이 필수이다.

취약성 발견자에게 보상금 지급

제로데이 공격의 가능성을 낮추기 위해 사외 전문가에게 취약성의 발견을 의뢰하고 발견자에게 보상금을 지불하는 제도를 도입하고 있는 기업이 늘고 있다.

취약성 정보의 수집

제로데이 공격을 방지하는 것은 어렵더라도 어떤 취약성이 발견되었는지 정보를 수집해 두는 것은 중요하다.

용어 사용 예

제로데이 공격을 방지하지 못하더라도 항상 최신 정보 수집이 필요하다.

관련 용어

(해커와 크래커)……P180 (취약성과 시큐리티 홀)……P176

ISP Internet Service Provider

인터넷 접속에 필수인 조직

인터넷에 접속하는 서비스를 제공하는 사업자를 ISP 또는 프로바이더라고 한다. 인터넷을 이용하기 위해서는 ISP 이외에 회선 사업자와 계약할 필요가 있다. 많은 프로바이더는 접속 서비스뿐 아니라 전자메일 주소 부여와 홈페이지를 개설할 수 있는 웹 서버 영역 등 회원용으로 다양한 서비스를 제공하고 있다.

용어 관련 이야기

회선 사업자와의 차이

회선 사업자가 광 파이버와 케이블 TV 등의 물리적 회선을 제공하는 반면 ISP는 접속 서비스를 제공한다.

프로바이더 책임 제한법

게시물을 멋대로 삭제하면 게시자로부터 소송당하거나 반대로 방치하면 피해자로부터 소송당하는 리스크로부터 ISP의 책임을 한정하는 프로바이더 책임 제한법(일본)이 있다.

작성자 정보의 개시

게시판 등에 부적절한 게시물이 있는 경우 경찰의 요구가 있으면 발신자의 IP 주소 정보를 ISP가 공개할 수 있어 개인을 특정할 수 있다.

용어 사용 예

같은 회선이라도 프로바이더를 바꾸면 통신 속도가 변한다.

관련 용어

(로밍)……P34 (베스트 에포트)……P35 (인터넷과 인트라넷)……P51

인증과 인가

본인 인증에 추가해서 필요한 허가

특정 개인이 허가된 이용자인지를 식별하는 방법을 인증이라고 하고 판단하는 방법으로는 ID와 패스워드가 많이 이용된다. 또한 인증된 이용자의 액세스권을 제어하고 이용자에게 맞는 권한을 제공하는 것을 인가라고 한다. 부여되는 내용은 수정이 가능한 권한뿐 아니라 참고만 가능한 권한 등이 있다.

용어 관련 이야기

식별과의 차이

액세스를 제어하는 경우 식별→인증→인가의 단계를 거친다. 식별은 각 이용자에게 ID를 할당하는 것을 의미하며 사원번호와 메일 주소 등이 사용된다.

평소의 액세스를 판정

이용자의 IP 주소 등을 사용하여 평소와 다른 장소에서 액세스된 경우에 통지하거나 추가로 패스워드 입력을 요구하는 수법에 리스크 베이스 인증이 있다.

기계적 로그인을 방지한다

컴퓨터를 악용한 기계적 로그인과 게시를 방지하기 위해 캡차CAPTCHA(자동 계정 생성 방지 기술)라는 이미지를 사용해서 인간에 의한 조작을 인증하는 방식이 자주 사용된다.

용어 사용 예

본인 인증을 마쳐도 인가되지 않는 경우가 있다.

관련 용어

2요소 인증과 2단계 인증 …… P190 액세스권 …… P200

액세스권

사람에 따라서 액세스할 수 있는 범위를 결정한다

특정 사람에게 한해서 주어지는 파일과 데이터베이스 등에 액세스할 수 있는 권리를 액세스권이라고 한다. 이용자와 부서를 상대로 설정하는 일이 많고 필요최소한의 권한만 부여하는 것을 최소 특권 정책이라고 한다. 보통은 일반 사용자의 권한으로 업무를 하고 관리자로서 업무가 필요한 경우에만 일시적으로 권한을 부여하는 대응 방식을 생각할 수 있다.

용어 관련 이야기

강력한 권한을 가리키는 특권

시스템의 정지와 변경 등 매우 강력한 권한을 특권이나 관리자 권한이라고 한다. 악용되면 중대한 문제가 생길 우려가 있기 때문에 필요 시에만 사용한다.

소유권과의 차이

소유자는 이름대로 그 파일과 폴더를 소유하고 있는 권리로 보통은 작성한 사람에게 주어지는 데 대해 액세스권은 소유자 외의 자가 사용할 권리를 가리킨다.

퍼미션의 설정

읽기, 쓰기, 실행 등의 액세스권을 퍼미션이라고 하며 UNIX계 OS에서는 파일과 폴더별로 유저와 그룹에 대해 설정할 수 있다.

용어 사용 예

인사 이동으로 부서가 바뀌면 액세스권을 부여해 주기 바란다.

관련 용어

(인증과 인가)……P199 (시스템 감사와 시큐리티 감사)……P214

암호화와 복호화

도청돼도 내용을 알 수 없게 한다

누구나 읽을 수 있는 일반 문장을 평문이라고 하며 타인이 보면 안 되는 경우에 사용되는 보통은 봐도 의미를 알 수 없는 문장을 암호문이라고 한다. 평문에서 암호문을 작성하는 것을 암호화라고 하고 암호문에서 평문으로 되돌리는 것을 복호화라고 한다. 통신 상대에게 데이터를 건넬 때 중간 경로에서 도청돼도 내용을 알 수 없도록 암호가 사용된다.

용어 관련 이야기

제3자가 암호를 읽어낸다

암호를 이용해서 통신을 하는 당사자 이외의 사람이 추측한 키로 암호문을 복호화해서 평문으로 되돌리거나 평문으로 되돌리기 위한 키를 찾는 것을 해독이라고 한다.

고전 암호의 대표 예

오래전부터 이용된 고전 암호로서 평문의 문자에 별도 문자를 할당할 수 있는 환자식(대체) 암호와 평문의 문자를 교체하는 전치식 암호 등이 알려져 있다.

현대 암호의 특징

고전 암호는 변환 룰을 알면 간단하게 해독할 수 있지만 변환 룰이 알려져도 키만 모르면 안전한 것을 현대 암호라고 한다.

용어 사용 예

파일이 암호화되어 있는데 어떻게 복호할 수 있을까?

관련 용어

(하이브리드 암호)······P202 (전자서명)······P204 (증명서)······P205 (SSL/TLS)······P206

하이브리드 암호

대칭 키 암호와 공개 키 암호의 조합

대칭 키 암호와 공개 키 암호 각각의 장점을 활용해 단점을 보완하는 방법에 하이브리드 암호가 있다. 실제로 송수신하는 큰 데이터의 암호화에 대칭 키 암호를, 대칭 키 암호에서 사용하는 키 네트워크를 경유하여 교환과 인증용 데이터 수수에 공개 키 암호를, 송수신한 데이터의 완전성 확인에 해시를 사용하고 있다.

용어 관련 이야기

대칭 키 암호의 특징

대칭 키 암호는 암호화와 복호화에 하나의 키를 사용하는 방법으로 고속으로 처리할 수 있지만 어떻게 해서 상대에게 키를 건넬지, 사람이 늘면 키의 수도 는다는 문제가 있다.

공개 키 암호의 이점

공개 키 암호는 암호화와 복호에 다른 키를 사용하므로 키 쌍을 준비하기만 하면 되므로 통신 상대가 늘어도 키는 늘지 않고 쉽게 키를 상대에게 건넬 수도 있다.

공개 키 암호의 단점

공개 키 암호는 대칭 키 암호와 비교해서 계산이 복잡하기 때문에 부하가 높아 큰 파일의 암호화에는 적합하지 않다. 또한 인증국과 증명서가 필요하다.

용어 사용 예

하이브리드 암호는 공개 키 암호와 대칭 키 암호의 좋은 점을 취했다.

관련 용어

(암호화와 복호)……P201 (증명서)……P205 (SSL/TLS)……P206

해시 hash

무결성 검증에 사용된다

입력된 값에서 계산해서 적당한 값을 되돌리는 함수 중 '역방향의 계산이 어렵다', '입력 값이 조금 변경되면 얻을 수 있는 값이 크게 바뀐다', '같은 입력에서는 같은 값을 얻을 수 있다'는 특징을 가진 것을 해시 함수라고 하며 얻을 수 있는 값을 해시값이라고 한다. 이런 특징을 살려서 파일의 수정 검증과 패스워드 저장 등에 사용된다.

용어 관련 이야기

무결성을 검증하는 방법

파일과 그 해시값을 합쳐 송신하면 수신자는 파일에서 해시값을 계산해서 일치하는지를 확인하고 변조 유무를 확인할 수 있다.

패스워드 저장에 사용한다

패스워드를 저장할 때 계산한 해시값만을 저장하면 누설된 경우에도 원래 값의 추측이 어렵다는 특징을 이용해서 안전성을 확보한다.

프로그래밍에서의 사용

일부 프로그래밍 언어에서는 해시라 불리는 데이터 구조가 있고 사전과 같이 제목과 본문을 짝지어 저장한다. 연상 배열이라고도 불린다.

용어 사용 예

해시는 원래대로 되돌릴 수 없기 때문에 암호화는 다르다.

관련 용어

(전자서명)……P204 (증명서)……P205 (디지털 포렌식)……P211

전자서명

본인이 작성했는지를 확인한다

인감이나 사인과 같이 전자 파일을 본인이 작성했거나 승인했다는 것을 증명하기 위해 사용되는 방법에 전자서명이 있다. 전자 데이터라도 인감을 찍은 경우와 마찬가지로 타인이 바꿔치기 했거나 멋대로 작성하지 않았음을 증명하기 위해 공개 키 암호 수법을 응용한 방법이 사용된다.

용어 관련 이야기

공개 키 암호를 이용한 전자서명

공개 키 암호 방식을 이용해서 비밀 키로 서명한 데이터를 서명자의 공개 키로 복호해서 검증하는 방법을 디지털 서명이라고 한다.

부인을 방지한다

올바르게 복호할 수 있으면 암호화된 전자 문서가 서명자가 작성했음이 증명되기 때문에 서명자는 그 전자 문서를 작성한 사실을 부인할 수 없다.

소프트웨어의 전자서명

배포자인 척 위장해서 행세하거나 위조하는 것을 방지하기 위해 소프트웨어에 디지털 서명하는 코드 사이닝 증명서가 사용된다.

용어 사용 예

자신이 작성한 문서에는 전자서명을 하면 안심이다.

관련 용어

(해시)……P203 (증명서)……P205

증명서

제3자에 의한 보증

공개 키 암호에서 공개된 키가 진짜 상대의 키라는 것을 보증하기 위해 공개 키를 관리하는 인증기관의 보증이 있는 증명서가 필요하다. 공개 키와 비밀 키는 누구라도 작성할 수 있기 때문에 신뢰할 만한 기관의 전자서명이 찍힌 증명서가 발행되면 안심하고 거래할 수 있다. 이 인증기관을 인증국CA이라고 한다.

용어 관련 이야기

브라우저의 루트 증명서

신뢰할 수 있는 인증국에서 발행한 증명서를 검증하는 최상위 증명서를 루트 증명서라고 하고 웹 브라우저 설치 시에 자동으로 깔린다.

자기 서명 증명서

공개 키 암호에 의한 암호 통신을 수행하기만 할 거라면 자신이 증명서를 발행하는 자기 서명 증명서를 작성하는 것도 가능하다.

증명서의 인증 레벨

SSL/TLS에서 사용되는 증명서는 도메인 인증, 기업 인증, EV 인증 세 가지 인증 레벨이 있고 CA에 의한 심사 내용이 다르다.

용어 사용 예

공개 키 암호 증명서는 관공서의 인감 증명서와 같은 것이다.

관련 용어

해시 …… P203 전자서명 …… P204

SSL Secure Sockets Layer와 TLS Transport Layer Security

통신을 암호화한다

웹 브라우저에서 웹사이트를 열람하는 통신을 암호화하는 구조에 SSL이나 TLS가 사용되고 있다. 웹사이트에서 신용카드 번호와 개인 정보를 입력할 때는 통신의 암호화 확인이 필수다. SSL이나 TLS에 대응하고 있는 사이트에서는 HTTPS라는 프로토콜이 사용되기 때문에 URL이 https로 시작하며 자물쇠 아이콘이 표시된다.

용어 관련 이야기

사이트의 실재성을 증명

SSL이나 TLS에서는 통신의 암호화를 실현할 뿐 아니라 서버에서 사용되고 있는 증명서를 봄으로써 사이트 운영 조직의 실재성을 증명할 수 있다.

타원 곡선 암호 방식

지금까지는 공개 키 암호 수법으로 RSA 암호가 많이 이용됐지만 키의 길이를 짧게 해도 같은 수준의 안전성을 확보할 수 있는 타원 곡선 암호가 사용되기 시작했다.

모든 페이지를 SSL화

기존에는 SSL의 도입 비용과 응답 속도 문제로 입력 폼만 SSL을 도입했지만 최근에는 모든 페이지를 SSL화하는 상시 SSL이 보급되고 있다.

용어 사용 예

SSL/TLS를 사용하면 인터넷에서의 도청에도 안심할 수 있다.

관련 용어

(HTTP와 HTTPS)……P124 (암호화와 복호화)……P201 (VPN)……P208

WEP Wired Equivalent Privacy와 WPA Wi-Fi Protected Access

무선 LAN의 암호화 방식

무선 LAN을 사용할 때 통신 도중에 내용이 보이거나 위조되는 것을 방지하기 위해 암호화가 필요하며 과거에는 WEP라 불리는 암호화 방식이 많이 사용됐다. 현재는 WEP를 단시간에 해독하는 방법이 개발됐기 때문에 WPA 방식 또는 WPA2 방식을 이용한 암호화가 권장되고 있다.

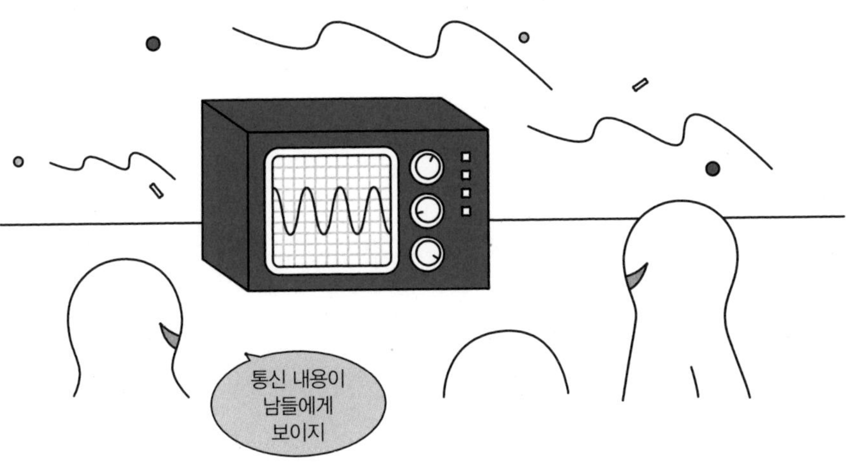

용어 관련 이야기

일반 가정에서 많이 사용하는 PSK

WPA와 WPA2로 통신할 때 사전에 키를 공유하는 PSK라는 수법이 많이 사용되며 WPA-PSK와 WPA2-PSK라고 표기한다.

거짓 액세스 포인트에 주의

정규 액세스 포인트와 같은 SSID와 암호화 키를 설정한 액세스 포인트가 공격자에 의해서 설치되어 있으면 자동으로 접속될 우려가 있다.

무선 LAN의 전파 도둑

가정 내 무선 LAN 라우터의 초기 패스워드를 변경하지 않으면 타인이 액세스할 가능성이 있고 전파 도둑이라 불리기도 한다.

용어 사용 예

자택의 무선 LAN 암호화 방식을 WEP에서 WPA2로 바꾸었다.

관련 용어

액세스 포인트 ……P125 암호화와 복호화 ……P201

VPN Virtual Private Network

공중 무선 LAN으로 안전한 통신을 실현

암호화 등의 기술을 이용해서 가상적으로 전용선과 같이 안전한 통신 회선을 실현하는 방법에 VPN이 있다. VPN을 사용하면 외출지에서 사내에 액세스하고자 하는 경우 등 원격지에서 인터넷 경유로 접속해도 안전한 통신을 실현할 수 있다. 최근에는 공중 무선 LAN도 많이 제공되고 있지만 통신 내용의 안전성에 대한 우려로 VPN이 주목받고 있다.

용어 관련 이야기

VPN 이용의 확산

근무 방식 개선과 텔레워크가 주목받으면서 외출지나 자택에서 사내에 액세스 가능한 환경이 요구되고 있어 VPN의 이용이 확산되고 있다.

외출지에서의 이용에 최적인 SSL-VPN

SSL은 웹 브라우저 등 많은 소프트웨어로 이용할 수 있기 때문에 전용 소프트웨어를 설치하지 않아도 돼 외출지에서의 이용에 적합하다.

오피스 간의 통신에 최적인 IP-VPN

기업의 본사와 지사 등 사무실 간의 안전한 통신을 위해서는 보다 고속에 폭넓은 통신이 가능한 IP-VPN이 적합하다.

용어 사용 예

카페나 역에서 공중 무선 LAN에 접속하려면 VPN은 필수이다.

관련 용어

(텔레워크)……P30 (SSL/TLS)……P206 (신 클라이언트)……P215

패킷 필터링 packet filtering

통신 경로상에서 내용을 확인

송신지와 수신지의 IP 주소와 포트 번호를 체크해서 통신을 제어하는 기능에 패킷 필터링이 있다. 사내에 있는 특정 서버에만 외부의 통신을 허가하는 경우는 수신지가 그 서버인 통신만 허가한다. 사내에 있는 특정 컴퓨터만 외부와 통신하는 경우는 송신지의 주소를 체크해서 통신을 허가한다.

용어 관련 이야기

콘텐츠 필터링과의 차이
콘텐츠 필터링은 데이터 내용을 확인해서 제어하지만 패킷 필터링은 헤더의 내용만으로 판단한다.

검열과 통신의 비밀
일본에서는 일본 헌법(제21조)과 전기통신사업법(제3조)에서 검문이 금지되어 있으며 통신의 비밀을 침범해서는 안 된다고 명시되어 있다.

화제의 사이트 블로킹
ISP의 해적판 사이트 통신을 블록하는 사이트 블로킹이 검열과 통신의 비밀 침해에 해당하는 것은 아닌지 화제가 되고 있다.

용어 사용 예

방화벽에서 패킷 필터링을 설정해 봤다.

관련 용어

(임계값)……P114 (캡처)……P131 (방화벽)……P212

침해 compromise

암호의 안전성이 위협받는다

컴퓨터의 성능 향상과 여러 대의 컴퓨터 사용으로 암호 키를 찾아낼 우려가 높아지고 있다. 대칭 키 암호와 공개 키 암호는 키를 모르는 사람이 해독하려고 해도 막대한 수의 키를 조사할 필요가 있어 해독에 많은 시간이 필요하다는 게 안전의 근거이다. 큰 수의 소인수분해를 실행할 수 있는 해법이 발견되는 경우도 마찬가지이다.

용어 관련 이야기

실효 증명서의 관리

비밀 키가 누설된 경우나 암호 방식이 보안에 취약한 경우에 증명서를 사용할 수 없는 것을 실효라고 하며 인증국에 의해서 증명서 실효 리스트(CRL)에 등록된다.

서버 측에서 실효를 확인

CRL에 등록한 실효 정보가 늘면 사이즈가 비대해지고 다운로드에 시간이 걸리기 때문에 증명서가 CRL에 게재되어 있는지 문의하는 방법에 OCSP가 있다.

양자 컴퓨터의 가능성

양자 역학에 기초한 컴퓨터가 연구되고 있으며 계산 성능이 뛰어나 소인수분해 등을 고속으로 풀 수 있는 가능성이 기대되고 있다.

용어 사용 예

키의 길이가 짧은 암호화 방식은 보안에 취약해서 사용할 수 없다.

관련 용어

(암호화와 복호화)……P201

디지털 포렌식 digital forensics

PC에 남은 기록을 분석

기기에 남아 있는 로그 기록뿐 아니라 저장되어 있는 데이터 등을 수집 분석하여 원인을 규명하는 것을 디지털 포렌식 또는 포렌식이라고 한다. 컴퓨터 관련 범죄나 법적 분쟁이 생겼을 때 주로 이용하며 컴퓨터와 디지털 데이터를 취급하기 때문에 컴퓨터 포렌식이라고 불리기도 한다.

용어 관련 이야기

범죄 심사에 필요한 로그 기록

로그 기록과 남은 파일을 분석한 결과가 법적 증거로 인정받는 일도 있고 부정 액세스 등에 관한 범죄 심사에 사용된다.

전용 툴이 필요

포렌식에 도움이 되는 전용 툴도 등장했으며 증거 능력을 가진 분석 리포트를 작성할 수 있다. 기본 기능에 데이터의 복구와 복제, 해석 등이 있다.

컴퓨터 조작은 불가

컴퓨터는 재기동하기만 하면 일부의 데이터가 바뀌기 때문에 포렌식을 하는 경우에는 해당 컴퓨터를 조작해서는 안 된다.

용어 사용 예

정보 누설 우려가 있으므로 디지털 포렌식으로 분석한다.

관련 용어

해시 …… P203

방화벽 firewall

부정 통신을 차단한다

인터넷과 사내 네트워크의 경계에 설치해서 사내 네트워크의 검문 역할을 하는 네트워크 기기를 방화벽이라고 한다. 통신 데이터를 감시하고 미리 정한 룰에 따라서 데이터의 전송을 허가할지 말지를 결정함으로써 외부의 통신을 차단할 뿐 아니라 외부 통신도 차단할 수 있다.

용어 관련 이야기

다양한 제품의 등장

통신 수신지로 기술된 정보만으로 가부를 판단하는 제품도 있는가 하면 통신 내용까지 상세하게 검사하는 제품도 있다. OS가 간이 기능을 갖춘 경우도 있다.

완충 지대 DMZ

네트워크를 분리할 때 인터넷과 내부 네트워크의 중간에 위치하는 영역인 DMZ가 있으며 완충 지대 역할을 한다.

IDS와 IPS

외부 공격을 검지하는 감시 카메라와 같은 역할을 하는 기기에 IDS Intrusion Detection System가 있으며 부정 침입을 차단하는 기능을 갖춘 기기에 IPS Intrusion Prevention System가 있다.

용어 사용 예

외부로부터의 공격을 방지하기 위해서는 파이어월을 설정할 필요가 있다.

관련 용어

부정 액세스 …… P195 패킷 필터링 …… P209

정보 보안의 기본 3원칙

보안의 CIA

정보의 기밀성Confidentiality, 완전성Integrity 및 가용성Availability을 유지하는 것을 정보 보안이라고 하고 머리글자를 따서 CIA라고 한다. 세 가지 요소를 모두 유지하지 않으면 정보 보안이 불충분하며 리스크가 발생하기 쉬운 상황이라고 할 수 있기 때문에 세 가지 요소에 기초해서 체크해야 확실한 대책을 실시할 수 있다.

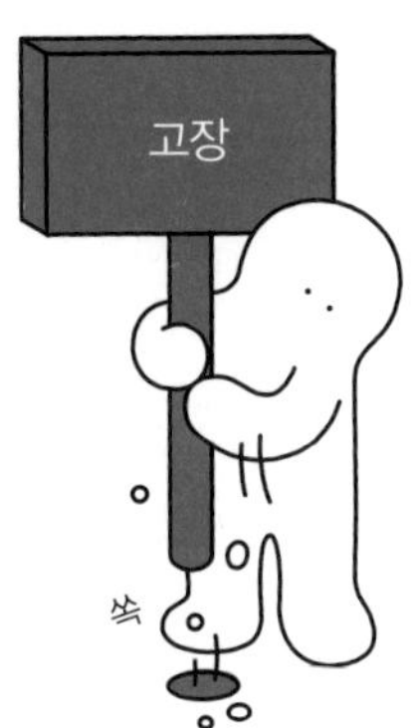

용어 관련 이야기

기밀성
액세스 권한을 부여받은 것만 열람, 처리할 수 있도록 적절하게 권한을 부여하고 암호화된 상태를 기밀성이 유지되고 있다고 한다.

완전성
수정 및 변경이나 파괴되지 않고 내용이 올바른 상태에 있는 것을 완전성이 유지되고 있다고 말하며 부정하게 내용이 바뀌거나 정보가 소실되지 않은 것을 의미한다.

가용성
재해와 시스템 트러블, 사이버 공격 등에 의해서 발생하는, 시스템을 사용할 수 없는 상태를 줄이고 복구까지 걸리는 시간이 짧은 것을 가용성이 높다고 한다.

용어 사용 예

누락과 누설을 방지하기 위해서는 정보 보안의 기본 3원칙을 고려하자.

관련 용어

트레이드오프……P110 암호화와 복호화……P201 전자서명……P204

시스템 감사와 보안 감사

내부와 외부의 이중 체크

정보 시스템에 대해 신뢰성, 안전성, 효율성 등을 객관적으로 점검 평가하는 것을 시스템 감사라고 한다. 한편 정보 시스템 이외의 부분도 포함해서 정보 자산 전체의 보안 대책과 운용 상황을 감사하는 것을 보안 감사라고 한다.

용어 관련 이야기

일본 경제산업성의 감사 기준

감사에 의해서 제3자의 시점에서 체크하는 기준으로 정보 시큐리티 관리 기준과 정보 시큐리티 감사 기준이 경제산업성에 의해서 책정되어 있다.

개선에 도움 되는 조언형 감사

감사 대상 조직의 정보 보안상 문제점과 개선해야 할 모습의 갭을 조사하고 그 내용에 따라 개선 방향을 제언하는 감사 방법을 조언형 감사라고 한다.

틀림없음을 보증하는 보증형 감사

감사 대상 조직에서 정보 보안에 관한 관리 상황이 적절한지 아닌지를 전달하는 감사 방식을 보증형 감사라고 한다. 시큐리티의 신용 확보를 위해 자주 사용된다.

용어 사용 예

시스템 감사와 보안 감사는 역할이 다르므로 양쪽 모두 필요하다.

관련 용어

(내부 통제)……P42 (인시던트와 장애)……P120

신 클라이언트thin client

단말기에 데이터를 저장하지 않는다

서버에 접속해서 화면의 표시 내용만을 전송하고 키보드와 마우스의 입력만을 송신하는 등 데이터를 내부에 남기지 않는 단말기를 신 클라이언트라고 한다. 분실과 도난으로부터 정보 누설을 방지하기 위해 주로 사용하고 최소한의 기능만 갖추었기 때문에 저렴하게 도입할 수 있다. 다만 네트워크에 접속하지 않으면 거의 아무것도 할 수 없다.

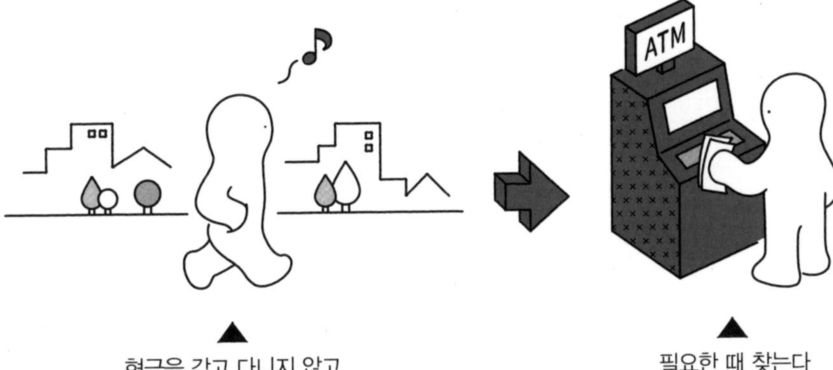

▲ 현금을 갖고 다니지 않고

▲ 필요한 때 찾는다

용어 관련 이야기

신 클라이언트의 한 방식

보통은 내장 하드디스크 등에서 OS를 기동하지만 네트워크 부트 방식에서는 OS를 서버로부터 다운로드해서 기동한다.

회선 속도가 중요

신 클라이언트는 네트워크 경유로 화면 등의 정보를 전송하기 때문에 여러 명의 이용자가 동시에 이용하는 상황을 생각하면 회선 속도가 중요하다.

데이터를 지키는 개념

지켜야 할 정보에 액세스 권한을 부여하기만 해서는 정규 이용자에 의한 정보 반출을 방지하지 못하기 때문에 중요한 정보를 감시하는 디지털 광원 처리(DLP, Digital Light Processing)가 사용된다.

용어 사용 예

신 클라이언트는 네트워크가 없으면 아무것도 할 수 없다.

관련 용어

(텔레워크)……P30 (VPN)……P208 (블레이드 PC)……P224

Column

인터넷 신조어

인터넷을 사용하다 보면 게시판 등에서 은어(넷 슬랭)가 사용되는 일이 적지 않다. **아래에 소개하는 내용 외에도 많은 단어가 은어로 사용되고 있기 때문에 처음 접하는 단어는 바로 익혀 두자.**

디지털 수몰민	인터넷 포털 서비스가 종료되면서 포털 사이트에 그동안 쌓아온 인터넷 게시물 등 자료가 하루아침에 사라질 처지에 있는 사람을 일컫는다.
디지털 쿼터족	스마트폰을 활용해 빠른 속도로 일을 처리하는 환경이 조성되어 디지털 기기를 사용하는 10~30대들이 기성세대에 비해 4분의 1 시간 내에 일을 처리한다는 의미이다.
디지털 치매	스마트폰 등 디지털 기기에 과도하게 의존한 결과 무의식적으로 기억력과 계산 능력이 저하되는 현상이나 이와 관련된 각종 건망증 증세를 말한다.
버티컬 SNS	기존의 백화점식 정보 공유 방식을 넘어 사진, 동영상, 게임,책 등 특정 관심 분야의 정보만 다루는 SNS다. 미국의 인스타그램이나 핀터레스트와 같은 사진 공유 SNS가 대표적이다.
디지털 장의사	사망한 사람들이 생전에 인터넷에 남긴 흔적을 청소해 주는 온라인 상조회사를 말한다.
스마트폰 노안	고개를 숙인 상태로 스마트폰 화면을 장시간 보아 입 주위가 처져 늙어 보이는 증상을 일컫는다.
앱세서리 Appcessory	앱과 액세서리를 합성한 신조어로 스마트폰에 있는 애플리케이션과 연결을 통해 제공되는 특별한 경험과 서비스를 제공해 주는 제품군을 말한다.
취톡팸	취업+카카오톡+패밀리의 줄임말이다. 카카오톡이라는 스마트폰 메신저를 통해서 취업 정보를 주고받는 대학생들의 모임을 뜻한다.
데테크	데이터와 재테크의 합성어이다. 스마트 기기의 데이터 사용량이 증가함에 따라 통신비 절약 방법을 적극적으로 찾는 행위를 말한다.
패블릿	폰Phone과 태블릿Tablet의 합성어로 태블릿 기능이 포함된 스마트폰을 일컫는 신조어다. 스마트폰 사용자들이 문자, 전화와 같은 단순 기능 외에도 데이터를 이용한 각종 서비스를 사용하면서 큰 화면을 선호하는 추세이다.

*출처 : 트렌드코리아 2014.

제 6 장

IT 업계 종사자가 알아야 할 기본 용어

Keyword 193~230

5대 장치

어느 컴퓨터에나 공통되는 장치와 기능

작은 기기에서 서버까지 현대의 컴퓨터는 5가지 장치로 구성되어 있으며 5대 장치라고 한다. 일반적으로 입력 장치, 출력 장치, 연산 장치, 제어 장치, 기억 장치라고 하며 이들 장치 간에서 데이터와 제어를 주고받음으로써 동작하고 있다. 이들 구성 요소를 알아야 컴퓨터의 기본적인 동작을 이해할 수 있다.

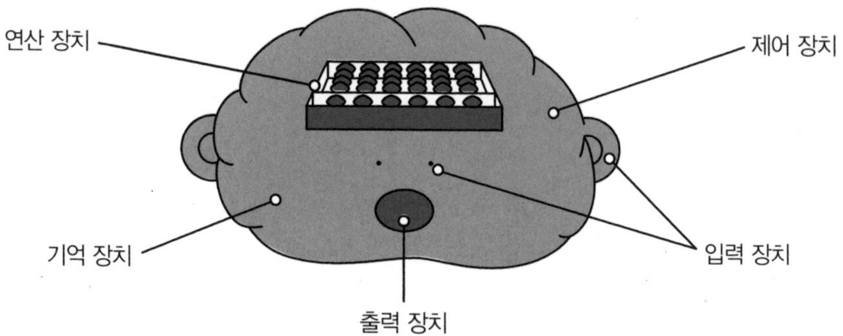

용어 관련 이야기

입력 장치와 출력 장치의 예

입력 장치에는 마우스와 키보드 이외에도 터치패널과 마이크가 있다. 출력 장치에는 디스플레이와 스피커, 프린터에 추가해서 바이브레이터 등이 있다.

주기억 장치와 보조 기억 장치

기억 장치에는 CPU와 직접 거래할 수 있는 메모리 등의 주기억 장치와 하드디스크, SSD, USB 메모리 등의 보조 기억 장치가 있다.

연산 장치와 제어 장치

컴퓨터로 계산을 하거나 제어하는 두뇌에 해당하는 장치에 연산 장치와 제어 장치가 있으며 주로 CPU와 GPU, FPGA 등이 해당한다.

용어 사용 예

PC를 구성하는 기기의 역할은 5대 장치로 생각하면 이해하기 쉽다.

관련 용어

(CPU와 GPU)……P66 (스토리지)……P221

집적회로 Integrated Circuit(IC)

작은 부품의 조합

구성이 정해져 있는 부품을 하나씩 조합하지 않고 하나의 칩으로 만든 전자회로를 IC(집적회로)라고 한다. 현대의 컴퓨터에서 사용되고 있는 회로는 거의 IC이다. 집적회로를 사용하면 비용을 줄일 수 있을 뿐 아니라 사이즈도 작아져 처리 효율이 높아질 것으로 기대된다. 조립에 따른 고장을 방지하는 이점도 있다.

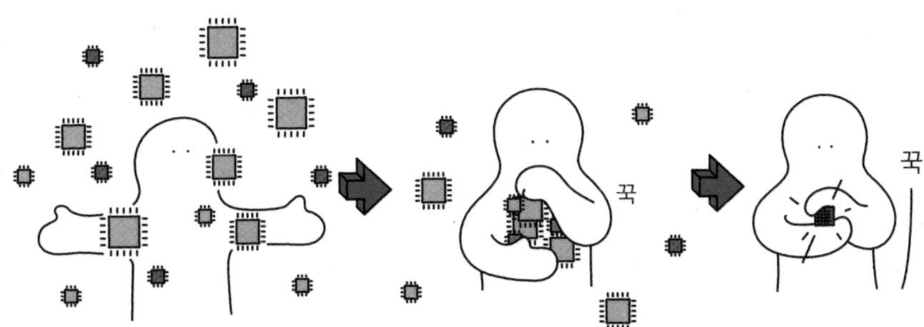

용어 관련 이야기

LSI와의 차이

많은 IC를 고밀도로 매립한 것을 LSI(대규모 집적회로)라고 한다. 최근의 CPU 등은 더욱 밀도가 높기 때문에 VLSI와 ULSI라고 부른다.

IC 카드의 보급

카드에 IC 칩을 매립한 IC 카드는 지하철 개찰기 등의 결제와 신용카드, 휴대전화의 SIM 카드 등 폭넓은 분야에서 사용된다.

ID 카드

ID 카드는 신분증명서를 말하며 사원증 등을 가리킨다. 최근에는 ID 카드 안에 IC 칩을 넣어서 대용량의 기억이 가능하며 보안성도 뛰어나다.

용어 사용 예

이렇게 작은 칩이 고속으로 처리하다니 IC라는 건 대단하네.

관련 용어

CPU와 GPU ······ P66

디바이스device와 디바이스 드라이버device driver

PC의 주변 기기를 조작

컴퓨터에 접속하는 마우스와 디스플레이, 프린터 등의 주변 기기를 디바이스라고 한다. 주변 기기를 접속 제어하는 데 필요한 PC 측 소프트웨어를 디바이스 드라이버라고 한다. 이름대로 운전자와 같은 역할을 하며 애플리케이션에서 조작을 가능케 했다.

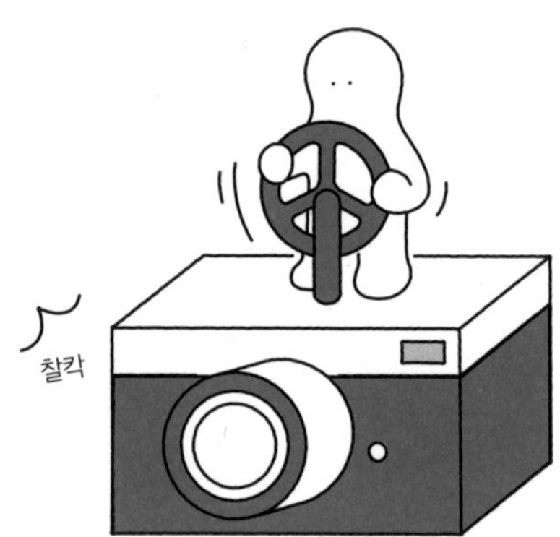

*바이오스(BIOS, Input Output System) : 기본 입출력 시스템

용어 관련 이야기

플러그 앤 플레이의 등장

Windows 95 이후에는 플러그 앤 플레이라는 구조가 도입되어 디바이스를 접속하면 디바이스 드라이버가 자동 설치되는 것이 일반적이 됐다.

바이오스와의 차이

바이오스*는 OS가 움직이기 전에 하드웨어를 제어하기 위해 사용하는 데 대해 디바이스 드라이버는 OS가 움직인 후에 사용된다. 바이오스의 후속으로 UEFI가 있다.

펌웨어와의 차이

하드웨어를 움직이기 위한 소프트웨어에 펌웨어도 있지만 펌웨어는 접속하는 주변 기기 측 소프트웨어다.

용어 사용 예

디바이스를 조작하려면 디바이스 드라이버가 필요하다.

관련 용어

(VGA와 HDMI)……P72 (시리얼과 패럴렐)……P89

스토리지 storage

대용량이 요구되는 기억 장치

데이터를 장기간 보존해 두기 위해 사용되는 기억 장치를 스토리지라고 하며 전원을 꺼도 데이터가 남는다. 하드디스크와 SSD, DVD, CD, USB 메모리 등 수중의 컴퓨터에 접속해서 사용하는 게 아니라 인터넷상에서 이용자별로 준비된 영역을 사용하는 온라인 스토리지 등이 있다.

용어 관련 이야기

내부 스토리지의 종류
컴퓨터 내부에 보존하는 내부 스토리지에는 PC의 하드디스크와 SSD, 스마트폰의 플래시 메모리(반도체 메모리) 등이 있다.

외부 스토리지의 종류
컴퓨터의 외부에 접속해서 사용하는 외부 스토리지에는 USB 메모리와 USB 접속 하드디스크, SD 카드 등이 있다. 주로 휴대용으로 사용된다.

RAM과 ROM의 차이
쓰기가 가능한 스토리지를 RAM, 쓰기가 불가능한 것을 ROM이라고 하며 최근에는 스마트폰의 내부 스토리지를 ROM이라고 쓰는 경우가 있다.

용어 사용 예

스토리지에는 여러 가지가 있지만 어떻게 구분하면 좋을까?

관련 용어

아카이브 ······P130 마운트 ······P222

마운트 mount

기억 장치를 사용할 수 있는 상태로 한다

USB 메모리나 CD, DVD 등의 주변 기기를 OS 등에 인식시키고 사용할 수 있는 상태로 하는 것을 마운트라고 하며 반대로 해제하는 것을 언마운트라고 한다. 외부의 기억 장치를 컴퓨터에 접속했을 때 UNIX계 OS에서는 외부의 기억 장치를 접속한 것만으로는 사용할 수 없는 일이 많아 디렉터리와 마찬가지로 취급할 수 있도록 하는 것을 가리킨다.

용어 관련 이야기

ISO 파일의 마운트

CD와 DVD 등의 내용을 하나의 파일로 한 ISO 파일을 마운트해서 CD와 DVD의 드라이브처럼 취급하는 방법이 자주 사용된다.

랙 마운트의 사용

데이터센터 등에서 전용 선반(랙)에 서버와 스토리지 등을 끼워넣어 사용하는 것을 랙마운트라고 한다. 랙의 폭은 규격으로 정해져 있다.

어태치와의 차이

클라우드 서비스에서 마치 그곳에 기기가 존재하는 것처럼 가상 머신상에 논리적으로 디스크를 추가하는 것을 어태치라고 한다.

용어 사용 예

기억 장치를 연결하고 마운트하지 않으면 사용할 수 없다.

관련 용어

(임포트와 익스포트)……P76 (물리○○과 논리○○)……P90 (스토리지)……P221

무정전전원장치 UPS

낙뢰 등에 의한 정전에 대응한다

일시적인 정전이 발생한 경우에 일정 시간 전력을 공급하고 서버 등을 안전하게 정지하기 위해 사용하는 장치를 무정전전원장치, 줄여서 UPS라고 한다. 수분~30분 정도의 단시간만 전력을 공급하는 것이 많아 일시적인 정전에 대비하는 장치이다. 지진 등의 재해로 장시간 정전이 발생한 경우에는 발전기 등을 별도로 준비할 필요가 있다.

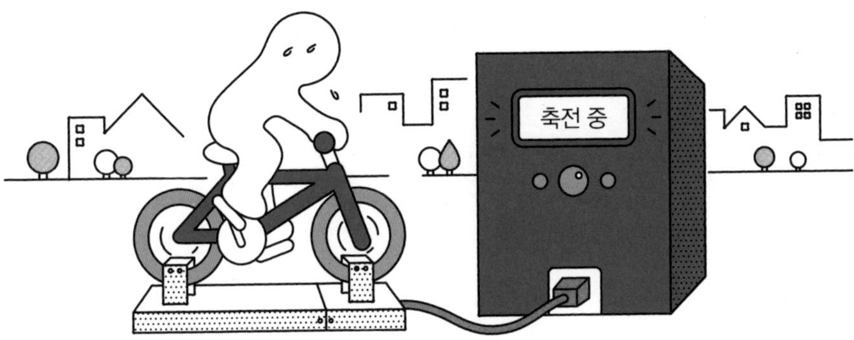

용어 관련 이야기

빌딩에서 증가하는 자가 발전

재해가 발생했을 때 정전이 길게 이어져서 업무가 멈추는 것을 방지하기 위해 일부 빌딩에서는 자가 발전 장치를 도입하고 있다. 정전이 발생해도 2~3일간 조달할 수 있다.

뇌서지 방지 기능

낙뢰에 의한 정전으로 발생하는 순간적인 과전압을 방지하는 기능을 갖춘 UPS도 있다. 그렇지 않은 경우는 별도로 뇌서지 방지 장치를 도입할 필요가 있다.

내용연수에 주의

UPS의 내용연수는 수년~5년 정도인 것이 많고 수명이 가까워진 경우는 배터리의 교환 등이 필요하다. 교환하지 않으면 전압 저하와 동작이 정지될 가능성이 있다.

용어 사용 예

엄청난 번개로 정전됐지만 UPS를 도입해서 도움이 됐다.

관련 용어

데이터센터 ······ P38

블레이드blade PC

데이터센터용 컴퓨터

컴퓨터 본체는 전산센터에 두고 사용자에게는 모니터, 키보드, 마우스, 인증기만 제공하는 얇은 보드 형태의 PC를 말한다. 디스플레이 등은 없고 네트워크 경유로 떨어진 장소에서 액세스하는 방법으로 정보를 일원 관리하고 있다.

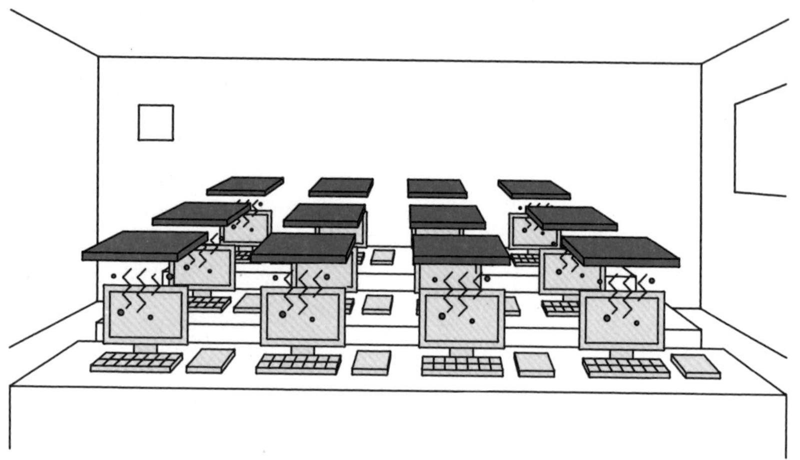

용어 관련 이야기

공간을 유효 이용할 수 있다

같은 크기의 본체를 나열해서 저장할 수 있기 때문에 공간의 유효 이용과 메인티넌스의 효율화를 실현할 수 있어 많은 컴퓨터가 필요한 기업에서 주목받고 있다.

도난 방지에 효과적

일반 컴퓨터는 쉽게 반출할 수 있기 때문에 도난 리스크가 있지만 블레이드 PC는 전산센터 등에 설치되기 때문에 도난 방지에 효과가 있다.

데이터 반출을 차단한다

블레이드 PC는 이용자에게는 본체가 불필요하기 때문에 USB 메모리 등의 휴대용 저장 매체를 이용해서 외부로 데이터를 반출하는 것을 차단할 수 있다.

용어 사용 예

블레이드 PC에 신 클라이언트로 접속해서 사용하고 있다.

관련 용어

(데이터센터)……P38 (신 클라이언트)……P215

가상 머신

소프트웨어상에서 컴퓨터를 움직인다

소프트웨어로 가상 컴퓨터를 실현함으로써 한 대의 컴퓨터 안에서 복수의 OS를 동작시키는 소프트웨어를 가상 머신이라고 한다. 저렴하게 복수의 OS와 다른 버전을 동시에 사용해서 검증용 환경으로 사용할 수 있을 뿐 아니라 부하의 평준화 등이 가능하다. 한편 가상화 오버헤드가 있어 성능이 저하하는 일이 있다.

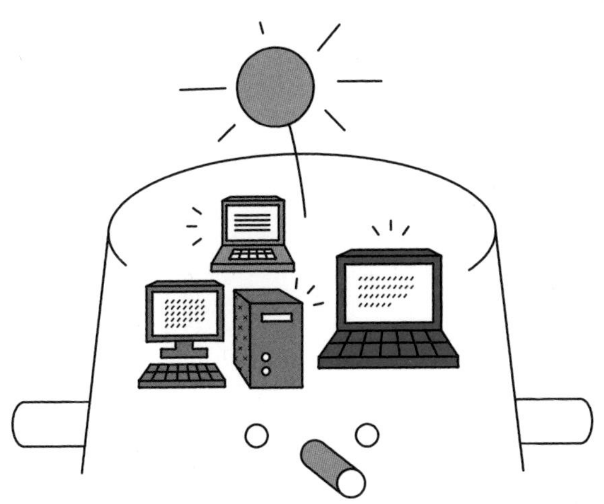

용어 관련 이야기

손쉽게 사용할 수 있는 완전 가상화

하드웨어를 바이오스 레벨로 재현해서 OS를 움직이는 것을 완전 가상화라고 하며 통상의 OS를 그대로 실행할 수 있다. 소프트웨어로 실행하기 때문에 처리가 느려진다.

동작이 원활한 준가상화

하드웨어를 그대로 가상화하는 게 아니라 커스터마이즈한 가상 OS를 실행하는 방법을 준가상화라고 하며 완전 가상화에 비해 고속으로 실행할 수 있다.

인기를 모는 도커Docker

서버 등의 인프라와 웹 서비스 등의 애플리케이션을 하나로 묶은 컨테이너로 Linux상에서 동작시키는 툴 중 하나에 도커가 있다.

용어 사용 예

가상 머신을 사용하면 macOS상에서 Windows도 움직일 수 있다.

관련 용어

가상화 …… P39 가상 메모리 …… P226

가상 메모리

소프트웨어로 실현하는 메모리 관리

메모리 영역이 물리적으로 연속적이지 않아도 애플리케이션에 대해 연속되는 메모리 영역으로 보이도록 하는 수법에 가상 메모리가 있다. 가상에서 실현해서 물리적인 메모리에 추가해서 하드디스크 등의 보조 기억 장치도 사용함으로써 메모리 용량 이상의 데이터를 취급하는 경우에도 메모리 부족 없이 처리할 수 있다.

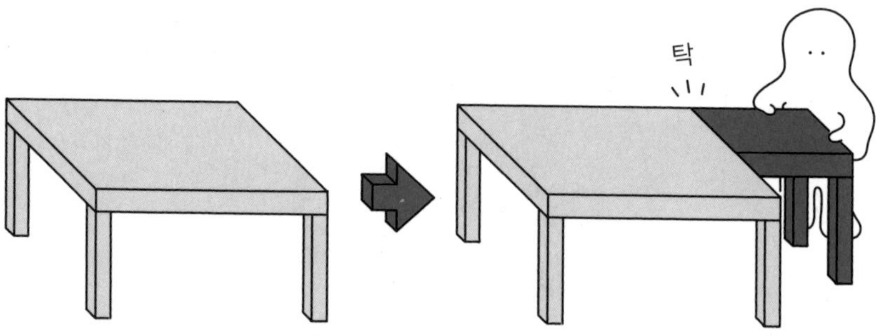

용어 관련 이야기

처리 속도의 저하에 주의

하드디스크 등의 보조 기억 장치는 메모리 등의 주기억 장치와 비교해서 저속이기 때문에 주기억 장치의 용량을 초과하는 양을 취급하면 처리 속도가 저하한다.

단편화 발생에도 주의

가상 메모리는 설정한 용량이 부족해지면 자동적으로 확대되지만 빈번하게 확대하면 단편화가 발생하여 처리 속도가 저하할 가능성이 있다.

스와핑과 페이징

물리 메모리가 부족한 경우 메모리의 내용을 디스크에 저장하는 것을 스와프아웃, 반대를 스와프인이라고 하며 묶어서 스와핑swapping이라고 한다.

용어 사용 예

메모리가 적어도 가상 메모리가 있으면 방대한 데이터를 다룰 수 있다.

관련 용어

(가상화)……P39 (가상 머신)……P225

프로그래밍 언어

컴퓨터 프로그램을 만들 때 사용하는 언어

컴퓨터에 처리 수순을 지시하기 위해 사용되는 언어를 프로그래밍 언어라고 하며 인간이 알기 쉽도록 표현하는 수단으로 많은 프로그래밍 언어가 작성되어 있다. 컴퓨터가 처리할 수 있는 것은 기계어라 불리는 0과 1의 나열뿐이기 때문에 프로그래밍 언어로 적은 내용을 기계어로 변환할 필요가 있다.

용어 관련 이야기

하드웨어에 가까운 저수준 언어

기계어와 어셈블러 등 하드웨어에 가까운 언어를 저수준 언어나 저급 언어라고 하며 CPU 레벨의 조작 등에 사용된다.

알기 쉬운 고수준 언어

많은 프로그래밍 언어는 인간이 알기 쉽게 저수준의 조작을 크게 의식하지 않아도 되는 언어이며 고수준 언어나 고급 언어라고 한다.

마크업markup 언어

문장과 이미지 등을 목구조 등으로 구조화해서 기술하는 언어에 마크업 언어가 있고 HTML과 XML, SVG과 TeX 등이 많이 사용된다.

용어 사용 예

프로그래밍 언어가 많은데 어느 것을 사용하면 좋을까?

관련 용어

(절차형과 객체 지향)……P230 (함수형과 논리형)……P231

소스 코드source code와 컴파일compile

컴퓨터가 읽을 수 있는 형태로 변환

프로그래밍 언어의 문법에 따라서 적은 문서를 소스 코드라고 한다. 소스 코드를 컴퓨터가 이해할 수 있는 언어로 일괄 변환하는 것을 컴파일이라고 하고 이를 위한 소프트웨어를 컴파일러라고 한다. 소스 코드를 한 단계씩 해석하여 실행시키는 방법을 인터프리터라고 한다.

용어 관련 이야기

실행 속도와의 차이

컴파일러는 사전에 변환함으로써 실행 시에는 고속으로 처리할 수 있지만 인터프리터는 실행 시의 성능은 떨어지지만 소스 코드 수정 시에도 손쉽게 실행할 수 있다.

통합해서 실행하는 빌드

소스 코드에서 실행 파일을 생성할 때의 컴파일뿐 아니라 의존 관계인 체크와 링크 등을 수행하는 처리를 통합해서 빌드라고 한다.

리버스 엔지니어링

소스 코드에서 실행 파일을 생성하는 것이 컴파일이고, 반대로 실행 파일에서 소스 코드에 가까운 것을 만들어 내는 것을 리버스 엔지니어링이라고 한다.

용어 사용 예

소스 코드를 적어도 컴파일하지 않으면 실행할 수 없다.

관련 용어

프로그래밍 언어……P227

알고리즘algorithm과 플로 차트flow chart

처리 순서를 효율화

컴퓨터에 처리시키기 위해 적은 문제를 푸는 수순을 알고리즘이라 하고 같은 결과를 얻을 수 있는 경우도 수순이 다르면 처리에 드는 시간과 소비하는 메모리 양 등이 다르다. 알고리즘은 상자와 화살표를 사용한 플로 차트(흐름도)에서 자주 표현된다.

용어 관련 이야기

알고리즘의 차이가 속도를 바꾼다

알고리즘의 차이에 의해 구현 내용에 따라서는 실행에 드는 시간이 변하거나 오류가 발생하기 쉽다.

알고리즘의 저작권

프로그램의 소스 코드에는 저작권이 있지만 알고리즘에는 저작권이 없다. 다만 부정 경쟁 방지법에 의해 영업 비밀로서 보호받는 경우가 있다.

플로 차트 기호

국제표준기구ISO에서 만든 논리 표현 기호들을 말하며, 순서도에서 연산, 데이터 흐름의 방향 등을 나타내기 위해 사용되는 사각형, 원, 마름모, 화살표 등 여러 기호가 있다.

용어 사용 예

플로 차트를 적으면 알고리즘을 시각적으로 알 수 있다.

관련 용어

큐와 스택 ······P245

절차형과 객체 지향

소스 코드의 보수성을 높인다

실행하고자 하는 일련의 처리를 절차로 통합하고 절차대로 데이터를 건네면서 처리하는 개발 수법을 절차형이라고 한다. 한편 데이터와 조작을 하나로 묶은 객체를 작성하고 그 객체가 연계해서 처리하는 개발 수법을 객체 지향이라고 한다.

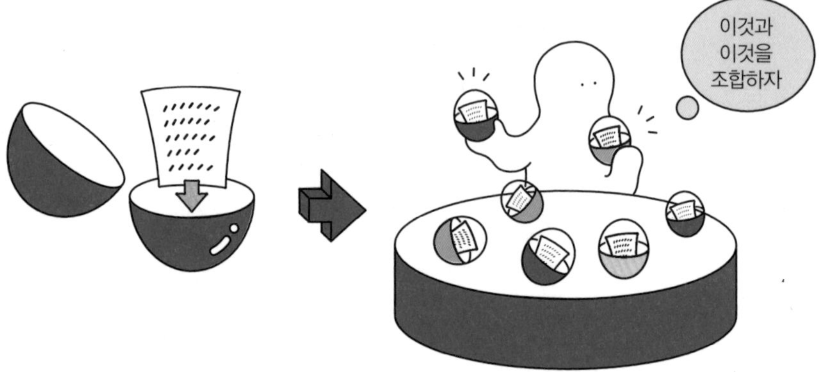

용어 관련 이야기

구조화 프로그래밍

순차, 반복, 분기의 3가지를 조합해서 기술하고 기능 단위로 분할하는 방법을 구조화 프로그래밍이라고 하며 절차형의 기초가 된다.

추상 데이터형의 구현

데이터와 그 조작에 대한 절차를 묶어서 데이터형을 정의하는 것을 추상 데이터형이라고 하며 객체 지향의 기초가 된다.

캡슐화와 계승, 다태성

객체 지향의 3대 요소에 캡슐화, 상속성, 다형성이 있고 읽기 쉽고 적기 쉬운 프로그래밍을 실현하고 있다. 보수성도 높일 수 있다.

용어 사용 예

절차형이 외우기 쉽지만 객체 지향도 공부해야 한다.

관련 용어

프로그래밍 언어 …… P227

함수형과 논리형

순서보다 목적을 기술한다

절차형과 같이 처리 순서를 기술하는 게 아니라 수학의 함수와 같이 정의를 기술하고 그 함수를 적용해서 프로그래밍하는 언어에 함수형 언어가 있다. 또한 논리식의 집합으로 프로그램을 작성하는 언어에 논리형 언어가 있다. 절차형이 '어떻게' 처리하는지를 기술하는 반면 함수형과 논리형은 '무엇을' 하는지를 기술한다.

용어 관련 이야기

상태를 변화시키지 않는다

절차형 언어에서는 변수 등의 값을 바꾸면서 처리를 하는 일이 많지만 함수형에서는 함수를 적용하여 처리하기 때문에 변수의 값과 같은 상태는 변화하지 않는다.

참조 투명성의 개념

같은 내용을 입력하면 반드시 같은 출력을 얻을 수 있으며 그 외에 어떤 기능이 있어도 결과에 영향을 미치지 않는 것을 참조 투과성이라고 한다. 순수 함수형 언어의 특징이기도 하다.

유행하는 멀티 패러다임

최근의 프로그래밍 언어의 대다수는 절차형과 객체 지향, 함수형 등 복수의 패러다임이 섞인 멀티 패러다임 언어이다.

용어 사용 예

함수형 언어가 늘었지만 논리형 언어는 크게 주목받지 못하고 있다.

관련 용어

프로그래밍 언어 …… P227

버그bug와 디버그debug

프로그래밍의 오류를 수정한다

프로그램상의 결함에 의해 컴퓨터 오류나 오작동이 일어나는 현상을 버그라고 한다. 소스 코드를 기술할 때 만들어 넣어지는 버그뿐 아니라 설계 단계에서 잘못된 설계 시의 버그 등도 있다. 또한 버그를 제거하고 바르게 움직이도록 수정하는 것을 디버그라고 한다.

용어 관련 이야기

버그와 오류의 차이

버그와 오류는 같은 의미로 사용되는 일도 있지만 프로그래머의 설계 미스와 구현 미스를 버그, 사양과 설계상의 문제를 오류라고 한다.

디버그와 테스트의 차이

테스트는 프로그램이 설계한 대로 동작하고 있는지를 확인(검출)하는 데 대해 디버그는 존재하는 버그의 원인을 찾아내는 것과 수정하는 것을 가리킨다.

버그 관리 시스템의 사용

프로젝트에서 발견한 버그를 등록하고 수정 상황을 관리하는 소프트웨어에 버그 관리 시스템이 있고 웹 브라우저로 조작하는 것이 많다.

용어 사용 예

수많은 코드에서 버그를 찾아내서 디버그하는 것은 어렵다.

관련 용어

(취약성과 시큐리티 홀)……P196 (단위 테스트와 통합 테스트)……P233

단위 테스트와 통합 테스트

프로그램의 동작을 확인한다

소스 코드 중에서 함수와 메소드 등의 작은 단위로 계획한 동작을 하고 있는지 조사하는 것을 단위 테스트라고 한다. 개개의 처리에서 실현하고 있는 동작의 확인이 주요 목적이고 사양서대로 구현되는지를 확인한다. 한편 복수의 프로그램을 조합해서 화면 간이나 기능 간의 연계를 확인하는 것을 통합 테스트라고 하며 데이터의 수수 등을 체크한다.

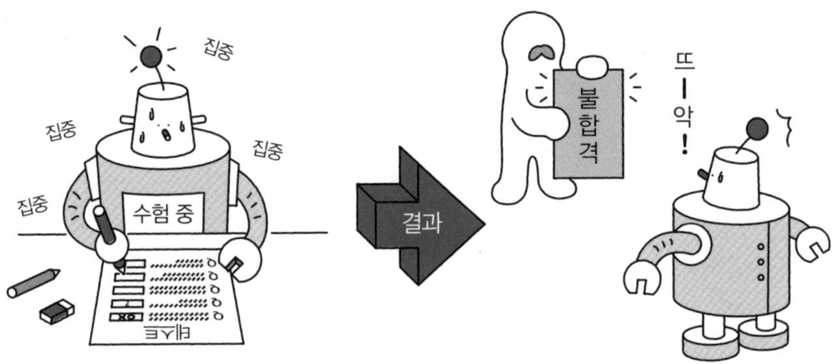

용어 관련 이야기

테스트 케이스의 작성

테스트 누락을 방지하는 등의 목적으로 어떤 테스트를 실시할지 수순과 방법 등을 문장화한 것에 테스트 케이스가 있고 사전에 작성해 둔다.

단위 테스트의 자동화

단위 테스트에서 많은 테스트 케이스를 누락 없이 확실하게 실행하기 위해 JUnit과 PHPUnit 등의 프레임워크를 사용해서 자동화하는 방법이 자주 사용된다.

시스템 테스트와의 차이

통합 테스트는 주로 테스트 환경에서 기능에 문제가 없는지 확인하는 데 대해 시스템 테스트에서는 정식 환경에서 운용에 문제가 없는지 확인한다.

용어 사용 예

단위 테스트를 철저하게 하면 통합 테스트는 필요없지 않을까?

관련 용어

(버그와 디버그)……P232 (블랙박스 테스트와 화이트박스 테스트)……P234

블랙박스 테스트와 화이트박스 테스트

다른 시점에서 테스트한다

소스 코드를 보지 않고 사양서와 설계서 등을 토대로 테스트를 수행하는 방법을 블랙박스 테스트라고 하고 이용자의 시점에서 확인한다. 한편 소스 코드를 보고 조건 분기 등을 망라해서 테스트하는 방법을 화이트박스 테스트라고 하며 개발자의 시점에서 확인한다.

용어 관련 이야기

자주 사용되는 경곗값 분석

블랙박스 테스트에서 처리 조건의 경계가 되는 값을 사용해서 테스트하는 수법을 경곗값 분석이라고 하고 성인을 판정하는 데 19세와 20세의 데이터를 사용한다.

대푯값을 선택하는 등가 분할 기법

입력 데이터를 그룹으로 나누고 각 그룹에서 대푯값을 선정함으로써 편중된 데이터만 사용되는 것을 방지하는 방법에 등가 분할 기법이 있다.

결정 테이블의 사용

입력의 조합이 복잡한 경우 주어지는 조합에 대한 출력을 통합한 표 형식의 결정 테이블decision table을 사용하는 방법이 있고 사양의 정리에도 사용된다.

용어 사용 예

블랙박스 테스트도 화이트박스 테스트도 모두 중요하다.

관련 용어

단위 테스트와 통합 테스트 ······P233

커버리지coverage와 무작위 테스트

커버리지 정도를 확인한다

화이트박스 테스트에서 조건 분기를 얼마나 확인했는지를 계측하는 지표에 커버리지가 있고 명령 망라, 분기 망라, 조건 망라 등의 수법을 사용한다. 한편 블랙박스 테스트에서 원숭이와 같이 즉석에서 조작해서 결과를 확인하는 방법으로 무작위 테스트가 있다.

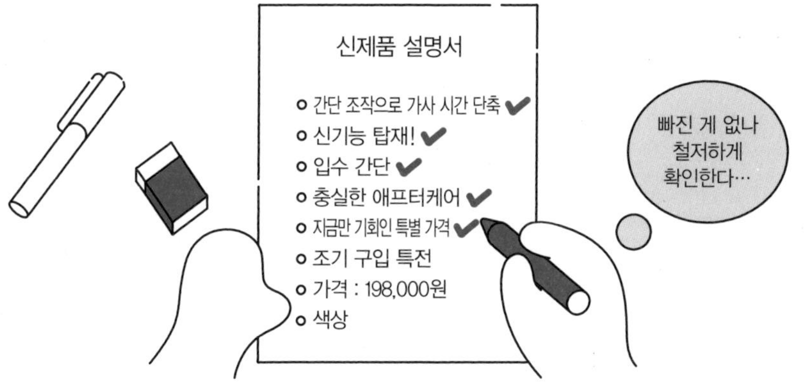

용어 관련 이야기

모든 명령을 조사하는 명령 망라

모든 명령을 실행했는지 확인하는 것을 명령 망라(C0)라고 하고 그러한 테스트 케이스를 설계하는 것을 생각한다.

모든 분기를 조사하는 분기 망라

모든 분기에서 조건의 진위를 판정했는지 확인하는 것을 분기 망라(C1)라고 하고 그러한 테스트 케이스를 설계하는 것을 생각한다.

모든 조건을 조사하는 조건 망라

판정 조건의 조합을 망라했는지를 확인하는 것을 조건 망라(C2)라고 하고 그러한 테스트 케이스를 설계하는 것을 생각한다.

용어 사용 예

무작위 테스트도 좋지만 역시 커버리지는 중요하다.

관련 용어

(버그와 디버그)……P232 (블랙박스 테스트와 화이트박스 테스트)……P234

프레임워크 framework

개발 효율 향상에 공헌

많은 소프트웨어에서 사용되는 일반적인 기능을 토대로 해서 준비하는 개념을 프레임워크라고 한다. 개발자는 그 토대 위에서 개별 기능을 구현해서 개발 효율의 향상을 기대할 수 있다. Windows의 애플리케이션에서는 .NET Framework가 유명하며 웹 애플리케이션의 개발에는 각 프로그래밍 언어로 많은 프레임워크가 제공되고 있다.

용어 관련 이야기

소스 코드의 통일에 편리

프레임워크를 사용해서 코드 작성 방법을 통일함으로써 보수성의 향상을 기대할 수 있다.

커스터마이즈에 한계가 있다

프레임워크를 사용하면 비슷한 시스템을 간단하게 만들 수 있는 한편 커스터마이즈를 하려는 경우에는 변경할 수 있는 범위에 한계가 있다.

디자인에서도 사용된다

시스템 개발 현장뿐 아니라 웹 디자인의 경우는 CSS 프레임워크 등이 제공되고 있으며 간단하게 깨끗한 디자인을 실현할 수 있다.

용어 사용 예

최근에는 웹 애플리케이션을 만드는 데도 프레임워크는 필수이다.

관련 용어

CSS……P158 MVC와 디자인 패턴……P243

페어 프로그래밍pair programming

작업 효율과 품질 향상에 도움 된다

2인 이상의 프로그래머가 하나의 컴퓨터를 사용해서 공동으로 프로그램을 작성하는 수법을 페어 프로그래밍이라고 한다. 최근에는 여러 사람에 의한 몹 프로그래밍도 화제가 되고 있으며 여러 사람의 의견이 반영되어 소스 코드의 질이 높아지고, 초보자 대상의 교육 효과가 있는 이점이 있다고 한다.

용어 관련 이야기

역할 교대도 중요

페어 프로그래밍을 할 때는 각각이 같은 역할을 계속 맡는 게 아니라 정기적으로 역할을 바꾸면 지식 공유 등의 교육 효과도 기대할 수 있다.

초보자끼리는 어렵다

초보자나 경험이 적은 사람끼리 짝이 되면 서로 지적할 수 있는 부분이 적고 고민하는 시간이 늘어날 가능성도 있기 때문에 주의가 필요하다.

생산성 저하에 주의

2인이 동시에 하나의 작업을 수행하기 때문에 1인이 수행하는 것보다 생산성이 저하하는 경우도 있어 팀에 적합한지, 품질의 향상에 도움이 될 지를 파악해야 한다.

용어 사용 예

페어 프로그래밍으로 교대로 실장했다면 스킬 업 됐을 텐데.

관련 용어

리팩터링……P240

프로퍼티 property

설정을 변경, 표시한다

소프트웨어와 파일, 주변 기기 등의 속성과 특성을 나타내는 단어에 프로퍼티가 있고 설정 변경이나 표시에 사용된다. 설정되어 있는 값을 변경함으로써 이용자의 환경에 맞춰 커스터마이즈할 수 있다. 또한 변경할 수 없는 항목이라도 필요에 따라서 설정 내용을 확인할 수 있다.

용어 관련 이야기

파일의 프로퍼티

Windows 등의 OS에서는 파일과 폴더의 프로퍼티를 표시할 수 있는 기능이 있어 작성 일자와 갱신 일자, 판독 속성 등을 확인할 수 있다.

화면과 프린터의 프로퍼티

화면과 프린터 등의 주변 기기에도 OS와 드라이버에 의한 프로퍼티가 준비되어 있으며 적합성과 해상도, 색과 사이즈의 설정을 미세 조정할 수 있다.

프로그래밍에서의 프로퍼티

객체 지향 언어의 일부에는 객체가 가진 데이터에 액세스하는 기능을 가리키는 단어로 사용되기도 한다.

용어 사용 예

프로퍼티를 조금 바꾸었을 뿐인데 매우 사용하기 쉬워졌다.

관련 용어

디폴트 …… P113

가비지 컬렉션 garbage collection

불필요해진 메모리 영역을 해제

프로그램이 실행 중에 확보한 메모리 영역 중 사용되지 않게 된 영역을 자동으로 해제하는 기능을 가비지 컬렉션이라고 한다. 가비지란 쓰레기를 말하며 어디에서도 참조되지 않은 메모리 영역을 해제한다. 가비지 컬렉션을 사용하면 명시적으로 메모리를 해제하는 처리를 기술할 필요가 없고 메모리 관리에 관련된 버그를 회피할 수 있다.

용어 관련 이야기

CPU 부하에 주의

가비지 컬렉션이 동작할 때 CPU를 소비하지만 타이밍을 제어하는 것이 어렵기 때문에 주의가 필요하다.

메모리 리크의 악영향

프로그래머가 메모리의 해제를 잊으면 메모리 리크가 발생해서 메모리의 빈 영역이 부족해 메모리를 확보하지 못해 프로그램이 이상 종료할 우려가 있다.

상주 프로그램에서 특히 주의

프로그램이 종료하면 메모리 리크가 있어도 해제되지만 상주 프로그램과 서버 프로그램의 경우는 계속 점유되기 때문에 특히 주의가 필요하다.

용어 사용 예

가비지 컬렉션이 있으면 프로그램이 수월해진다.

관련 용어

(버그와 디버그)……P232

리팩터링 refactoring

기능을 바꾸지 않고 소스 코드의 내부 구조를 개선

프로그램의 동작을 바꾸지 않고 보수가 용이하도록 소스 코드를 수정하는 것을 리팩터링이라고 한다. 프로그램에서 얻을 수 있는 결과는 같지만 몇 번이고 수정해서 복잡해진 소스 코드를 심플하게 할 수 있다. 소스 코드의 수정에 의해 버그가 생길 가능성이 있기 때문에 자동 테스트 환경을 정비해야 한다.

용어 관련 이야기

수고스럽지만 유익하다

리팩터링을 하면 공수는 늘지만 그대로 작업을 계속하기보다 개발 효율과 프로그램의 품질이 향상하기 때문에 낭비는 아니다.

오류는 수정하지 않는다

어디까지나 내부 구조를 개선하기 위해 리팩터링을 수행하기 때문에 오류가 존재하는 것을 깨달아도 원칙적으로 이 단계에서는 수정하지 않는다.

The Rule of Three

리팩터링 타이밍의 가이드라인에 The Rule of Three가 있고 유사한 내용이 세 번 이상 반복할 때 리팩터링을 해야 한다.

용어 사용 예

리팩터링했더니 소스 코드가 단숨에 짧아졌다!

관련 용어

페어 프로그래밍 ······ P237

커널kernel

운영 체제의 핵심이 되는 컴퓨터 프로그램

OS의 가장 중요한 핵심으로 CPU와 메모리, 하드웨어 등을 소프트웨어가 사용하기 위해 필요한 기본적인 기능을 제공하는 소프트웨어를 커널이라고 한다. UNIX계 OS에서는 이용자가 커널에 직접 액세스할 수 없고 커널을 둘러싸고 있는 셸과 애플리케이션에서 시스템 콜 등을 사용해서 액세스한다.

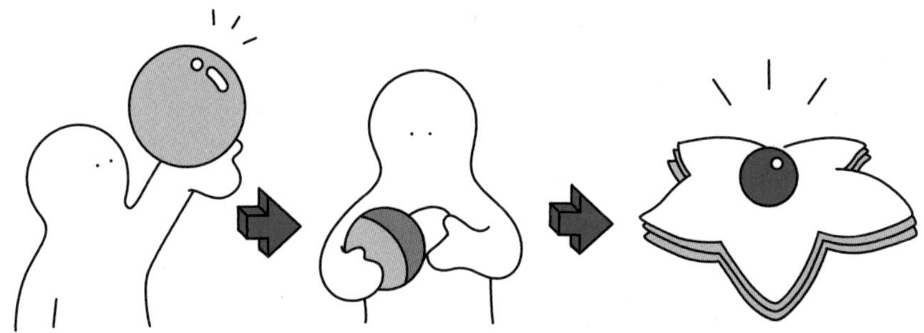

용어 관련 이야기

시스템 콜의 역할

애플리케이션에서 하드웨어를 직접 제어하는 것은 불가능하고 자주 사용하는 기능을 준비한 시스템 콜을 사용함으로써 개발자의 부담을 낮추고 이식성을 높인다.

프로세스의 제어

OS에서 프로그램을 실행하는 단위에 프로세스가 있고 복수의 프로그램을 동시에 실행할 수 있도록 액세스할 수 있는 메모리의 범위를 관리하고 있다.

커널 모드

CPU에는 유저 모드와 커널 모드가 있고 디바이스 드라이버 등은 커널 모드에서 동작하지만 일반적인 애플리케이션은 유저 모드에서 동작한다.

용어 사용 예

커널의 소스 코드를 읽으면 컴퓨터의 동작을 이해할 수 있다.

관련 용어

(OS와 애플리케이션)……P79 (리눅스 토발즈)……P279

API Application Programming Interface 와 SDK Software Development Kit

개발에 필요한 라이브러리를 호출한다

애플리케이션을 개발할 때 기존의 라이브러리를 사용하는 경우 그 라이브러리를 호출하는 인터페이스를 API라고 한다. 준비된 API에 따라서 처리를 기술하면 내용을 몰라도 라이브러리를 사용할 수 있다. 한편 라이브러리와 인터페이스뿐 아니라 샘플 코드와 도큐먼트 등도 포함되는 SDK가 있다.

용어 관련 이야기

웹 API의 이용

인터넷상에서 개발자용으로 제공되고 있는 API에 웹 API가 있고 자신의 웹사이트에서 호출해서 편리한 기능을 추가할 수 있다.

스마트폰 애플리케이션의 SDK

iOS에서 동작하는 애플리케이션용 iOS SDK와 Android에서 동작하는 애플리케이션용 Android SDK 등이 공개되어 있으며 앱 개발에 이용되고 있다.

Windows SDK

Windows에서 동작하는 앱을 작성하기 위해 공개되어 있는 SDK에 Windows SDK가 있고 OS의 버전업에 맞춰 제공되고 있다.

용어 사용 예

SDK를 사용해서 개발할 뿐 아니라 API를 호출하면 편리하다.

관련 용어

(OS와 애플리케이션)……P79 (프레임워크)……P236

MVC Model-View-controller 와 디자인 패턴

객체 지향에서 자주 사용되는 정석

객체를 개발할 때 과거의 개발자가 좋다고 평가한 디자인 패턴을 활용하는 일이 있다. 웹 애플리케이션 등 이용자가 조작을 해서 처리하는 프로그램의 경우 MVC가 유명하며 많은 애플리케이션에서 채용되고 있다.

뷰(보이는 내용)

컨트롤러(지시)

모델(데이터 관리)

용어 관련 이야기

GoF의 디자인 패턴

객체 지향에서 자주 만나는 문제와 그것을 해결하기 위한 좋은 설계에 대해 GoFGang of Four라 불리는 네 사람이 제안한 23개의 디자인 패턴이 자주 사용된다.

MVC에서의 역할 분담

MVC에서는 데이터의 관리와 비즈니스 로직을 담당하는 모델Model, 화면을 표시하는 뷰View, 제어를 하는 컨트롤러Controller에 역할을 분담시켜 프로그램을 구현한다.

MVVM의 등장

최근에는 MVC뿐 아니라 파생 패턴으로 Model, View, ViewModel로 나누는 MVVM이라 불리는 개념도 많이 사용되고 있다.

용어 사용 예

MVC뿐 아니라 GoF의 디자인 패턴도 공부해야 한다.

관련 용어

(프레임워크)……P236

데이터형과 널null

프로그램에서 저장할 수 있는 데이터를 지정

프로그램에서 데이터를 취급할 때 저장하는 데이터의 내용에 따라서 확보하는 메모리의 크기를 정하는데, 이를 데이터형이라고 한다. 예를 들어 문자라면 8비트, 정수나 소수라면 필요한 크기를 선정할 수 있도록 준비되어 있다. 또한 사용하고 싶은 데이터를 저장할 뿐 아니라 데이터가 없는 것을 의미하는 널null이라는 값을 저장하는 일도 있다.

용어 관련 이야기

정수의 데이터형 종류

많은 프로그래밍 언어에서는 정수를 고정 길이로 취급하고 8비트, 16비트, 32비트, 64비트 같은 크기가 준비되어 있다. 또한 부호가 있는 것과 부호가 없는 것이 있다.

부동소수점의 취급

많은 프로그래밍 언어에서는 소수를 취급할 때 부동소수점을 사용하여 근사한 값을 고정 길이의 가수부와 지수부로 표현하는 IEEE754 형식이 사용된다.

널 문자

C 언어 등 프로그래밍 언어의 일부에서는 문자열의 종단을 나타내는 문자에 널 문자가 있고 특수한 의미를 가진다. C 언어에서는 0이라는 코드로 정의되어 있다.

용어 사용 예

데이터형을 알고 어떤 값이 들어 있는지를 확인해야 한다.

관련 용어

(프로그래밍 언어)……P227

큐와 스택queue & stack

데이터를 일렬로 저장

프로그래밍 중에서 배열과 같은 데이터 구조를 사용해서 일렬로 데이터를 저장할 때 추가나 출력하는 방법에 큐와 스택이 있다. 큐는 먼저 넣은 데이터를 먼저 출력하는 방법으로 레지스터에 나열되어 있는 행렬과 같다. 스택은 마지막에 넣은 데이터를 먼저 출력하는 방법으로 책상 위에 겹친 서류를 위에서부터 처리하는 식이다.

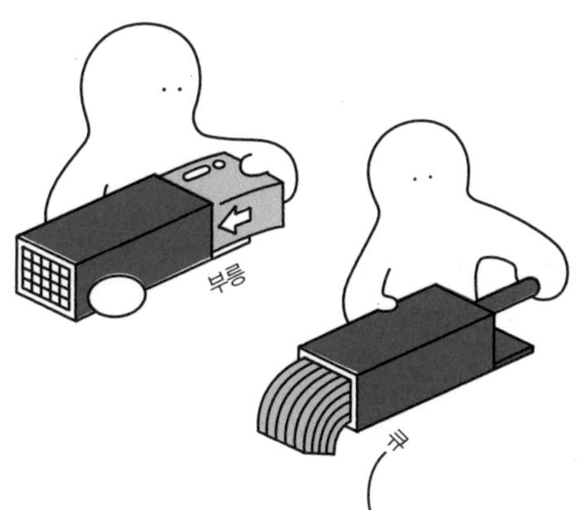

용어 관련 이야기

인큐enqueue와 디큐dequeue

큐에 데이터를 입력하는 것을 인큐, 출력하는 것을 디큐라고 하며 선입선출의 의미에서 FIFOFirst-in, First-out라고 한다. 폭 우선 탐색 등에서 자주 사용된다.

푸시push와 팝pop

스택에 데이터를 넣는 것을 푸시, 꺼내는 것을 팝이라고 하며 선입선출의 의미에서 LIFO나 FILO라고 한다. 깊이 우선 탐색 등에서 자주 사용된다.

스택의 한계 용량에 주의

프로그램에서 함수 호출에 관한 정보는 스택에 축적되기 때문에 그 양이 한계를 넘으면 스택 오버플로가 발생한다.

용어 사용 예

큐가 밀어내는 이미지라면 스택은 쌓아올리는 이미지이다.

관련 용어

알고리즘과 플로 차트……P229

함수와 인수, 절차와 루틴

한묶음의 작업을 정리

프로그램에서 실행하고자 하는 일련의 처리에 이름을 붙여 호출할 수 있도록 한 것을 함수라고 한다. 함수를 호출할 때 건네는 값을 인수라고 한다. 언어에 따라서는 값을 되돌리는 것을 함수, 되돌리지 않는 것을 절차라고 하며 이러한 일련의 처리를 루틴이라고 한다.

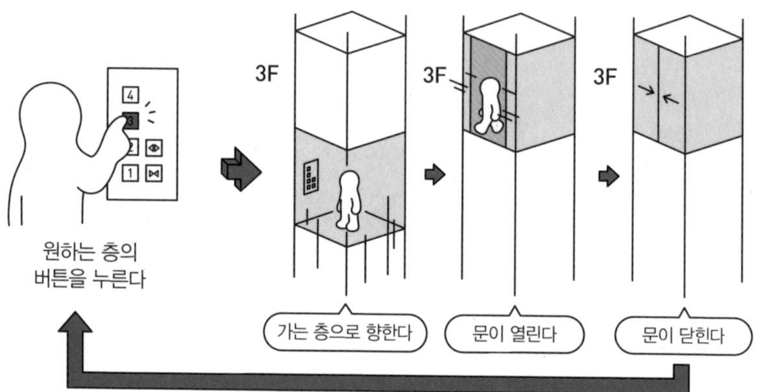

*DRY(Don't Repeat Yourself) : 반복하지 마라
**OAOO(Once and Only Once) : 오로지 한 번만

용어 관련 이야기

같은 처리를 통합한다

같은 처리와 비슷한 처리를 몇 번이고 적으면 프로그램이 길어지기 때문에 하나의 함수로 묶어서 필요할 때 인수를 바꾸면서 실행하는 방법이 사용된다.

긴 프로그램을 분할한다

하나의 함수에 대량의 문장이 적혀 있으면 그 함수의 내용을 이해하는 것이 어렵기 때문에 기능 단위의 함수로 처리를 분할해서 읽는 사람이 동작을 이해하기 쉽게 한다.

DRY* 원칙과 OAOO** 원칙

같은 처리를 여러 곳에서 사용하는 경우 카피를 하면 한쪽을 수정하는 경우에 다른 한쪽도 수정해야 하기 때문에 코드의 중복을 피하는 것을 DRY 원칙과 OAOO 원칙이라고 한다.

용어 사용 예

함수와 절차, 루틴에 건네는 인수를 바꾸면 결과도 바뀐다.

관련 용어

(재귀 호출)……P247

재귀 호출

자기 자신을 호출하는 함수

프로그램에서 처리 중에 자기 자신을 호출하는 함수를 재귀 호출이라고 한다. 가까운 예를 들면 카메라로 텔레비전을 촬영하면서 촬영하고 있는 내용을 그 텔레비전에 비추면 텔레비전 안에 무한하게 텔레비전이 비친다. 자기 자신을 호출하는 처리를 인수를 바꾸면서 실행하는 프로그램은 반복 처리보다 심플하게 실장할 수 있다.

용어 관련 이야기

함수형 언어에서 많이 사용된다

함수형 언어에서는 변수의 값을 바꾸어 적는 등 상태를 변화시키는 방법을 기본적으로 사용하지 않고 루프 대신 재귀 호출을 사용하는 일이 많다.

종료 조건이 필수

재귀 호출을 하는 경우에는 인수의 내용에 따른 종료 조건을 지정하지 않으면 무한으로 처리를 반복하기 때문에 종료 조건이 필수이다.

꼬리 재귀와 최적화

자신의 재귀 호출을 함수의 마지막에 사용하는 재귀 함수를 꼬리 재귀라고 하고 스택의 소비를 줄여서 최적화할 수 있다.

용어 사용 예

재귀 호출을 사용하니 소스 코드가 짧아졌다.

관련 용어

(함수와 인수, 절차와 루틴)……P246

관계형 데이터베이스와 SQL

복수의 표를 연결해서 관리

표 형식의 데이터를 관련지어서 구성한 데이터베이스를 관계형 데이터베이스라고 하고 SQL이라는 언어로 조작한다. 데이터의 조작뿐 아니라 저장 형식의 정의와 액세스 권한의 설정도 가능하다. 데이터를 저장하기 전에 데이터 모델을 정하고 부적절한 등록을 방지한다.

*DDL(Data Definition Language)
**DML(Data Manipulation Language)
***DCL(Data Control Language)

용어 관련 이야기

테이블 등을 정의하는 DDL*

SQL 중 테이블 등의 구조를 정의하는 것에 DDL이 있고 CREATE TABLE와 DROP TABLE 등의 문文이 있다.

데이터를 조작하는 DML**

SQL 중 데이터를 조작하는 것에 DML이 있고 검색 SELECT와 등록 INSERT, 갱신 UPDATE, 삭제 DELETE 등이 있다.

액세스 권한 등을 설정하는 DCL***

테이터에 대한 액세스를 제어하는 것에 DCL이 있고 권한을 부여하는 GRANT와 박탈하는 REVOKE가 있다.

용어 사용 예

관계형 데이터베이스를 조작할 때는 SQL을 기억하면 된다.

관련 용어

표 계산 소프트웨어와 DBMS……P86

테이블table과 인덱스index

데이터를 표 형식으로 관리

관계형 데이터베이스에서 표 계산 소프트웨어의 시트와 같이 데이터를 저장하는 표 형식의 장소를 테이블이라고 한다. 데이터베이스에는 복수의 테이블이 저장되어 있으며 링크해서 처리를 한다. 또한 테이블에서 특정 데이터를 검색할 때 데이터량이 많아지면 처리에 시간이 걸리기 때문에 색인을 작성한다. 이것을 인덱스라고 한다.

용어 관련 이야기

칼럼과 레코드

테이블의 세로 방향을 칼럼이라고 하고 어떠한 속성을 넣을지를 결정한다. 한편 가로 방향을 레코드라고 하며 등록되어 있는 한 건의 데이터를 가리킨다.

셀에 상당하는 필드

레코드 하나하나의 요소를 필드라고 하며 표 계산 소프트웨어의 셀에 해당한다. 입력 폼에서 데이터를 입력하는 장소를 가리키는 일도 있다.

인덱스의 단점

인덱스에 의해 고속으로 검색할 수 있지만 갱신 시에는 인덱스도 갱신해야 하기 때문에 빈번하게 갱신하는 테이블에서는 처리 속도가 저하할 가능성이 있다.

용어 사용 예

테이블에 인덱스를 붙이지 않으면 검색이 느려진다.

관련 용어

관계형 데이터베이스와 SQL ······P248

정규화와 주 키 main key

취급하기 쉽도록 테이블을 분할

관계형 데이터베이스에서 데이터가 중복하지 않도록 테이블을 분할하여 데이터 간의 정합성을 유지하도록 설계하는 것을 정규화라고 한다. 정규화 단계에는 제1~제5 정규형과 보이스 코드 정규형 등이 유명하지만 일반적으로는 제1~제3 정규형이 사용된다. 분할한 테이블에서 데이터를 한꺼번에 식별할 수 있도록 주 키를 설정한다.

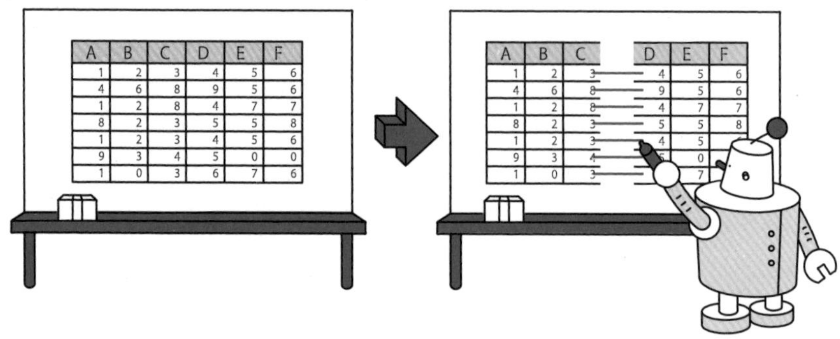

용어 관련 이야기

정규화의 효과

정규화로 데이터의 갱신이 최소화되고 쓸데없는 데이터를 유지하지 않아도 돼 디스크 소비량을 절감할 수 있으며 데이터 이행이 원활해지는 등의 효과가 있다.

정규화에 의한 속도 저하

정규화를 지나치게 의식하면 복수의 테이블에 데이터가 분할되어 검색 내용에 따라서는 복수의 테이블을 결합하기 때문에 처리 속도가 저하하는 경우가 있다.

유니크 제약

데이터를 등록, 갱신할 때 열과 열의 그룹에 포함되는 데이터가 테이블 내에서 유일값이 되도록 요구하는 제약을 유니크 제어라고 한다.

용어 사용 예

이 테이블을 정규화한 후에는 각각에 주 키를 붙여라.

관련 용어

테이블과 인덱스 ······P249

트랜잭션transaction과 체크 포인트check point

테이터의 소실을 방지한다

데이터베이스에 일부 갱신 처리만 실행하면 곤란한 경우에 통합해서 실행하는 일련의 처리를 트랜잭션이라고 한다. 처리 중에 문제가 발생하면 처리를 취소하고 정합성을 확보한다. 확정된 데이터가 디스크에 반영되는 타이밍을 체크 포인트라고 한다.

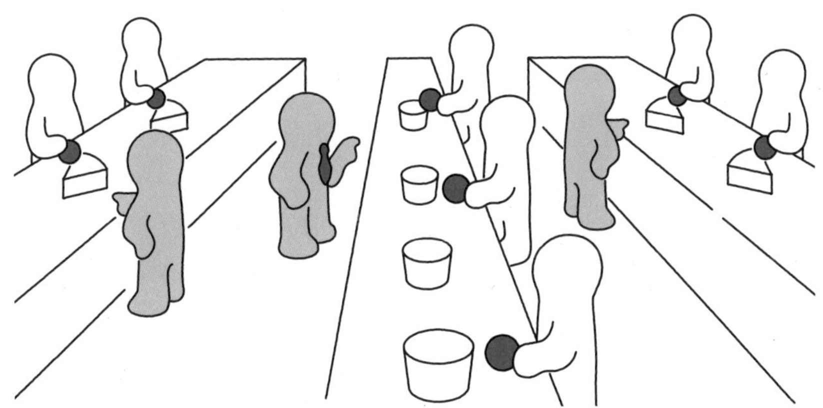

*ACID(Atomicity, Consistency, Isolation, Durability)

용어 관련 이야기

일부 소실을 허락하지 않는 ACID 특성

신뢰성 있는 트랜잭션은 원자성, 일관성, 고립성, 영속성의 4가지 성질을 가져야 한다는 개념을 ACID* 특성이라고 한다.

처리를 되돌리는 롤백roll back

데이터베이스의 데이터 갱신 중에 트랜잭션 도중 확정(커밋)하기까지 문제가 발생했을 때 원래대로 되돌리는 것을 롤백이라고 한다.

로그로 되돌아가는 롤포워드roll forward

체크 포인트 이후에 커밋이 완료한 데이터에 장애가 발생한 경우에 로그를 토대로 반영하는 것을 롤포워드라고 한다.

용어 사용 예

체크 포인트 이전의 트랜잭션을 복구했다.

관련 용어

관계형 데이터베이스와 SQL……P248

데드 록dead lock 과 배타 제어exclusive control

동시 갱신을 피한다

복수의 처리를 동시에 실행하지 않게 어느 처리에만 독점적으로 이용할 수 있도록 하고 그 외는 실행할 수 없는 상태로 하는 것을 배타 제어라고 한다. 또한 배타 제어에 의해 록되어 있는 데이터에 둘 이상의 처리가 동시에 액세스해서 양쪽 모두 상대의 처리가 종료되기를 기다리느라 처리가 진행하지 않는 상황을 데드 록이라고 한다.

용어 관련 이야기

비관적 배타 제어

동시에 같은 데이터에 액세스했을 때 한쪽이 열려 있으면 다른 한쪽에 에러를 표시하는 방법을 비관적 배타 제어라고 한다.

낙관적 배타 제어

동시에 다른 사람이 갱신하려고 해도 다른 사람이 갱신하지 않았으면 갱신하고, 갱신했으면 메시지를 표시해서 다시 하는 방법을 낙관적 배타 제어라고 한다.

테이블 잠금과 행 잠금

데이터베이스에서 갱신을 하는 경우에 잠금하는 단위로 표 전체를 잠금하는 테이블 잠금과 갱신 대상인 행만을 잠금하는 행 잠금이 있다.

용어 사용 예

이용자가 여럿일 때는 데드 록과 배타 제어 지식이 필요하다.

관련 용어

관계형 데이터베이스와 SQL ······P248

저장 프로시저 stored procedure

일련의 처리를 묶어서 실행

여러 개의 데이터베이스에 대한 일련의 절차를 정리해서 저장한 것을 저장 프로시저라고 한다. 이름대로 데이터베이스에 저장되는 절차로 데이터베이스 내에서 처리가 완결하기 때문에 그 절차를 호출하는 프로그래밍 언어에는 의존하지 않고 실행할 수 있다. 또한 컴파일된 상태로 저장되기 때문에 고속으로 실행할 수 있다.

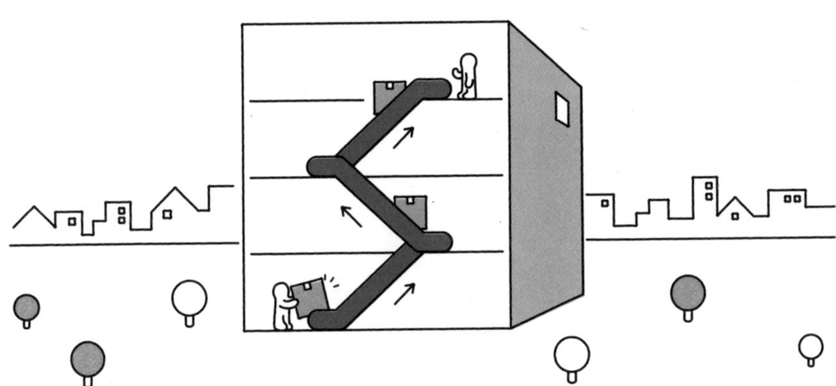

용어 관련 이야기

애플리케이션 보수성이 향상
저장 프로시저를 사용함으로써 데이터베이스의 처리를 정리해서 DBMS에 맡기기 때문에 애플리케이션 측의 보수성이 향상한다.

호환성이 낮기 때문에 요주의
SQL은 많은 DBMS로 표준화되어 있지만 저장 프로시저는 DBMS 독자의 언어가 사용되는 일이 많아 호환성이 낮다는 점에 주의가 필요하다.

뷰와 구분 사용
테이블을 결합하고 필요한 부분만 보이는 뷰를 정의하는 것도 가능하고 주로 참조용으로 사용된다. 저장 프로시저는 복잡한 처리와 갱신 처리에 주로 사용된다.

용어 사용 예

저장 프로시저라면 프로그램에서 호출하기만 하면 된다.

관련 용어

관계형 데이터베이스와 SQL ……P248

부하 분산

여러 대의 기기로 처리를 분담

여러 대의 서버 등 같은 역할을 하는 여러 대의 기기 간에서 처리를 분산함으로써 기기 한 대에 큰 부하가 걸리는 상황을 피하는 것을 부하 분산이라고 한다. 또한 부하 분산을 수행하기 위한 기기를 부하 분산 장치(로드 밸런서)라고 한다. 부하 분산 장치를 사용하면 이용자는 한 대의 서버에 액세스하고 있는 것처럼 보여도 자동으로 여러 대에 할당할 수 있다.

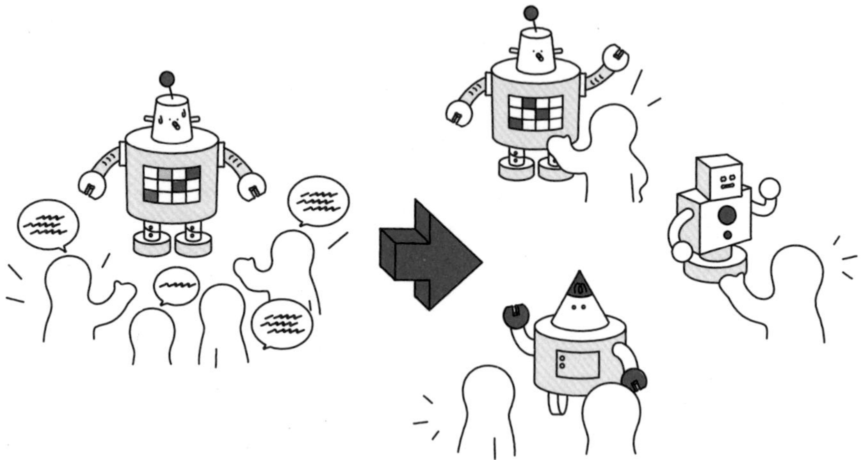

용어 관련 이야기

CDN의 사용

웹사이트와 이미지, 동영상을 전송하는 경우에는 자사에서 부하 분산하는 것보다 CDN이라 불리는 서버에 업로드하는 방법이 많이 사용되고 있다.

수직 분산과의 차이

부하 분산에서는 같은 역할을 하는 컴퓨터를 여러 대로 분산하기 때문에 수평 분산이라고 하며 컴퓨터를 역할별로 여러 대 준비하는 것을 수직 분산이라고 한다.

분산과 집중의 역사

재해가 일어날 리스크와 부하를 생각하면 여러 곳에 분산하면 안심이지만 관리 측면에서는 집중하는 쪽이 수월하다.

용어 사용 예

대량으로 액세스가 있는 서버라면 부하 분산이 필수이다.

관련 용어

스케일 아웃과 스케일 업……P91 CDN……P176

핫 스탠바이hot standby system와 콜드 스탠바이cold standby system

장애 발생에 대비한다

장애 등에 대비해서 백업용 기기를 대기시키는 상태를 가리키는 단어에 핫 스탠바이와 콜드 스탠바이가 있다. 핫 스탠바이는 언제라도 사용할 수 있는 상태로 신속하게 전환 가능하지만 콜드 스탠바이는 평소 사용하지 않아 전환하는 데 시간이 걸린다.

용어 관련 이야기

핫 스탠바이의 단점

OS와 애플리케이션, 데이터를 항상 사용할 수 있는 상태로 확보하기 위해 데이터를 리얼타임으로 동기할 필요가 있어 운용에는 비용이 든다.

콜드 스탠바이의 단점

콜드 스탠바이는 장애가 발생하고 나서 전원을 켜고 데이터를 설정하기 때문에 전환에 시간이 걸리고 그 동안은 시스템을 사용할 수 없다.

웜 스탠바이

핫 스탠바이와 콜드 스탠바이의 중간에 웜 스탠바이가 있고 평소에 기동하고 있지만 전환에 일정 작업이 필요한 구성을 가리킨다.

용어 사용 예

돈이 있으면 핫 스탠바이로 하고 싶지만 콜드 스탠바이로 해야 할 것 같아.

관련 용어

부하 분산 …… P254

Column

재치가 담긴 네이밍을 안다

IT 관련 언어에는 재치 넘치는 이름이 붙어 있는 것도 드물지 않다. 본문에 나온 사이트 이동 경로의 영어 이름 Breadcrumb trail은 동화 〈헨젤과 그레텔〉에서 유래했다.

재치를 담은 이름으로 재귀적인 약어를 사용하는 일도 있다. 예를 들면 GNU는 GNU's Not Unix의 약자이며 PHP는 PHP: Hypertext Processor의 약자이다. 이외에도 아래와 같은 언어가 알려져 있다.

약어	정식 명칭
Linux	Linux is not unix
LAME	LAME Ain't an MP3 Encoder
Wine	Wine is Not an Emulator
Nagios	Nagios ain't gonna insist on sainthood
YAML	YAML Ain't Markup Language

소프트웨어의 비전 번호로 유니크한 것이 있다. 267쪽에 등장하는 TeX는 원주율 π=3.14159…에 가까우며 마찬가지로 커누스가 만든 METAFONT는 자연 함수인 밑 e=2.718…에 가깝다.

또한 숫자로 나타내는 버전 번호에 추가해서 코드네임이 사용되는 일도 있다. Android에서는 과자 이름인 코드 네임이 있으며 풀 알파벳 순으로 Cupcake, Donut, Eclair(에클레어), Froyo(프로즌 요구르트)…와 같은 이름이 붙어 있다.

macOS에서는 과거 Cheetah와 Puma, Jaguar와 같은 동물의 이름을 사용했지만 최근에는 Yosemite와 El Capitan, Sierra, High Sierra, Mojave와 같이 캘리포니아의 지명이 사용되고 있다.

제 7 장

IT 업계에서 알아야 할 인물

Keyword 231~256

앨런 튜링 Alan Turing (1912~1954)

튜링 테스트의 고안자

1912년 영국 출신. 현대 컴퓨터 과학의 아버지라 불리는 사람 중 한 명으로 현대 컴퓨터의 탄생에 중요한 역할을 한 인물. 제2차 세계대전에서는 독일의 에니그마 암호 해독에 관여하고 대영제국 훈장을 수여받았다. 지성과 지능, 사고라는 단어를 생각할 때 튜링의 공적은 크고 인공지능의 아버지로도 불린다.

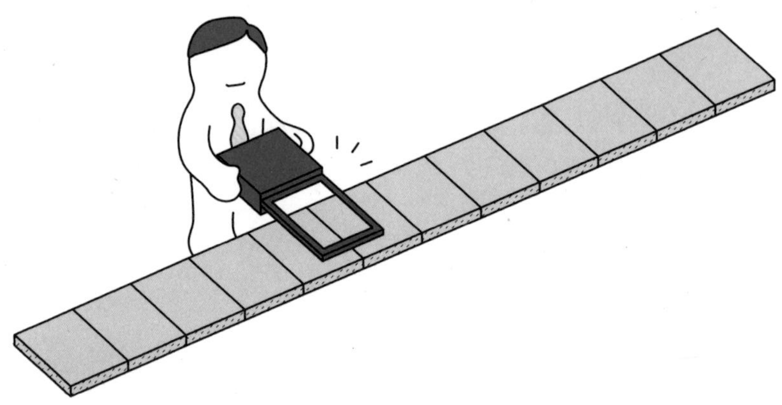

인물 관련 이야기

튜링 머신

튜링이 생각한 무한으로 긴 테이프를 좌우로 움직여서 문제를 푸는 기계라는 컴퓨터의 개념. 처리가 정지하거나 사전에 판정한다는 문제는 풀 수 없다.

튜링 테스트

인공지능인지의 여부를 판정하는 방법에 튜링 테스트가 있다. 사람인 판정자가 기계와 대화한 후 판정자가 기계와 인간을 구별하지 못한 경우에 인공지능이라고 판정한다.

튜링상(賞)

ACM이라는 학회가 수여하고 있는 상에 튜링상이 있다. 컴퓨터 사이언스 분야의 노벨상이라고 불리며 큰 공적을 거둔 사람에 주어진다.

위인의 이 점이 대단하다!

정치와 컴퓨터 사이언스 양 분야에서 위업을 이루었다!

관련 용어

(인공지능)……P14

클로드 섀넌 Claude Shannon (1916~2001)

정보 이론의 아버지

1916년 미국 출신. 정보와 통신을 수학적으로 생각하는 정보 이론의 고안자. 전기회로의 직렬 병렬과 논리 연산의 AND OR을 대응시켜 계산할 수 있음을 제시했을 뿐 아니라 정보의 양을 나타내는 엔트로피의 개념을 제창하고 데이터 압축과 부호화, 암호 등 현재의 ICT(정보통신기술) 사회에 필수인 기술에 대해 수학적인 연구를 했다.

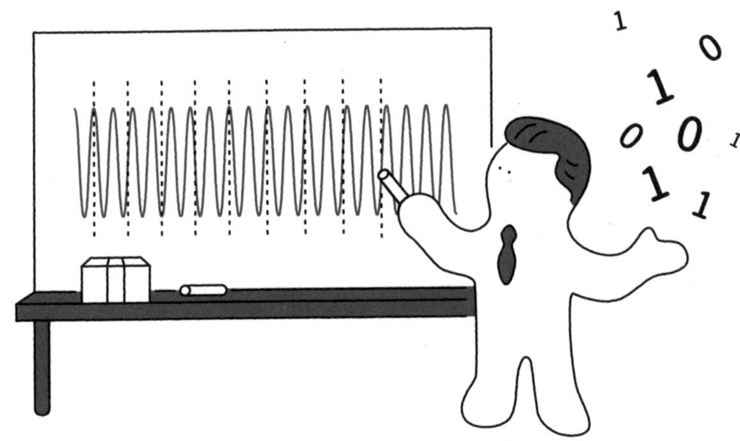

인물 관련 이야기

표본화 정리의 증명

아날로그 데이터를 디지털 데이터로 변환할 때 샘플링 간격을 정량적으로 나타낸 정리에 표본화 정리가 있고 섀넌에 의해서 증명됐다.

정보원 부호화 정리

정보가 가진 가치(정보량)를 정의하고 데이터 압축의 한계를 주는 정리에 정보원 부호화 정리가 있고 섀넌의 제1 기본 정리라고 한다.

통신로 부호화 정리

통신로에서 잡음이 포함돼도 오류 정정이 가능한 최대 효율에 대한 정리에 통신 부호화 정리가 있고 섀넌의 제2 기본 정리라고 불린다.

위인의 이 점이 대단하다!

20세기에 현대 통신의 기초를 구축했다!

관련 용어

(암호화와 복호화)……P201

에드가 F. 코드 Edgar F. Codd (1923~2003)

관계형 모델을 발명

1923년 영국 출신. IBM사에서 데이터를 취급 시의 관계형 모델과 관계 대수, 관계형 데이터베이스를 발명하고 RDBMS의 아버지라고도 불린다. 코드의 이론을 토대로 현재의 많은 데이터베이스에서 사용되고 있는 SQL이 개발되었다. 데이터의 관리에 공헌을 한 사람에게 코드 혁신상이 매년 수여되고 있다.

인물 관련 이야기

관계형 모델과 관계 대수

데이터를 2차원의 표 형식으로 표현하는 방법을 관계형 모델이라고 한다. 표에서 취급하는 합, 차, 곱 등의 집합 연산과 결합, 사영射影, 선택 등의 관계 연산의 정의를 관계 대수라고 한다.

코드의 12규칙 Codd's 12rules

관계형 데이터베이스 관리 시스템이 가져야 할 특징을 기록한 규칙에 코드의 12규칙이 있으며 1990년에 규칙의 수가 18개로 확장됐다.

정규화에 공헌

데이터베이스의 정규화에 대해 제1~제3정규형을 정의했을 뿐 아니라 제3정규형의 강화판으로 정의된 정규화방법에 보이스 코드 정규형이 있다.

위인의 이 점이 대단하다!

취급하기 어려웠던 데이터베이스에 혁명을 일으켰다!

관련 용어

(표 계산 소프트웨어와 DBMS)……P86 (관계형 데이터베이스와 SQL)……P248

존 폰 노이만 John von Neumann (1903~1957)

노이만형 컴퓨터의 개념을 발표

1903년 헝가리 출신. 세계 최초의 컴퓨터인 ENIAC(에니악)을 개량한 EDVAC(에드박)의 설계 단계부터 참가하고 프로그램 내장 방식의 컴퓨터 개념을 발표했다. 게임 이론에서 미니맥스법과 시뮬레이션의 몬테카를로법 등 이과계 분야뿐 아니라 역사와 철학 등 폭넓은 분야에서 많은 공적을 남겼다.

인물 관련 이야기

노이만형 컴퓨터

현대의 일반적인 컴퓨터는 프로그램 내장형 컴퓨터라고도 불리며 그 제창자인 노이만의 이름에서 노이만형 컴퓨터라고 한다.

셀룰러 오토마타 Cellular Automata

상태를 가진 셀이 이웃하는 셀의 상태를 토대로 그 상태를 천이시켜 가는 모델로서 셀룰러 오토마타가 있고 다양한 자연 현상의 모델화에 사용된다.

머지 소트 merge sort

한 번 분할하고 나서 정렬하는 분할 정복에 의해서 데이터를 안정적이고 고속으로 재배열하는 알고리즘으로 노이만에 의해서 발명됐다고 한다.

위인의 이 점이 대단하다!

현재도 계속 사용되고 있는 컴퓨터의 개념을 제창했다!

관련 용어

5대 장치 …… P218

존 배커스 John Backus (1924~2007)

배커스 나우어 형식의 고안자

1924년 미국 출신. 세계 최초의 고수준 언어인 프로그래밍 언어 FORTRAN(포트란)을 발명하여 많은 사람이 기계어를 배우지 않고 프로그래밍할 수 있게 됐다. 언어 사양의 기술에 사용되는 배커스 나우어 형식의 발명자이기도 하다. 공적을 인정받아 튜링상을 수상했다.

인물 관련 이야기

널리 사용된 세계 최초의 고급 언어 포트란FORTRAN

수치 계산과 과학 계산에 적합한 프로그래밍 언어로 현재도 슈퍼컴퓨터를 사용한 시뮬레이션 등에 사용된다.

배커스 나우어 형식

프로그래밍 언어 등의 문법을 정의하기 위해 사용되는 형식으로 알골ALGOL이라는 언어의 문법을 표현하기 위해 만들었다. 현재도 확장된 것이 사용된다.

함수 레벨 프로그래밍

배커스는 함수 레벨 프로그래밍을 제창하고 새로운 프로그래밍 언어 FP와 후속 FL을 개발했지만 그다지 사용되지는 않았다.

위인의 이 점이 대단하다!

프로그래밍 언어의 설계, 개발의 기초를 만들었다!

관련 용어

프로그래밍 언어 ……P227

존 맥카시 John McCarthy (1927~2011)

프레임 문제 제창자이자 LISP 개발자

1927년 미국 출신. 1956년의 다트머스 회의에서 Artificial Intelligence라는 언어를 사용하여 인공지능의 한계인 프레임 문제를 정식화하는 등 마빈 민스키와 함께 인공지능의 아버지라 불린다. 또한 프로그래밍 언어 LISP를 설계하고 가비지 컬렉션을 발명했다.

인물 관련 이야기

프레임 문제

인공지능의 한계 중 하나로 모든 가능성을 고려하면 탐색하는 양이 너무 많아서 발생하는 문제에 대한 답을 시간 내에 찾아내지 못하는 것을 가리킨다.

프로그래밍 언어 LISP

리스트의 처리에 의해서 기능을 실현하는 언어로 함수형 프로그래밍 언어의 원조라고 할 수 있다. 기호 처리가 전문이고 인공지능의 개발에 많이 채용됐다.

타임 셰어링 시스템

한 대의 메인 프레임의 CPU를 시간으로 분할해서 공유할 수 있도록 해서 유저 단위로 동시에 컴퓨터를 유효 이용할 수 있도록 했다.

위인의 이 점이 대단하다!

컴퓨터 과학 분야에서 20세기 최대의 발명을 한 인공지능 일인자!

관련 용어

(인공지능)……P14 (프로그래밍 언어)……P227 (함수형과 논리형)……P231

마빈 민스키 Marvin Minsky (1927~2016)

인공지능의 아버지

1927년 미국 출신. 1956년의 다트머스 회의의 발기인 중 한 사람으로 뉴럴 네트워크 관련 연구를 수행하는 등 존 맥카시와 함께 인공지능의 아버지라 불린다. 도움이 되지 않는 기계 Useless machine 등 철학적이고 독특한 발상의 소유자로도 알려져 있으며 생애에 걸쳐 지적인 탐구를 이어갔다.

인물 관련 이야기

프레임 이론

지식을 도식화하려면 모든 사상을 기술할 필요가 있지만 프레임이라 불리는 틀로 제한해서 틀 내에 수납하는 지식만을 사용하자는 생각.

서적 〈마음의 사회〉

민스키가 마음의 작용을 고찰한 책. 인공지능과 마음이란 무엇인가 생각했을 때 뇌와 언어, 학습, 이해, 상식 등의 근원적인 사항에 깊게 생각을 미친다.

퍼셉트론perceptron의 한계를 지적

뉴럴 네트워크의 분류인 퍼셉트론에서 배타적 논리합의 이론 연산을 학습할 수 없는 등 선형 분리할 수 없는 것을 나타냈다.

위인의 이 점이 대단하다!

저서와 프로젝트를 통해 인공지능을 전 세계로 확산하고 후계자를 육성했다!

관련 용어

인공지능 ……P14

고든 무어 Gordon Moore (1929~)

무어의 법칙 제창자

1929년 미국 출신. 인텔의 설립자 중 한 사람으로 무어의 법칙으로 유명하며 과학 기술 혁신에 공헌한 사람에 대해 매년 'Gordon E. Moore Medal'을 수여하고 있다. 90세를 넘은 현재도 인텔의 명예 회장을 맡고 있다. 미국에서 국민에게 주어지는 최고위 훈장인 '대통령 자유훈장'을 2002년에 수상했다.

인물 관련 이야기

초기의 무어의 법칙

1965년에 무어는 소자당 비용을 생각했을 때 집적회로에 탑재되는 소자 수가 1년마다 배가 된다고 예측했다.

변경된 무어의 법칙

1975년에는 속도가 감소했다고 발표하고 무어의 법칙이라고 해서 2년에 배가 된다고 발표했으며 실제로 그러한 속도가 유지됐다.

고든 & 베티무어 재단

2000년 무어 부부가 설립한 재단으로 획기적인 과학적 발견, 환경 보전, 환자 보호 프로그램 등에 대응하고 있다.

위인의 이 점이 대단하다!

반도체 업계의 트렌드를 구축했다!

관련 용어

(CPU와 GPU)……P66 (집적회로)……P219

에츠허르 데이크스트라 Edsger Dijkstra (1930~2002)

구조화 프로그래밍 제창자

1930년 네덜란드 출신. 구조화 프로그래밍을 제창하고 'GoTo문은 유해하다고 간주된다'라는 기사를 기고했을 뿐 아니라 많은 프로그래밍 언어에 영향을 미친 언어인 알골ALGOL에서도 중심적인 역할을 했다. 분산 컴퓨팅에도 공헌했기 때문에 2000년부터 분산 컴퓨팅에 관한 논문에 대해 매년 다이크스트라상이 수여되고 있다.

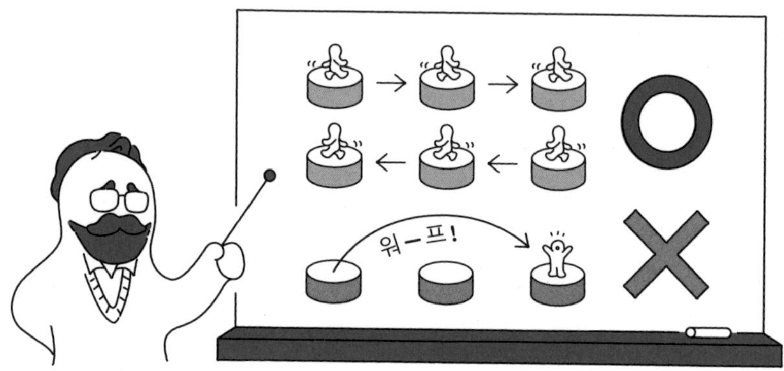

인물 관련 이야기

구조화 프로그래밍의 제창
여러 처리를 묶어서 추상화한 문을 조합해서 계층화하고 데이터도 추상화하는 등 추상화에 의해서 프로그램의 가독성을 향상시키는 것을 지향했다.

데이크스트라법의 고안
그래프 이론의 최단 경로 문제를 푸는 알고리즘인 데이크스트라법을 고안. 네트워크에서의 경로 안내 등에 이용되고 있다.

세마포semaphore의 고안
어느 영역에 복수의 처리가 동시에 액세스할 때 그 경쟁 상태를 OS 등이 관리·제어하는 심플한 방법인 세마포를 데이크스트라가 고안했다.

위인의 이 점이 대단하다!

프로그래밍의 낭비를 줄이는 구조를 만들었다!

관련 용어

(프로그래밍 언어)……P227 (알고리즘과 플로 차트)……P229

도널드 커누스 Donald Knuth (1938~)

문학적 프로그래밍 제창자

1938년 미국 출신. 집필 중인 알고리즘 서적은 머리글자를 따서 TAOCP라 불리며 제7권까지 있다고 한다. 집필 개시부터 50년 이상이 경과한 현재 제4권의 분권까지 출판됐다. TAOCP의 집필을 위해 TeX를 개발한 것으로도 알려져 있으며 출판물에 오류를 발견한 사람에게는 상금 쿠폰을 발행했다고도 한다.

인물 관련 이야기

〈The Art of Computer Programming〉
알고리즘의 바이블로도 일컬어지며 알고리즘의 배경과 역사 등도 포함해서 해설한 서적으로 현재도 집필을 계속하고 있다.

TeX의 개발
오픈 소스의 조판 처리 시스템으로 마크업 방식으로 수식 등도 기술할 수 있다. 버전업할 때마다 버전 번호가 원주율에 가까워진다.

문학적 프로그래밍
도큐먼트와 소스 코드를 일체화해서 작성하는 프로그래밍 스타일로 문서와 정합성을 확보하기 위해 커누스가 제창했다.

위인의 이 점이 대단하다!

알고리즘 분석 분야를 개척했다!

관련 용어

(알고리즘과 플로 차트)……P229

스티븐 쿡 Stephen Cook (1939~)

NP 완전 문제의 존재를 증명

1939년 미국 출신. 논리식의 충족 가능성 문제SAT가 NP 완전이라는 것을 증명함으로써 NP 완전 문제의 존재를 증명했다. 이 증명은 쿡-레빈Cook-Levin 정리라고 알려져 있다. 'P≠NP 예상'에는 많은 수학자가 해결한 논문을 투고했지만 그 검증 결과는 아직 제시되어 있지 않다.

인물 관련 이야기

NP 완전 문제

컴퓨터가 문제를 풀 때 걸리는 시간을 생각하면 P와 NP라는 클래스로 분류하는 방법이 있고 NP 중에서 가장 어려운 문제를 NP 완전 문제라고 한다.

P≠NP 예상

클래스 P와 클래스 NP의 두 집합이 다르다고 스티븐 쿡에 의해서 제안된 예상으로 미해결 밀레니엄 현상 문제의 하나가 되고 있다.

클래스 SC

스티븐 쿡의 이름을 따서 지은 클래스에 SC가 있고 클래스 P 또한 클래스 PolyL에 속하는 결정성 튜링 머신으로 해결 가능한 문제 클래스를 가리킨다.

위인의 이 점이 대단하다!

풀 수 있으면 컴퓨터사를 크게 바꾸는 문제의 존재를 증명했다!

관련 용어

알고리즘과 플로 차트 ……P229

앨런 케이 Alan Kay (1940~)

PC의 아버지

1940년 미국 출신. 공용이 아닌 개인용 PC 개념을 제창하고 그 원형인 알토ALTO를 개발한 데서 PC의 아버지라고도 불린다. 또한 객체 지향이라는 단어와 개념을 제창하고 Smalltalk를 개발한 것으로도 유명하다. '미래를 예측하는 최선의 방법은 그것을 발명하는 것이다'라는 말로도 유명하다.

인물 관련 이야기

다이내북Dynabook 구상

앨런 케이가 제창한 GUI의 OS를 탑재하고 휴대가 가능한 이상적인 PC를 말하며 저가격에 어린이도 사용할 수 있는 것을 상정했다.

Smalltalk와 Squeak

객체 지향 프로그래밍의 견본으로서 이후의 언어에 큰 영향을 미친 언어에 Smalltalk가 있고 그 환경 중 하나가 Squeak이다.

컴퓨터 리테라시

컴퓨터는 일상생활 속에서 조작할 수 있는 능력을 가리키는 말에 컴퓨터 리터러시가 있고 앨런 케이가 만든 조어이다.

위인의 이 점이 대단하다!

지금의 PC를 최초로 생각한 GUI의 창시자!

관련 용어

(5대 장치)……P218 (절차형과 객체 지향)……P230

래리 앨리슨 Larry Ellison (1944~)

오라클 공동 창업자

1944년 미국 출신. 1977년에 오라클의 전신 기업을 공동으로 창업하고 DBMS를 중심으로 개발한다. 그후 썬 마이크로시스템즈를 비롯해서 수많은 기업을 매수한 것으로 유명하다. 테슬라 이사에도 취임하고 10억달러를 투자해서 화제가 됐다.

인물 관련 이야기

RDBMS 오라클

대형 컴퓨터부터 PC까지 폭넓은 환경에서 이용할 수 있는 상용 RDBMS에 Oracle이 있다. 풍부한 기능과 고속 처리로 대기업에서 사용 점유율이 높다.

OSS 제품과 다른 서포트

RDBMS로 오픈 소스 소프트웨어인 MySQL과 PostgreSQL 등도 많이 사용되고 있지만 Oracle은 상용으로서 두터운 지지를 받고 있다.

하와이 라나이 섬 소유자

2012년에 하와이에서 6번째로 큰 라나이 섬의 98%를 앨리슨이 구입하고 그가 주장하는 지속가능한 개발 계획의 모델로 하기 위해 개발이 진행하고 있다.

위인의 이 점이 대단하다!

타사에 앞서서 RDBMS를 비즈니스로 바꾸었다!

관련 용어

(관계형 데이터베이스와 SQL)……P248

리처드 스톨먼Richard Stallman (1953~)

프리소프트웨어 활동가

1953년 미국 출신. GNU 프로젝트를 창설하고 이용자가 소프트웨어를 자유롭게 사용할 수 있는 권리를 법적으로 보증하는 것을 생각했다. 또한 프리소프트웨어 재단FSF을 설립하고 개발자가 소프트웨어를 변경·재배포하는 권리를 법적으로 보호하는 카피레프트copyleft의 개념을 넓히는 것을 생각하고 그 라이선스 체계로서 GPL을 작성했다.

인물 관련 이야기

프리소프트웨어 운동

소스 코드를 공개하고 무상으로 자유로운 배포를 추진하는 활동을 프리소프트웨어 운동이라고 하고 카피레프트와 라이선스 보급 계발을 수행하고 있다.

GNU Emacs의 개발

높은 확장성이 있고 자유롭게 커스터마이즈할 수 있는 텍스트 에디터로서 오래부터 사용되고 있는 것에 Emacs가 있고 그 GNU판을 개발했다.

GCC의 개발

C언어와 C++, Java 등 많은 프로그래밍 언어에 대응한 컴파일러인 GCC를 개발하고 Linux 등 UNIX계 OS에서 표준 탑재되어 있다.

위인의 이 점이 대단하다!

IT의 진보를 가속시킨 주역!

관련 용어

오픈 소스 …… P169

폴 앨런 Paul Allen (1953~2018)

마이크로소프트 공동 창업자로 하드웨어에도 조예가 깊다

1953년 미국 출신. 빌 게이츠와 함께 마이크로소프트를 창업해서 억만장자가 됐다. 재단을 운영할 뿐 아니라 다양한 사업에 투자하는 자선활동가로도 알려져 있으며 2015년에는 구 일본해군 전함 '무장'을 심해에서 발견해서 주목을 받았다. 또한 우주 사업에 흥미를 갖고 투자했지만 2018년에 사망했다.

인물 관련 이야기

BASIC 인터프리터 판매

앨런은 빌 게이츠와 함께 마이크로소프트에서 개발한 BASIC 인터프리터를 판매했다. 세계 최초의 PC라 불리는 Altair 8800용으로 만들었다.

미술관 설립

앨런은 시애틀에 있는 MoPoP 등의 미술관을 설립하고 역사적으로 가치 있는 컬렉션을 전시하는 비영리단체와 예술가 지원에 투자를 했다.

공중 발사 시스템 개발

앨런은 로켓을 태우고 비행하여 상공에서 쏘아 올리는 로켓 발사용 비행기 계획에 참가했다. 2020년에 운용 개시가 예정되어 있다.

위인의 이 점이 대단하다!

OS의 개발을 주도하고 PC를 전 세계에 보급시켰다!

관련 용어

OS와 애플리케이션 ……P79

팀 버너스 리 Timothy Berners Lee (1955~)

WWW의 아버지

1955년 영국 출신. World Wide Web의 설계와 실장을 한 점에서 WWW의 아버지라고도 불린다. W3C를 설립하고 WWW의 표준화와 차세대 Web 기술인 시맨틱 Web에도 대응했다. 2009년에는 World Wide Web 재단을 설립하고 2018년에는 Contract for the Web(웹을 위한 협정) 작성을 발표했다.

인물 관련 이야기

WWW 고안

HTML과 HTTP, URL 등의 Web 기술의 기초가 되는 부분을 버너스 리가 고안하고 세계 최초의 Web 브라우저인 World Wide Web을 개발했다.

시맨틱 Web 표준화

현재의 웹사이트와 같이 HTML로 기술하는 것이 아니라 XML로 기술한 문서에 의미를 기술한 태그를 붙임으로써 정보 수집과 분석을 자동으로 수행하는 기술.

Solid 고안

자신의 데이터는 자신이 관리하고 타인이나 서비스에 읽고 쓰기를 하는 권한을 부여하는 SNS와 같은 오픈 소스 플랫폼 Solid를 고안하고 개발을 주도했다.

위인의 이 점이 대단하다!

인터넷 사회의 실현으로 개인과 기업의 관계를 바꾸었다!

관련 용어

(HTTP와 HTTPS) ······P124 (HTML) ······P157

에릭 슈미트 Eric Schmidt (1955~)

구글(현 알파벳) 전 CEO

1955년 미국 출신. 자구 해석 프로그램 lex의 개발자로 알려져 있으며 선 마이크로시스템과 노벨 등에서 CEO와 CTO를 맡은 후 래리 페이지, 제르게이 프린이 창업한 구글에 2001년에 CEO로 참가. 2015년에 구글의 지주회사로 설립한 알파벳 회장에 취임했다.

인물 관련 이야기

lex의 공동 개발자

컴파일러 작성 시에 소스 코드에서 각 언어의 문법에 따르고 있는지 구문 해석할 때 사용되는 자구 해석 프로그램인 lex는 POSIX 표준이기도 하다.

Java의 개발을 주도

선 마이크로시스템에서 개발을 주도한 프로그래밍 언어 Java는 한 번 컴파일하면 실행 시의 플랫폼에 의존하지 않는다는 특징이 있다.

The 11th Hour Project

식료와 물, 에너지와 농업, 인권 등 인간의 건강에 영향을 미치는 문제에 대응하고 있는 지원 단체로 슈미트 부부가 출자했다.

위인의 이 점이 대단하다!

구글을 스피드와 혁신적인 발상으로 성공으로 이끌었다!

관련 용어

(검색 엔진과 크롤러)……P88

빌 게이츠 Bill Gates (1955~)

마이크로소프트 공동 창업자로 프로그래머로도 유명

1955년 미국 출신. 폴 앨런과 함께 마이크로소프트를 창업하고 BASIC과 MS-DOS를 개발한다. 그후 마이크로소프트는 Windows와 Office 등 수많은 상품으로 압도적인 점유율을 획득하고 20세기에 가장 성공한 기업으로 평가받는다. 현재는 마이크로소프트의 제일선에서는 떠났다.

인물 관련 이야기

BASIC 인터프리터의 개발

빌 게이츠가 Altair 8000용 BASIC 인터프리터를 개발했을 때 수중에 Altair 8000이 없는 상태에서 더욱이 완성하기 전에 팔았다는 이야기는 유명하다.

MS-DOS 개발

IBM이 개인용 PC의 원형을 개발했을 때 채용 예정이었던 QDOS의 라이선스를 마이크로소프트가 구입하고 그것을 개량한 MS-DOS가 IBM PC에 도입됐다.

빌 & 멜린다 게이츠 재단

빌 게이츠와 그 아내인 멜린다 부인이 설립한 민간에서 운영하는 세계 최대의 자선기금단체로 세계의 빈곤과 의료, 교육 분야에 지원하고 있다.

위인의 이 점이 대단하다!

OS의 개발과 경영 수완으로 마이크로소프트를 대약진시켰다!

관련 용어

OS와 애플리케이션 …… P79 프로그래밍 언어 …… P227

스티브 잡스 Steve Jobs (1955~2011)

애플의 공동 창업자

1955년 미국 출신. 스티브 워즈니악 등과 함께 현재의 애플 전신인 애플 컴퓨터를 창업. 세련된 GUI를 갖춘 매킨토시 등 선진적인 컴퓨터를 개발했다. 세세한 부분까지 아름다운 디자인에 대한 고집이 강하고 많은 팬이 있었지만 2011년에 사망했다.

인물 관련 이야기

애플의 창업과 재건

1976년에 애플을 창업했지만 1985년에 잡스는 회사를 쫓겨난다. 그러나 1996년 회사 복귀 후 iMac와 iPod, iPhone 등 잇따라 히트 상품을 발매했다.

터틀넥에 진즈

잡스는 신상품 발표 시 등 항상 같은 의상으로 프리젠테이션을 하던 인상이 있으며 평소부터 같은 패션을 즐겼다고 한다.

Stay hungry, Stay foolish

모교 스탠포드 대학의 졸업식에서 한 연설에서의 맺음말인 'Stay hungry, Stay foolish'가 자주 소개된다.

위인의 이 점이 대단하다!

유저 퍼스트의 입장을 철저히 지키며 사람들의 라이프스타일을 바꾸었다!

관련 용어

(OS와 애플리케이션)……P79 (미니멀 디자인)……P160

팀 쿡 Tim Cook (1960~)

애플 CEO

1960년 미국 출신. IBM과 컴팩 등을 거쳐 1998년에 애플에 입사. 스티브 잡스와 함께 애플의 재건에 공헌하며 2005년에는 COO, 그후 CEO가 된다. 상품의 조달과 서플라이체인 등 기술면이 아니라 경영면 매니지먼트면에서 주목받는 일이 많다.

인물 관련 이야기

스티브 잡스의 대리

현재와 같이 쿡은 애플의 CEO가 되기 전에도 잡스가 수술 등을 받기 위해 일시적으로 CEO의 입장에서 떠났을 때 대리를 맡았다.

National Football 재단

아메리칸 풋볼의 촉진과 발전을 위한 비영리 단체로 아마추어 팀의 지원과 운영 등을 하고 있으며 쿡은 이사를 맡고 있다.

나이키 이사

스포츠 관련 상품을 취급하는 나이키의 이사이기도 하며 애플 워치에서도 앱과 리스트 펀드 등 많은 연계가 이루어져 있다고 생각되고 있다.

위인의 이 점이 대단하다!

애플의 눈부신 성장을 이끈 숨은 지원자!

관련 용어

프로젝트 매니지먼트 ······P103

마이클 델 Michael Dell (1965~)

델 창설자

1965년 미국 출신. 19세에 컴퓨터 회사를 기업하고 현재의 델을 구축하고 한때는 컴퓨터 매출 세계 1위에 올라섰다. 2004년에 CEO에서 은퇴하지만 2007년에 복귀한다. 2013년에 매수 펀드와 함께 델을 매수하고 주식의 비공개화를 단행했다.

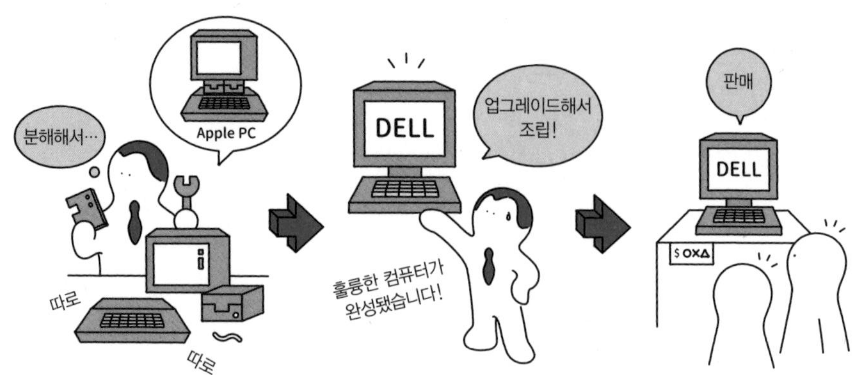

인물 관련 이야기

주문 생산·직판 제도의 채용
당시의 컴퓨터는 대량 생산으로 양판점에서 판매했지만 주문 생산으로 직판하는 방법과 오랜 기종의 업데이트로도 주목을 받았다.

강고한 서포트 체제
델은 PC 구입자에 대한 24시간 서포트 체제와 프리다이얼 도입 등을 일찍이 실현하여 고객 만족도를 높이는 데 성공했다.

마이클 & 스펜서 델 기금
아내와 함께 설립한 기금으로 빈곤한 아이들을 지원하기 위해 학교와 재해 지역 등에 많은 금액을 기부하고 있다.

위인의 이 점이 대단하다!

젊은 시절 IT 분야에서 풍부한 비즈니스 역량을 발휘했다.

관련 용어

(5대 장치)……P218

리누스 토발즈 Linus Torvalds (1969~)

리눅스 개발자

1969년 핀란드 출신. Linux와 git 등 현재 많이 사용되고 있는 소프트웨어를 개발하고 많은 팬이 있다. 그 개념이 빌 게이츠와 대비되는 일이 많고 서적 <그것이 나에게는 즐거웠기 때문에>에 있듯이 자신에게 필요한 것을 즐겁기 때문에 만들었다는 개념이 공감을 얻고 있다.

인물 관련 이야기

리눅스 개발

1991년에 공개된 리눅스는 토발즈가 개발을 시작한 OS로 서버 등의 용도로 많이 사용되고 있으며 현재도 커널 변경의 최종 결정자이다.

git의 개발

리눅스에서의 개발에 사용되던 Bit-keeper가 무상 제공이 종료됨에 따라 토발즈가 개발한 버전 관리 시스템에 git가 있다.

매스컷 Tux

리눅스 공식 매스컷인 Tux는 펭귄을 디자인한 것으로 리누스 토발즈가 펭귄에 호의적이었던 것에서 선정됐다.

위인의 이 점이 대단하다!

오늘날의 새로운 기술 개발에 빼놓을 수 없는 OS 탄생의 부모!

관련 용어

(OS와 애플리케이션)……P79 (커널)……P241

엘론 머스크 Elon Musk (1971~)

테슬라 CEO

1971년 남아프리카 출신. 독학으로 프로그래밍을 습득하고 12세에 인베더 게임과 같은 소프트웨어를 판매했다. PayPal을 비롯해 몇 개의 회사를 설립하고 전기자동차와 자율주행에 적극적인 테슬라와 태양광 발전, 우주 비즈니스 등에 잇따라 투자했다. 참여한 기업의 급성장과 본인의 발언 등으로 주목을 받는 일이 많다.

인물 관련 이야기

테슬라의 CEO
테슬라는 전기자동차를 개발하는 기업으로 자율주행 등의 기술에 적극적으로 대응하고 있다.

PayPal 창업자
전 세계에서 사용되는 온라인 결제 서비스 PayPal은 전신 기업을 엘론 머스크가 창설한 X.com과 합병해서 생겼다.

스페이스 X의 도전
로켓 개발을 하는 스페이스 X를 창업하고 국제 우주 스테이션 도킹과 지구 귀환에 성공. 민간에 의한 화성 탐사와 화성 이주 구상을 피로했다.

위인의 이 점이 대단하다!

항상 새로움을 추구하는 사업가이며 선견지명을 가진 투자가!

관련 용어

(인공지능)……P14 (전자상거래)……P138

래리 페이지Larry Page (1973~), 세르게이 브린Sergey Brin (1973~)

구글(현 알파벳) 공동 창업자

1973년 미국 출신(래리 페이지), 1973년 소련 출신(세르게이 브린). 스탠포드 대학 재학 중에 만난 두 사람은 공동으로 검색 엔진에 관한 논문을 집필했다. 그후 구글을 공동으로 창업하고 현재 에릭 슈미트 등과 함께 경영을 하고 있다.

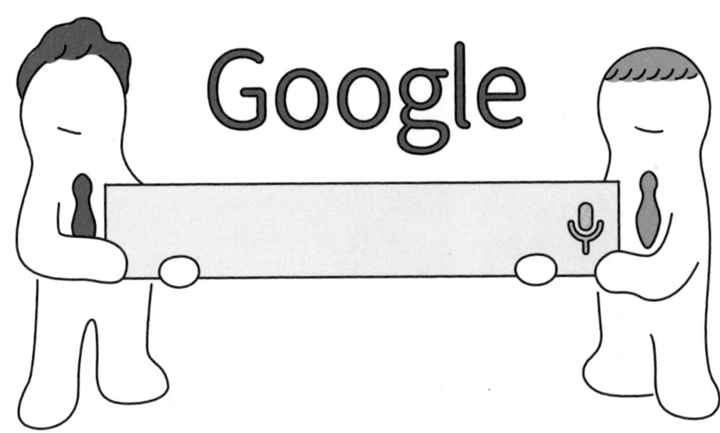

인물 관련 이야기

구글 이름의 유래

10의 100승을 의미하는 단위 구골에서 유래하며 세계의 정보를 체계화하고 누구라도 액세스할 수 있고 사용할 수 있도록 한다는 사명을 표현하고 있다고 한다.

페이지 랭크의 개념

'검색된 웹사이트들 중 다른 웹사이트의 링크를 많이 받는 웹사이트가 중요할 것'이라는 개념에 기초해서 독자로 랭크 매김을 하는 평가 방법으로 구글에서 개발했다.

구글의 X 프로젝트

세르게이 브린이 시작한 차세대 기술을 개발하는 구글의 프로젝트에 X가 있고 지금까지 안경형 단말과 자율주행차 등이 공개됐다.

위인의 이 점이 대단하다!

모든 서비스 개발에서 세계의 정보를 공유시켰다!

관련 용어

검색 엔진과 크롤러 ······ P88

마크 저커버그 Mark Zuckerberg (1984~)

페이스북 공동 창업자

1984년 미국 출신. 하버드 대학 재학 시절부터 SNS의 전신이라고도 할 수 있는 서비스를 몇 가지 개발했다. 중에는 여자 학생의 신분증명서를 공개하고 투표시키는 사이트를 개발하여 문제가 되기도 했다. 2004년에 페이스북을 공동으로 창업하고 2010년에는 미국의 뉴스 잡지 <Time>의 퍼슨 오브 더 이어에 선정되는 등 일약 각광을 받게 됐다.

인물 관련 이야기

페이스북 개발

2004년 대학 재학 시절 본인이 실명으로 등록하는 SNS 페이스북을 개발하고 학내 이용을 개시하고 2006년에는 일반에게 공개했다.

영화 〈소셜 네트워크〉

저커버그가 페이스북을 창업하는 이야기를 다뤄 화제가 된 영화이지만 어디까지나 픽션이다. 많은 영화상을 획득하고 노미네이트된 것으로 알려져 있다.

정치 단체 〈FWD.us〉의 설립

초당파의 정치 조직으로 입국 관리와 형사사법제도의 개혁을 테마로 2013년에 만들어졌다. 저커버그 등이 이민법 개혁을 주요 목적으로 기동했다.

위인의 이 점이 대단하다!

커뮤니케이션에 혁명을 일으켰다!

관련 용어

소셜 미디어와 SNS ……P142

제프 베조스 Jeff Bezos (1964~)

아마존 공동 창업자

1964년 미국 출신. 1994년 아마존의 전신인 카다브라닷컴Cadabra.com을 창업. 다음해 1995년에 온라인 서점인 아마존 서비스를 개시했다. 아마존에서 음악과 영상, 일용품 등도 판매하고 세계 최대의 온라인 소매 기업으로 등극했다.

인물 관련 이야기

일본의 아마존

일본 국내에서는 2000년에 Amazon.co.jp가 시작하고 온라인에서 서적을 구입할 수 있게 됐다. 현재는 많은 품목을 구입할 수 있는 일본 최대의 EC 사이트로 자리 잡았다.

아마존의 로고

A부터 Z에 화살표가 그려진 아마존의 로고 마크는 모든 상품이 갖춰져 있다는 것을 의미한다. 그 형태는 웃는 얼굴처럼 보인다.

블루 오리진의 창업

베조스는 2000년에 우주 사업을 하는 블루 오리진을 설립. 누구라도 우주에 갈 수 있는 것을 목표로 수직으로 이착륙할 수 있는 재이용 가능한 로켓을 연구 개발하고 있다.

위인의 이 점이 대단하다!

고객 시선을 지속 추구할 수 있는 EC 업계의 강자!

관련 용어

전자상거래 ····· P138

Column

IT 관련 장소를 안다

IT 업계에서는 인물뿐 아니라 많은 기업이 모이는 장소에 주목하는 것도 한 방법이다. 세계적으로 유명한 장소에 캘리포니아에 있는 실리콘 밸리가 있다. 구글과 애플, 인텔, 페이스북, 트위터 등 많은 IT 기업의 본사가 있고 땅값이 매우 높은 것으로도 유명하다.

또한 미국과의 시차를 살려서 인도에서는 아웃소싱을 중심으로 하는 기업이 빠르게 늘고 있다. 인도 남서부에 있는 방갈로는 인도의 실리콘밸리라고도 불리며 구글과 마이크로소프트 등도 개발 거점을 두고 있는 것으로 알려져 있다.

IT 업계가 활성화된 장소란

일본에서도 많은 IT 기업이 모이는 장소가 있다. 예를 들어 과거의 롯뽄기힐스, 최근에는 시부야 비트밸리BIT VALLEY, 고탄다밸리 등의 스타트업 기업이 모이는 장소가 주목을 받고 있다.

이외에도 IT 기업을 유치해서 지역 발전에 도움을 주는 대응 사례가 있다. 가령 후쿠오카와 같이 국가가 국가전략특구라고 해서 스타트업을 지원하는 지역도 있고 와가야마의 시로베와 같이 텔레워크의 거점 시설을 개설한 지역도 있다.

프로그래밍 언어 Ruby가 개발된 장소로 알려진 시마네현 마쓰에시의 경우는 지역 IT 기업이 중심이 되어 마을 부흥에 나서고 있으며 오키나와에서는 지진이 적다는 특징을 살려서 재해 시의 거점으로도 주목받고 있다. 후쿠이현 사바에시는 오픈 테이터로도 유명하며 데이터시티로 불리고 있다.

IT를 구사함으로써 굳이 도시가 아니어도 자유롭게 일할 수 있기 때문에 일하는 방식이 크게 변할 것으로 예상된다.

맺음말

IT 업계의 기술 혁신은 일진월보를 넘어 초진분보라고 할 정도로 변화가 격심하며 그에 따라 새로운 키워드가 잇따라 등장하고 있다. 더욱이 한국어로 번역되지 않고 사용되거나 머리글자만으로 생략하는 것은 일상다반사로 단어만 들어서는 어떤 의미인지 알 수 없는 것도 적지 않다. 일시적인 붐으로 사라지는 키워드도 있고 외워도 도움 되지 않는 일도 종종 있다.

그러나 IT 관련 일을 하면 그러한 용어를 외우지 않으면 안 된다. 일상 상담 중에서도 용어를 알고 있으면 원활하게 대화가 진행하며 상대와 같은 인식을 하고 있다고 전해진다면 신뢰도도 올라갈 것이다. 이 책에서 소개한 용어는 최소한 익혀두고 항상 새로운 키워드를 습득할 필요가 있다.

이러한 트렌드의 키워드를 항상 좇기 위해서는 인풋의 양을 늘리는 방법이 효과적이다. 책과 인터넷에서 조사하는 것만으로도 충분한 사람도 있을지 모르지만 이들 방법은 능동적으로 행동해야 한다. 이래서는 자신의 흥미가 있는 정보밖에 좇을 수 없다.

그래서 폭넓은 정보 수집 수단을 갖고 있어야 정보가 알아서 찾아오는 상태를 만들 필요가 있다. 예를 들면 잡지를 정기 구독하고 인터넷상 뉴스를 RSS로 수집하고 Podcast로 자동으로 수신하는 등 고안해보자.

대량의 정보에 둘러싸여 있으면 트렌드가 되는 키워드는 반복적으로 등장한다.

2019년 4월

마쓰이 토시카츠(增井敏克)

찾아보기

기호·숫자

ㄹ

ㅁ

ㅂ

ㅅ

ㅇ

ㅈ

ㅊ

ㅋ

ㅌ

ㅍ

ㅎ

참고문헌

「마음의 사회」 Marvin Minsky, 안자이 유이치로 역(産業図書)

「델의 혁명 '다이렉트' 전략으로 산업을 바꾼다」 Michael Dell, Catherine Fredman 저, 고쿠료 지로, 요시카와 아키 역(일본경제신문사)

「프리-'무료'로 돈을 만드는 신전력」 Chris Anderson 저, 고바야시 히로토 감수, 다카하시 노리아키 역(NHK출판)

「그것이 나에게는 즐거웠기 때문에-전 세계를 둘러싼 리낵스 혁명의 진실」 Linus Torvalds, David Diamond 저, 가자미 쥰 역, 나카지마 히로시 감수(쇼각칸프로덕션)

「스티브 잡스 I-The Exclusive Biography」 Walter Isaacson 저, 이노구치 코지 역(고단샤)

「스티브 잡스 II-The Exclusive Biography」 Walter Isaacson 저, 이노구치 코지 역(고단샤)

「마이크로소프트-소프트웨어 제국 탄생의 기적」 Daniel Ichbiah, Susan L. Knepper 저, 무쿠다 나오코 역(아스키)

「빌 게이츠의 야망-마이크로소프트의 멀티미디어 전략」 와키 히데요 저(고단샤)

「인월의 신화 신장판」 Frederick P. Brooks 저, 다키자와 토오루, 마키오 유코 역, 도미자와 노보루 역(마루젠출판)

비즈니스에서 사용할 수 있는
엄선 키워드 256

IT 용어 도감

2020. 7. 30. 초 판 1쇄 발행
2021. 4. 30. 초 판 2쇄 발행

지은이 | 마쓰이 토시카츠
옮긴이 | 김기태
펴낸이 | 이종춘
펴낸곳 | BM (주)도서출판 성안당
주소 | 04032 서울시 마포구 양화로 127 첨단빌딩 3층(출판기획 R&D 센터)
10881 경기도 파주시 문발로 112 파주 출판 문화도시(제작 및 물류)
전화 | 02) 3142-0036
031) 950-6300
팩스 | 031) 955-0510
등록 | 1973. 2. 1. 제406-2005-000046호
출판사 홈페이지 | **www.cyber.co.kr**
ISBN | 978-89-315-8917-7 (13000)
정가 | 18,000원

이 책을 만든 사람들
책임 | 최옥현
진행 | 김혜숙
본문 디자인 | 임진영
표지 디자인 | 박원석
홍보 | 김계향, 유미나, 서세원
국제부 | 이선민, 조혜란, 김혜숙
마케팅 | 구본철, 차정욱, 나진호, 이동후, 강호묵
마케팅 지원 | 장상범, 박지연
제작 | 김유석